Mira Mira on the wall,
who's the fairest of them all?

Mira Mira on the wall, who's the fairest of them all?

Eka Frimpong

Copyright © 2015 Eka Frimpong
All rights reserved.

ISBN: 1518826423
ISBN 13: 9781518826429

Dedication: To Alexander, Crystal, Christina, Mackenzie, Mya, Ashland, Ava and Mason – you are the reflection of God's love to me.

TABLE OF CONTENTS

	Mayen's Story	ix
	Introduction	xi
Week 1	Identity Crisis - Unraveled	1
Week 2	Self-Image - I'm So Ugly	8
Week 3	Self-Worth - Never Enough	15
Week 4	Integrity - Quick Fix	29
Week 5	Friendship - Second Chance	37
Week 6	Dating - Broken Promise	48
Week 7	Teen Sex and Pregnancy - A Forgotten Statistic?	59
Week 8	Sexual Abuse - They Call Me a Home Breaker	67
Week 9	Divorce - Why Wasn't I a Boy?	76
Week 10	Alcohol and drunk driving - Give Me the Keys	85
Week 11	Pornography - Not Just For Guys Anymore	95
Week 12	Reaching Out - It's Not Just About Me	104
	Conclusion	111
	Addendum	113
	Acknowledgement	117
	Recommended Books	121
	About the Author	125

MAYEN'S STORY

In May of 2004, I met a 13-year-old girl named Mayen during a visit to my home country of Nigeria. She was living in an AIDS colony, where her family had abandoned her. Even though she had innocently contracted AIDS through a blood transfusion, Mayen was considered "cursed." She was considered something to shun and hide away. Meeting Mayen, and seeing the horrible living conditions people like her had to endure has haunted me for many years. Yet in the midst of this filth and misfortune, I witnessed a miracle.

When I first met Mayen, I thought she was only eight or nine years old. The malnutrition from lack of food, coupled with AIDS had stunted her growth. Mayen and most of her friends in the colony were in advanced stages of the disease, with open sores on their bodies that desperately needed medical attention. Mayen seemed to be the leader in her little group of friends. I watched her direct the others in a game based on the story "Snow White". They used a broken mirror to ask the question "Mira Mira on the wall, who's the fairest of them all?" Each girl took her turn with the mirror answering, "I am". Then they broke into the song "Jesus loves me, this I know..." It surprised me *that* I did not see any bitterness, anger or self-pity in their attitude. The circumstances that they lived in did not define who they were; they knew that Jesus loved them and that seemed to be enough.

I asked myself, where did this strength come from in people so young? Was Mayen's faith the source? Are some teen issues universal? By sharing their stories, what could our cultures, (African and American) learn from each other that might help them to withstand the attacks to their faith and character?

This devotional/Bible study is my attempt to answer these questions. Using testimonials from West Africa and America, this workbook explores the identity concerns that plague this generation of teenagers and looks at the key problems that they face in this increasingly viral world of technology and conflicting moral *dilemmas*.

Tragically, Mayen passed away before her fifteenth birthday. She did not live long enough to fall in love; to know the joy of going to college, or one day holding a child in her arms. AIDS stole all those dreams from her. Disease, however, is not the only killer of young dreams; drugs and alcohol, peer pressure, and low self-esteem can all be as spiritually deadly.

This devotional will explore these issues and show the amazing strength of young people like Mayen who are overcoming the obstacles that life set before them. The strength of character that I observed in all the people I interviewed for this devotional was universal. Though raised in different circumstances and cultures, these young women each came through tough times because of their belief in a higher power than themselves.

INTRODUCTION

Dear Reader:

If there is one truth that has compelled me to write this devotional Bible study, it is that teen women like you are bombarded with more forces of destruction than at any other time in our history. The problems that you encounter today are not necessarily new, but the speed and intensity of these attacks have become increasingly overwhelming. Continuous technological influences bring these challenges right to where you live via television, the internet, and cell phones. Every day you are asked to make more difficult and potentially life-altering decisions than your parents ever had to endure. Research shows that in the normal course of a teen's day, he or she may face drugs, sex, violence, depression, and drunk driving. Additionally, they may grapple with lying, cheating, emotional trauma, learning disabilities and divorce. It is no wonder that your generation is struggling with issues that cause many to break under the pressure.

I have witnessed some of these struggles up close as both a therapist and as a mother and have written this devotional to address some of the most pressing issues facing young women today. This book is like a mirror, offering you a chance for self-reflection. Using personal stories, and God's word as a tool to come to know yourself better, these devotionals are arranged by topic and are designed to be completed as a 12-week program. The structure allows you to read them in or out of sequence depending on your interests, or as needed for group or individual study.

Each week's devotional starts with a life **testimonial**, which introduces a key issue in story format. The **questions** that follow the testimonials encourage you to look into God's Word to address what you have read. The **"Digging Deeper"** section provides a challenge to those of you who want to uncover more truth and reflect on these studies at a deeper level. As you know, the ultimate goal of Bible study is not just for knowledge, but also for tools to use in real life situations. With this in mind, each week's study ends with a **take away,** or **"MIRA,"** which stands for: **Message, Inspiration, Reading, and Application.**

I recommend using a good study Bible with commentary to help you understand the meaning of what you are studying. You may ask your pastor, youth pastor or trusted adult if you need assistance in choosing a good one. I also recommend having a journal or notebook to answer Testimonial Questions and make notes. I encourage you to start and end each chapter with a prayer.

There are potentially serious risks in tackling these matters in such an intimate way. For some of you this journey might open up deep wounds that may require professional help; in those cases, please talk to a counselor, trained pastor, or medical professional who can help you deal with what might come up. You will also find helpful resources listed at the end of the book.

My prayer and hope is that God will use these testimonials and Bible studies to help you grow in the knowledge of His word and in your identity in Him, so that you may be able to rise above the pressures that you face daily. I also pray that when you are renewed, you will answer to His call to help others.

WEEK 1

IDENTITY CRISIS - UNRAVELED

Kim's Story (America)

It seems the Taylor Swifts of the world are rare; people who feel called to a certain vocation or area early in life, like she did with singing and songwriting. Someone who knows without a doubt who or what they're meant to be starting at an early age seems uncommon, but for some reason I knew from the age of five that I was meant to be a dancer. By middle school, I had no doubt it was my calling and my future. By high school, dance was my all and my everything; my expression, my escape, my best friend...the one area in my life that shined when everything else didn't.

You see, like many teens, I was rebellious in high school. Up until that point, I was an "A" student, the perfectly obedient daughter, and had a strong relationship with the Lord. But, my needs and wants for attention and popularity prevailed and drew me to a particular group of friends that partied... a lot. We became a close-knit group, a clique, who tried everything together: experimented with this, and then mixed it with that. Alcohol, drugs, staying out late, skipping school: these things all became parts of our lives. As I estranged myself from my parents at home, the bond with my friends grew stronger and tighter. It was as if they were my family, and I would do anything for these "bff's" of mine. Little did I know that by my senior year both the love and identity I found in dance, and my friends, would unravel completely.

It started with an ache in my hips, which I promptly ignored until it became unbearable. Before I knew it, doctors were telling me the issues in my lower back were chronic and I shouldn't continue to dance... WHAT?!? But I was meant to be a dancer! IT was my dream, my calling, my ultimate love and now it was gone? How could God let this happen? How could He allow me to love something so much and then take it away? It felt like He pulled a rug out from under me, watched me crash to the floor and then laughed about it. I was outraged, devastated. I questioned everything, and instead of trusting and having faith in His plans for me, I turned to my friends, drugs and partying for comfort and support.

Thankfully, God, in His infinite love and grace didn't let me go. I realize now, as hard as it was to see at the time, He called to me continually even though I had turned my back on Him. A few Christian friends I had at school occasionally encouraged me; they invited me back to church, prayed for me, and loved me despite of my rebellious ways. My family and family friends also continued to pray for me. Then there was the day I came home and saw my dad, sitting in his lounge chair, glowing. At first, I thought it might be drugs making me hallucinate, but then I realized I was sober. I was sober and I was looking at my dad glowing! GLOWING, a literal aura surrounded him along with an all-encompassing Peace. It was as if every cell inside him was relaxed and basking in a warm joyful presence. I suspiciously asked him what was going on and he said he had just gotten back from a Promise Keepers men's retreat and that God had really ministered His love to him in a personal and special way. Wow! I had never seen God so real... It was in that moment I decided to turn back. I wasn't sure who I was anymore, or where I was going. I was empty, directionless, helpless, and I didn't know where my future was headed, but I knew that I was going to place it in

God's hands. I chose to trust that He loved me despite my horrible behavior, and He took my will of dance away to replace it with His own. It was the best decision I ever made.

My senior year was sugared with blessings, as God honored my decision to follow Him. It was also spiced with a little strife; after all, choosing the better path in life is not always easy. The enemy worked hard at throwing boulders in my way to distract, and dissuade me from following through. As I chose to stop partying, I lost a lot of my closest friends, which was extremely painful. I soon realized that their not being able to handle me as "sober" meant that our entire relationship was based on the partying, and little else.

I came out of the crisis stronger, and today I have a new life, new focus, and new identity that is grounded in the Lord. My history with dance helped prepare me for a career in acting and the arts. I still get to express myself, just using different mediums. What I learned from that tumultuous period in high school is this: if you stay true to yourself, continue to trust God, and walk steadfastly down His path, you will be amazed at what good will come.

Testimonial Questions

1. In your journal, draw a picture of yourself as you see you now (it could also be a collage, poem or anyway you wish to express yourself)

2. In her testimony, Kim talked about knowing her calling (dream) at a young age. What is your dream?

3. How did Kim handle it when her calling did not happen the way she wanted? Have you ever had something you wanted to happen, not? How did you handle it?

4. What was the root of her rebellion?

5. What caused her to return to the Lord? What encouragement could you find from that?

Author's Comments

During my own awkward adolescent years I carried a, "How am I doing?" attitude mostly focused on the impression I was making on others. I did whatever I thought others wanted because I didn't know who I was, or what I wanted to be when I grew up. I had no clue.

My grandmother's wisdom helped me through this difficult stage. She told me how special and unique this stage in life was - a bridge between childhood and adulthood. She said that my young mind still had some growing up to do. I still had time to think and search for my own answers to life situations. She told me to enjoy and celebrate every moment of growing up without trying to be like everybody else.

This is my word of encouragement for those of you who are searching for an identity; to those who don't quite fit in with friends or the in-crowd at school. Give yourself a break. Establish boundaries for yourself and take a stand against those who would tell you to be someone that you are not. This is the time to choose the right kind of friends and role models.

Listen and know that you are God's workmanship and He considers you marvelous. What an awesome compliment from your heavenly Father, your maker! If God respects you and likes you the way you are, then why shouldn't you accept yourself too? This is the time to run towards God and not away from Him – remembering that you can never escape from His spirit. He knows who and whose you are!

Digging Deeper
Scripture reading for Week 1: Psalm 139; Romans 8:35-39

The theme of Psalm 139 is that God is all seeing, all knowing, and all-powerful. God knows us; He is with us and desires for us to know Him.

1. Read Psalm 139. Mark references to 'God' and 'I' in a unique way. Include the pronouns for each noun [Example: 'you', 'your', 'me', 'my', etc.). You may simply color all references to 'God' in **red** and all reference to 'I' in **yellow.** Marking these key words, or reading the text aloud will help you remember it and increase your learning.

2. Look at what you have marked. What do you learn about God? Who is God's main focus in this psalm? How does this make you feel?

3. Verses 1-5 talk about God knowing everything about us; He is omniscient. Ask God to search your heart and then in your journal write what God knows about your hidden character and motives in the following four situations:

Situations
1. when you wake up
2. at work/school
3. when you speak
4. before you go to bed at night

4. Verses 7-12 talk about God being with us everywhere; He is omnipresent. How do you know that you can never be lost to God's Spirit? List what you learned about God's omnipresence from these verses. *

5. Verses 13-18 talk about God creating us with His characteristics. How do you know you are of great worth to God? List what you learned about God's creation of you – His workmanship.**

6. Draw another picture of yourself. Compare this picture with your first picture. Do you see any differences? What are they?

*To read more about God's omnipresence reference Romans 8:35-39.
**To read more about God calling you his "workmanship" reference Ephesian 2:8-9.

Week Take Away

MESSAGE – What was the message of this week's study?

INSPIRE – What inspired you?

Reading - What word or scripture you read will you meditate on or memorize?

APPLY – What will you apply or change in your life?

WEEK 2

SELF-IMAGE - I'M SO UGLY

Koyo's story (Africa)

Growing up I had always viewed myself as ugly. In my mind, my sisters and my friends were more beautiful than I. I was quite self-conscious to the point where any compliment was always received with suspicion.

The way I saw myself was not based on reality, but in the mental picture I carried of myself. As a teenager, I had trouble with acne and no matter what I tried, I could not get rid of it. So while others would tell me I was beautiful, when I looked in the mirror every morning all I saw was my acne face and that to me was ugly. My friends used to envy my shapely waist and legs and would tell me "they wish they had my beautiful body". To me I thought they were just saying that because they were my friends, and because they wanted me to feel good. So to compensate for my lack of beauty, I poured myself into my books and making good grades. After all, if I was ugly, I might as well be smart.

This also affected my relationship with the opposite sex because when boys would ask me to go out with them; I would be mean to them to get them off my back. Sometimes I would introduce them to my beautiful friends. After all, what would they want with me?

The other relationship that my poor self-image affected was the way I viewed my relationship with God. I used to feel so insecure about God's acceptance. I remember in secondary school, a group of girls were blessed with *the gift of speaking in tongue. I would go to the prayer meetings, and prayed that I too would be blessed! Nothing happened and I just decided, 'go figure, only the beautiful ones are getting blessed!' I used to think about the passage relating to predestination and figured I was one of the 'not' chosen ones! I even stopped going to church after I came to college!*

Now I realize that was the devil messing with my mind!

My mother tried to help me to see myself as God saw me, and not the picture I was carrying in my head. She had a gift of zeroing in on what was bothering me. She always used to say to me 'You cannot go through life finding fault in yourself. You cannot go about comparing yourself with others because you are likely to always come up short and miserable. Of course, I did not quite get it.

It took growing in my faith to understand what she was trying to teach me. As I read and studied the Bible I came to truly believe that yes, I am a child of God, and that I am fearfully and wonderfully made! (Psalm 139:14) God accepts me just as I am and I have learned to accept myself too. God's love for me does not depend on my looks or what I do but God's grace. This truth is what I now tell to my children and young people everywhere.

The lesson that I've learned is that no matter what my face looks like in the mirror, or if I think I am short, thin or having a bad hair day – I don't have to look like anyone else. I am just who God made me to look like. He does not make mistakes!

I have also learned that I would rather have a good heart than a good look. If you love God, and love people, it will show. The joy that comes from surrendering to God makes one beautiful!"

Testimonial Questions

In your journal, answer the following questions:

1. What were some of the causes of Koyo's poor self-image?

2. What helped her overcome this?

3. On a scale 1-5, how would you rate your self-image? 1 = Very Low ; 5 = Very High

4. If your self-image is low, what could you do to raise it a notch? If high, what could you share with someone with negative self-image about how you are able to have a positive self-image?

Author's Comments

Last week we looked at identity, which is about who you are and where you find meaning in life. This week's topic, self-image, concerns the mental picture we have of ourselves. It is not about *who* we are but *how* we view ourselves. Like it or not, we live in an image-obsessed society that overvalues unrealistic ideals, leading us to believe we are ugly, or that we are too fat, or too skinny.

The teen years represent one of the turning points for the development of self-image. It is at this time that many of you will develop how you view yourself for the rest of your life. This picture can influence the kinds of friends you make, and your school or work performance. In order to have a successful and fulfilling life, it is very important to develop a positive self-image.

Our testimonial this week comes to us from a woman who spent her teen years in Africa. As teens going through image issues, you may sometimes think that you are alone. You may wish you lived somewhere else where this was not an issue, but as you can see, self-image is a global issue.

As a young girl, my grandmother used to tell me about her experiences in the "fattening room" - a centuries-old rite of passage from maidenhood to womanhood. The Efik tribe in Nigeria would send their women to 'fattening rooms' in preparation for marriage. There, they ate large amounts of food, were massaged, and made to sleep for long periods in an effort to increase their weight and help them gain fuller proportions. Efik women (and men) took great pride in this tradition - some families even rejected prospective brides if they weren't full-figured enough.

Over time, this tradition has fallen away. Just like in America, there is growing pressure on African teens to be thin and look like the women they see on TV and in magazines. Now friends, peers, and even family members tease girls if they are overweight. They are following the Western ideal of 'thinness equals beauty' because they now think that this is how men want them to look.

Isn't that amazing? The very thing that made a woman 'beautiful' a generation ago, is now seen as completely undesirable. A society's standard of beauty is always changing and impossible to satisfy. This world's way can only lead to comparing what you do not have with what somebody else has. It is useless to try and base your self-image on other people; it can only be found within. Anyone who looks outside herself will see a distorted, confusing vision instead of the true beauty that she is. The only balanced view for you as a child of God is a self-evaluation of personal performance based on the talents and gifts God has given you. It really is a waste of time to try to be like anybody else when God has made you exactly the person He wants you to be.

If you think poorly of yourself because you think you don't measure up to worldly standards, then develop your physical, emotional and spiritual life. Let Him transform your value system and then think of yourself as He wants you to. My recommendation for those that may be struggling with a prolonged negative self-image is to seek professional help from a trained counselor or pastor who would be able to address this issue in a more comprehensive manner

Digging Deeper
Scripture reading for Week 2: Romans 12; Matthew 23:27-28; 1Samuel 16:7

Romans 12 give a comprehensive teaching on self-image. Please read it through as if your best friend sent a letter to you. Approach your reading of Romans 12 with the same concentration and care and your self-image will surely align with God's view of you, His creation.

Now let's break the verses up into sections so we can best discover what God, our friend, wants us to learn about self-image.

1. Read verses 1-3 and answer the following questions:
    a. What are we to present? Why?

    b. What are we to develop? Why?

    c. What are we to evaluate? How do we know we are accurate?

The world's expectations are very different from what God has planned for us. God has given all of us gifts and talents according to the measure of faith that He has given us. Since the power and the gifts and talents come from God, there can be no basis for superiority or inferiority. No one can claim to have a better or lesser gift or talent than the other.

The Apostle Paul likens Christians to members of a human body. There are many members, and each has a different function; but all are needed to keep the body of Christ healthy.

2. Read verses 4-8.
    a. List the gifts found in these verses.

    b. Which of these gifts has God given you? Sometimes it is best to get confirmation by asking at least three people who know you and your spiritual walk well.

3. Read verses 9-20.
    a. List everything you learn from these verses about loving others.

    b. Which one of these ways of loving would you like to put to practice this week?

3. Read Matthew 23:27-28 and then 1Samuel 16:7
    a. What does man value?

    b. What does God value?

c. What encouragement do you get from knowing this?

Week Take Away

MESSAGE – What was the message of this week's study?

INSPIRE – What inspired you?

Reading - What word or scripture you read will you meditate on or memorize?

APPLY – What will you apply or change in your life?

WEEK 3

SELF-WORTH - NEVER ENOUGH

Hope's Story (America)

*I*t seemed like we'd been sitting at the dining table all night, I'd lost all track of time. Dad, a man with three Engineering degrees and a teaching background, was helping with my math homework. I was in middle school so it must have been basic stuff – long division or fractions maybe– nothing too complex. So, why did this tutoring session end like all the others; with a completely frustrated Dad and me bursting into tears? He tried over and over to explain the solutions, punctuating his words by stabbing his finger at the worksheet. "Why can't you get this? This is easy stuff. Think! Think!" Each stab of his finger felt like it was hitting me right in the chest. I could hardly breathe.

The irony was, I was as flustered and disappointed as he was. I desperately wanted to understand, to be smart, to impress him. And as much as he yelled at me to THINK, that was definitely not the problem. I was thinking. I was always thinking. I SHOULD be able to understand! Why can't I get this? What am I doing wrong?

Some variation of these thoughts ran in a constant loop from grade school through college. The particular scenario didn't matter as much as the response. There was definitely a pattern: In middle school, despite daily prayer and going to church three times a week and having accepted Jesus into my heart, I didn't feel saved. I didn't feel clean. "What's wrong with me? I must be a terrible person. I have to fix this."

I went all the way through college without having a boyfriend. I kissed a couple of guys but nothing serious. "What's wrong with me? I have to be more attractive, more fun. I have to fix this."

In college, I got a C in Organic Chemistry. Before that, I had planned on going to medical school. My parents raised me to be a doctor or lawyer, but my brain wouldn't cooperate. So I switched from pre-med to humanities major. "What's wrong with me? I must be in over my head. What am I going to do? I have to fix this."

All this questioning and struggle wasn't a matter of self-pity. I didn't feel sorry for myself as much as I felt challenged. I was a nerd and a perfectionist and lived to prove myself. I always believed that problems were fixable and happily took on the 'burden' of doing just that.

It wasn't a burden initially. It was fun – a kind of game. A game I was good at playing from an early age. I started reading at the age of three, skipped first grade, always got As in school and tested into honors classes. I got used to succeeding and to the praise that came with it. I was the good girl, never talked back or misbehaved; the worst someone could say about me was maybe that I was too quiet. I could entertain myself and I loved to spend time alone reading, listening to music, dancing. But over time, the things I enjoyed doing became increasingly tied to how others felt about them. It wasn't enough to read a book because I liked it; my worth was tied to finishing it faster and understanding it better than other kids my age. This need for validation became more and more desperate as I got older and found it harder to always be the best and to hide my not-so-good-girl feelings. Religion, school, friendships, dating, family, the past, the future -everything was part of some cosmic tally – a virtual permanent record that would decide....? I'm not sure what exactly. All I knew was that I didn't measure up and I had to fix it – I had to fix me.

But my efforts were never enough. How could they be? Perfection isn't a goal, it's a dead end. The same with competition and comparison, they lead you down a path that never ends. If your goal is to be the best, to never make mistakes, when can you rest? How would you even know when you were successful?

These days I have a different criteria for success, it's more about the journey than the goal. I can't control results but I can be responsible for my attitude, my thoughts. I still think constantly. I'm a world-class worrier. But those haunting thoughts, the constant self-doubt and fear have grown quieter and show up less often. Through maturity, therapy, and good friends, I've learned to accept them as part of my childhood conditioning, but no longer see them as the core of my identity. They can rant and rave and quake and I can look at them with clear eyes and question them. I can give myself the parenting I needed, that my dad probably needed.

These are the kind of thoughts that I live with now: You don't need to be fixed. Every true and strong part of you was something that you once considered a weakness, at some point or another. You didn't know then how things would work out and you don't know now. Be gentle with yourself and honest. Be vulnerable with others so they can truly see and support you. The fight is over. Unclench your fists and accept all that life has for you. You can't find happiness by making yourself miserable. You can't find success by making yourself feel like a loser. If your goal is peace, love, hope, and courage; if that's what you want your future to look like, the best way to get there, the only way, is to live that way now. This moment is the only guarantee you really have anyway and it's all that you need – it's more than enough. You're more than enough.

Testimonial Questions
In your journal, answer the following questions:

1. What were some of the conflicts that Hope was dealing with as regards to her feeling of low self-worth?

2. Do you relate to some of these feelings? What is your own struggle?

3. Whose standard was Hope following? Whose are you following?

4. Is there anything that you feel ashamed of that you feel has to be fixed? Why?

5. What did Hope's journey teach her?

6. What does success mean to you?

Author's Comments

Self-worth is the opinion you have about yourself and the value you place on yourself. It can range from the belief that you are a good person who deserves good things to a belief that you are a bad person deserving bad things. You may tell yourself things like:

I'm Worthless
I'm Stupid
I'm Clumsy
I'm a Failure

These thoughts can cause chronic negative emotions especially feelings of guilt and shame.

Feeling guilty is something we all have to deal with from time to time. It serves a purpose – when it is reasonable. True guilt is meant to make us feel bad when we feel we have violated a moral standard. False guilt on the other hand serves no such purpose and causes us to feel bad about ourselves and beat ourselves down. The worst thing is that sometimes we can't tell the difference. We might go around mulling over what should have been repeatedly in our heads – and feel terrible!

So how do you tell if it's True or False Guilt?

Unreasonable and False Guilt:

- You feel stuck or trapped and that there are no alternatives open to you
- You don't feel fully responsible or accountable – situation feels outside of your control
- You are protecting someone else's feelings
- You have apologized, made amends and yet you still feel guilty

Real or True Guilt:

- You know exactly why you feel the way you do. You may not like it, but the reasons are clear
- You feel fully responsible and accountable for what happened
- The guilt is resolved by facing and/or stopping the behavior – and taking appropriate and responsible steps to mend the situation
- You can see the entire cycle of actions from beginning to end
- The situation leads to learning, self-forgiveness and even higher self-esteem

Remember that all too often we think because we **feel** guilty – it must be true, and that we are a bad person. But guilt is **just a thought**– and not reality. If you can separate these two, then you are well on your way!

Shame is different from guilt. It is a sense of worthlessness or inadequacy about aspects of us or in our basic nature. A good way to differentiate guilt and shame is this - we feel guilty for **what we do** and we feel ashamed of **who we are**. Shame is fear-based and drives us to want to hide or protect ourselves from scrutiny. It is what happened to Adam and Eve in the Garden of Eden. They ran and hid from God because they were ashamed of their nakedness; before their disobedience to God, they did not realize that they were naked. They were guilty of doing what they were told not to do (not to eat from the tree of the knowledge of good and evil - Genesis 2:17) and after that they felt ashamed of who they were (naked).

Real guilt is feeling badly when we have actually done something that is morally wrong. This might include guilt about things we have not done; such as allowing something to happen that we believe we could have prevented. Unhealthy guilt is the same unpleasant feeling, but it is out of proportion to the wrongdoing. In this situation, we might also feel guilty about things we have no control of changing, or things for which we feel obsessively responsible for, for no rational reason. The same thing happens when our shame becomes out of balance. We start taking too much personal responsibility for things that happen within our world. It becomes very easy for us to have a 'mind-set' that is permanently ready to feel shame. Everything that goes wrong becomes our fault, and we begin to feel bad about ourselves for what we did or did not do to fix the situation. For example, your boyfriend decides to end the relationship, and you immediately take it as a personal failure and proof of inadequacy rather than considering the option that this is a natural, normal occurrence.

Guilt and shame can also lead to depression. It is perfectly normal to feel sad or irritable every now and then. However, if these feelings do not go away, or become so intense that you cannot handle them, you may be suffering from depression. The good news is that you do not have to feel this way. Help is available and you have more power than you think.

Start by dealing with the root cause of your guilt or shame:

- **Tell somebody how you feel**

    Shame and guilt makes us want to hide our thoughts and feelings. Keeping shameful secrets only allows them to grow because of our imaginations, and if left unchecked they can run wild. We may be able to hide our shame or guilt from others, but the painful thoughts and feelings remain, damaging our self-worth. Expressing our fears to someone we trust can decrease shame's power and release the grip of negativity.

- **Apologize and Ask for Forgiveness**

    An apology when delivered in a sincere and thoughtful way has the power to free both the person who feels guilty and the one who was wronged. However, do **not** take this step unless you really mean it. The person you are apologizing to can tell if you are being real, or just faking it. When you apologize, say that you are sorry and explain why – be specific. Make sure you take responsibility for your actions and recognize the feelings of the one you wronged. Offer to make amends, and do not expect forgiveness, or it will show that you had a wrong motive for asking to be forgiven. Allow them the right to be upset and to even tell you so.

    Another thing to keep in mind about forgiveness is that it is both an event, and a process, which can take more time than you may expect. The people you are asking to forgive you also have a choice. They may choose not to accept your apology. That is their choice.

You have done your part. Give them time to come to terms with their feelings. Be aware that you could lose the relationship permanently.

- **Make amends**
  When you have the opportunity to fix what was broken – do it. However, sometimes what was done cannot be undone, and an apology is the best you can do to try to make things right. Also know that you can **always** offer to make amends even if you can't fix what happened. Sometimes just letting them know if there is anything you can do to make amends can go a long way in rectifying a situation.

- **Forgive yourself**
  Often we are our own worst enemy and are harder on ourselves than anyone else ever could be. This can make forgiving yourself easier said than done. You must treat yourself as you would a friend, and you wouldn't continue beating down a friend who already feels bad about themselves for what they did. So why do it to yourself? Self-forgiveness does not mean you are not taking responsibility for your own actions. It is seeing mistakes as opportunities for learning, rather than taking it as a personal failure.

From our lessons so far, we know that as teenagers, you face a host of pressures, from the changes of puberty to questions about who you are and where you fit in. The natural transition from childhood to adulthood can also bring about fights and conflict with your parents as you grow towards your own independence. With all this drama, it is sometimes difficult to know when your moodiness is just the normal thing you're going through, or if you're depressed. To make things even more complicated, you may be dealing with depression even if you do not necessarily appear sad or always withdraw from others. For some of you, symptoms of irritability, aggression, and rage are more prominent.

Look out for these signs in yourself or friends to see if you or they might be dealing with depression.

- Sadness or hopelessness
- Irritability, anger, or hostility
- Tearfulness or frequent crying
- Withdrawal from friends and family
- Loss of interest in activities
- Changes in eating and sleeping habits
- Restlessness and agitation
- Feelings of worthlessness and guilt
- Lack of enthusiasm and motivation
- Fatigue or lack of energy
- Difficulty concentrating
- Thoughts of death or suicide

If you are unsure whether you are depressed, or just "being a teenager," consider how long the symptoms have been present, how severe they are, and how different you are acting from your usual self. While some growing pains are expected as you try to make sense of the challenges of growing up; dramatic, long-lasting changes in personality, mood, or behavior are red flags indicating a deeper problem. Sometimes others might be able to see these changes better than you can yourself; so listen to what other people, especially your parents, are saying to you at this time.

When feeling depressed, you may be tempted to "self-medicate" with drugs or alcohol. If you feel this way, it is time to talk to a counselor, your pastor or a trusted adult. A good therapist can also provide a safe place for you to talk through your fears.

Digging Deeper

A biblical perspective on our self-worth enables us to see ourselves realistically and accept ourselves as we are both in our human condition and as we are in Christ – a new creation. True guilt is resolved only through Christ's blood and what he accomplished for us on the cross. False guilt (feeling guilty when we are not) is common among people of faith. This type of guilt has no place in the life of a child of God as it negates what scriptures say that we are. In Christ we are described as holy, blameless, beyond reproach, consecrated, reconciled, righteous, justified, and more. This week lets study, meditate and claim some scripture verses that will help us see ourselves as God sees us

1. Read the following scriptures and make note in your journal what you learn about your self-worth:
- Genesis 1:26-27

- Psalm 8: 3-5

- Psalm 100:3

- Luke 12:7

- John 3:16

- Romans 8:35-39

2. What do the following verses say about freedom from guilt?
- Colossians 1:20-22

- Colossians 3:12

- Ephesians 1:4

- John 17:19

- Romans 5:9,10,19

- Romans 8:1.30

Self-condemnation destroys our self-worth and places our own feelings and judgments above what God says about us. Whom are you going to believe?

3. Read and meditate on 2 Corinthians 5:21, and write down how that should make you feel about your self-worth

Dealing with unrealistic expectations is another issue affecting many people. Sometimes we feel burdened by the expectations placed on us by others especially by our parents. Sometimes we are the ones who place unrealistic expectations on those around us. How do we get rid of these unrealistic expectations?

1. Before we can ask others to drop their unrealistic expectations of us, we have to deal with our own unrealistic expectations of others first. This gives us the moral authority to ask others to do the same. We can show the way only when we've walked down the path ourselves. So start with you, and get rid of some of the unrealistic expectations you may have of another person.

    a. Choose one person closest to you whom you have unrealistic expectations of. This could be a parent, friend, teacher, boss etc.

    b. Write down all your expectations of this person. Start each sentence with "I expect him/her to…" Keep the sentences short and sweet; there is no need to justify each expectation. Let the list grow as long as it needs to, as it's important that you realize how many expectations you have about this person. Here's an example of what your list may look like.

- I expect him/her to be on time

- I expect him/her to help with the chores

- I expect him/her to be faithful

- I expect him/her to buy me expensive gift

c. When you feel your list is reasonably comprehensive, go through the list and cross out any that you have not 100% fulfilled yourself. You cannot expect others to do for you, what you yourself are not willing to do for them.

d. Go through the list one more time, this time putting yourself in that person's shoes. Just because we can live up to some expectations does not mean others can. Just because you have money to give expensive gift does not mean another person can afford to do the same. Hopefully, this list should be smaller than the previous one.

e. Highlight or circle what you have left on the list. These could be considered your "reasonable expectations". However, "reasonable" is different for each person. Go to the person and ask if they think it is "reasonable" expectation. Ask the Holy Spirit to show you what to do with this list. If He guides you to share it with the person to mend a relationship, be careful not to expect them to reciprocate. That only creates more unrealistic expectations, which you've been working so hard to get rid of!

Week Take Away

MESSAGE – What was the message of this week's study?

INSPIRE – What inspired you?

Reading - What word or scripture you read will you meditate on or memorize?

APPLY – What will you apply or change in your life?

·

WEEK 4

INTEGRITY - QUICK FIX

Ngozi's story (Africa)

Who would have thought that a nobody like me from a small village in Nigeria would become somebody overnight? Or so I thought.

I was very poor as a child, and I dreamt of one day becoming rich and getting my family out of the miserable life we were living. I was a good student in school, but education to me, especially in my country, was a waste of time. I saw many of my friends finish college and still could not find a job. However, to please my parents who sacrificed their entire livelihood to see that I got a college education, I decided to go.

During my first year in college, some friends introduced me to one of the senior boys in campus whom they referred to as "Big Oka." This meant he was rolling in money, driving an expensive car, and throwing wild parties every weekend. I was told he would show me not only how to have a good time but also how to become rich quick. This appealed to my greedy nature, and I decided to attend one of Big Oka's parties. I had never in my wildest dreams known such a life existed on a college campus. Big Oka had turned his dorm room into a penthouse suite, like I had often seen on American TV. There were all kind of exotic alcoholic drinks, drugs and wild orgies. At first I was overwhelmed, but with some encouragement from my friends, I joined in with the drinking. I was also offered some marijuana, which I accepted, and soon I found myself having fun and fitting in.

I was later introduced to Big Oka who told me I was just the right girl that his clients would pay big money for. He explained that membership into the group was exclusive and only for very few, and that I would be guaranteed all kinds of privileges. Some of these privileges included money, dining and wining in the best restaurants, and travel abroad. I could even get good grades and a degree I did not have to study for - and all I had to do was become an escort to some of the richest men in the country. This is how my life changed overnight. I became the most sought after call girl on campus.

This exclusive club quickly afforded me a penthouse suite of my own, a Lexus SUV, money and lavish trips to Europe or anywhere I wanted to go. I soon found myself being escort to very prominent people in my country. I would be picked up any time my 'sugar daddies' needed my company, and by the end of my time with them I would have raked in enough money to feed my village with even more left over. I found myself missing classes, and spending more time on wild parties, drug abuse, sex and prostitution than on education. My new life style was far more lucrative than anything my degree could give me. At the end, I was able to buy the degree and support my family with all the amenities in life that they did not have.

The drugs, gang life and prostitution that I saw in my college and other colleges in Nigeria, are far more sophisticated and cultic than the US. Most of my male friends in my fraternity were the best-trained thugs in the world. They were hired by high state officials to commit crimes like kidnapping, shooting, beatings and looting. The women counterparts were hired as prostitutes and escorts. These groups control the whole educational infrastructure of most universities because of their economic and political influence. I thrived in the power this kind of life gave me. It boosted my self-esteem and I felt like I belonged to a group of same likeness people.

But the words of my mother eventually haunted me. She told me that I will one day have to pay the piper – meaning that nothing in life is free and eventually dishonest living will catch up with me. So like most of my college graduates, I left college not only a rich young woman but also addicted to drugs and sex.

After college, most of my gang friends stopped contacting me, and my rich sugar daddies began to find the new and latest models of younger escorts and dropped me like a fly. Since I had moved from marijuana to harder drugs, most of the money I gained through prostitution went to satisfy this expensive habit. The money finally dwindled away until I was again penniless.

This was when I had to face the reality of my actions and choices. I had a degree I did not earn, drug habit I could not afford and bridges I had burnt with all my relationships. I felt like a fake!

The love and support of my parents was my lifesaver at this time. My mother was a strong woman of faith, and had tried to talk to me about my life style but I had chosen not to listen to her counsel. She turned from nagging me, to praying for me instead. So when I finally reached the end of my rope and had nowhere to go, I turned to her and to her faith. I began to see that the lust for worldly things had consumed my life and left me unfulfilled. It was when I turned my life to a higher power that I began to find the love and acceptance I was looking for. Prostitution, money, sex and drugs were temporary fixes that satisfied me for the moment, but in the long run left me empty and lost. God in his mercy took away the appetite for drugs and sex and gave me back my self-esteem.

I have tried to make some restitution in my life. I have returned the fake degree I received and am trying to get my education the right way, through hard work and dedication. I am also working on mending broken relationships and making new and honest ones. My hope is that the wrong choices I *made in my life would deter young girls everywhere who read this, to know that there are no "quick fixes" in life. A strong self-esteem is built not by going after things, but in choosing to work hard and by being true to yourself and your conscience.*

Testimonial Questions

In your journal, answer the following questions:

1. What was the driving force behind Ngozi's prostitution?

2. How did her life change? Did this lifestyle satisfy her in the short term? How about in the long term?

3. What did she learn about her "friends"?

4. What lessons did you learn from this testimony?

Author's Comments

Getting rich quick is everyone's dream: Win the lottery! Earn an inheritance! Find gold! The problem is not in the dreaming, but in the means used to get the wealth. Some people go about it with hard work and sweat, while others try to get it through short cuts, usually at the detriment of their integrity.

Prostitution has become common practice, driven by the widespread poverty in many African countries. However, prostitution has a different twist now with the influence of Western culture. Yes, prostitution is still practiced in the call houses and streets of major cities, but young women I interviewed in both Ghana and Nigeria told me that this dark trade is now flourishing in higher institutions of learning. Girls sent to schools to acquire knowledge and become productive citizens, instead find vocation in prostitution, gang life and drugs.

Poverty is no excuse for bad behavior. The deep, gut wrenching pain that this behavior brings young women is too great and almost all of them regret their decisions and wish they had made other choices. They wish they had kept their integrity through hard work and patience.

I believe God would say to those caught in compromising their integrity for a quick fixes: "Come to Me. There is no sin too big to forgive. I know how to heal you. Let Me wipe away your disgrace and shame with My blood. I will turn all your sadness into joy. I am the lover of your soul. Allow Me to erase all the memories of your pain and give you My mind, My thoughts. You are precious to Me and I promise to supply all your needs. All I ask is that you trust in Me."

Digging Deeper
Scripture reading for Week 4: 1Corinthians 6:9-20; 1Corinthians 10:12

In the testimony this week, we read how Ngozi compromised her integrity by using drugs, prostitution, and cheating in school as "quick fixes." Unfortunately, most quick fixes do not provide effective solution to problems. Read Genesis 16 and answer the following questions:

1. Did any of Ngozi's quick fixes solve her problems?

2. What would actually have been required to solve her problems permanently?

3. Why do you think people try to use quick fixes if they know that those will not really solve problems permanently?

In our self-indulgent society, desire has become a compelling reason for our actions. If we think we "need" something, then it is only reasonable that this need be met. Our view of sex is so distorted by television, advertising, and other forms of the media. They seek to convince us that we all have sexual needs and that their product is the answer for those needs. It is a world very similar to Corinth in the Bible, with regard to sexual exploitation, and we need the Apostle Paul's counsel as much as they did.

Today we are going to look at Paul's first letter to the Corinthian believer in context of the testimonials we just read.

Read 1 Corinthians 6:9-20

1. What did the Corinthian not know or choose to forget?

2. Why is sexual immorality wrong?

3. In verses 13-20, how did Paul demonstrate that sexual immorality is an offense to God?

4. While the world seems to be in a race towards sexual immorality, what is Paul's counsel to Christians?

5. How do you escape sexual sin? (read 1 Corinthian 10:12)

6. What are some other ways you can escape sexual sin? (You may want to discuss this with a trusted adult for more insight)

Something worth mentioning is that if you have been involved in sexual immorality this does not automatically condemn you to hell. Paul was referring to those who live a perpetual lifestyle of sexual sin. Paul in verse 18 hit on sexual sin, and why its effects are generally worse than other sins. It is that this sin involves everything you are – mind, body, emotions, will and so on. It is a sin done against a person's own body. God in his mercy is able to forgive all of our sins including sexual sin and show us a way of escape. Ask Him to do that today!

Week Take Away

MESSAGE – What was the message of this week's study?

INSPIRE – What inspired you?

Reading - What word or scripture you read will you meditate on or memorize?

APPLY – What will you apply or change in your life?

WEEK 5

FRIENDSHIP - SECOND CHANCE

Eno's story (Africa)

My mother invited the new headmaster of my elementary school and his family to our home for dinner since they were new to our hometown. It was at this visit that I met their six year old daughter who was the same age as me. A lifelong friendship was born! We were inseparable from then on. We did everything, and went everywhere together. We laughed at the same jokes, kept absolutely no secret from each other and shared everything we had. We both grew up in a family that had no televisions, so we created our own games and entertained each other with make belief stories and games.

Just like normal children, we had our share of fights, and would not talk to each other for a day only to make up the next. We were always too miserable to go beyond one day. Those who knew us were well aware to stay out of our fights or we would gang up on anyone who tried to get in the middle. These drove our parents and people around us crazy. We even liked the same hobbies. We liked braiding each other hair and using left over fabric scraps from our parents sewing materials to make hand dolls. We were very good and these hobbies became very lucrative in our early teen years. During our long vacation from school we would, charge people to braid their hair, and parents began to buy our handmade dolls for their children. This money was very helpful and later helped pay for our secondary school fees.

All that changed in our second year of secondary school.

My friend met a boy in school that she liked. Soon she started spending more time with him. I felt displaced and no longer important to her. The time we used to spend together quickly was divided between her boyfriend and I. As time went on, I was no longer the primary person in her life. I wanted my friend all to myself, and since I could not have her I became more and more frustrated and angry.

So in my jealousy, I made up a lie about her and told it to the worst gossiper at school knowing that it would be over the school the following day. The lie was that she was sleeping with her boyfriend. The rumor spread like wild fire the next day. She later found out that I was the instigator of the lie. My friend was branded "promiscuous" and even though I tried to retract the story after I came to my senses and realized what I had done, it was too late. Her reputation was damaged! Damaged by her best friend's lie!

She was so hurt that she stopped talking to me. I tried talking to her, to apologize for the pain I had caused her, but she would not respond. I texted and wrote her letters, and she returned all my mail. Her family was equally disappointed in me. I pleaded with them to intervene for me but they refused. They told me they were concentrating their energy in supporting their daughter overcome the pain I had caused her. I did not blame them. My own parents were not too happy with my behavior either; but when they saw that I was truly sorry for what I had done, and was in pain myself, they tried to console and ask me to give my friend some space and time to work through her hurt. They were honest with me about the possibility of losing her friendship forever.

Because of what I did to my best friend, I also lost my reputation in school and nobody wanted me as a friend. At this time, I did not care to befriend anybody else. I wanted my best friend back, and if I couldn't get her to forgive me – I was fine being a loner. She later transferred to another secondary school and we lost contact altogether.

It took me a long time to forgive myself for the pain I caused my friend by my jealousy and lie. I graduated from secondary school and went on to pursue a degree in Textile Design in a well-known university in my country. I was determined to put the childishness of secondary school and my past behind and start fresh in college.

It was on my second day in the university, while I was with a group of some fellow first year students, that I heard a laugh from the table behind me that jolted me. "I knew that laugh, but how could that be?" I thought. I turned around as a knot began to form in my stomach. I thought I would faint right there and then. Not two feet from me sat my estranged friend from my past. The people I was with asked what was wrong and I excused myself and told them I was not feeling well.

Going back to my hostel was the fastest and the longest walk of my life. It felt like I was in a trance. "Of all the universities why would she be at this one" I spoke out loud to myself. Then it dawned on me that in all our childhood dreams we had talked about one day majoring in Textile Design and attending the same university. I wanted so badly to pack my belongings and flee the campus that evening. The guilt of betraying my friend all came back again to haunt me. But something inside of me caused me to turn around and walk back to the mess hall (dining room) and to the table where my old friend was sitting. All I was hoping for was to be given the opportunity to apologize for the wrong I imposed on her four years back.

Until the day I die, I will never forget what happened when I walked up to the table and said "Hi".... She looked up at me and gasped. Then she stood up, pushed back her chair and ran into my arms choking out the words "I forgive you. I was praying you would be here." We both clung to each other, and wept until we were spent. We knew we made a spectacle of ourselves in front of our fellow students but we did not care. We knew there was time enough after that for us to talk, but in that very moment time stood still for the two of us. The story of the "prodigal son" in the bible came to my mind. I was expecting and deserving another rejection but what I got instead was the loving arms and open heart of my best friend.

We both discovered later that our time apart allowed us to grow closer to God. She told me that she tried many times to reach me, but did not know where to start. God used our time of separation to soften our hearts towards each other, and prepared my friend to forgive me. We both learned a great lesson about friendship. No friendship is bullet proof from being tested. To safeguard our friendship, we made a commitment to honestly talk through all our insecurities, and not allow the root of jealousy to damage our relationship. We also decided to resolve any conflict in our relationship quickly. God in His mercy answered both our prayers and gave us a second chance. Not many friendships would have survived such testing.

Testimonial Questions

In your journal, answer the following questions:

1. What were the characteristics that made Eno's friendship with her friend strong? What are the characteristics that make your friendships strong?

2. What weakened their friendship? Why do you think that?

3. What should they have done to safeguard their friendship?

4. What do you think brought healing to their relationship?

5. If you have a broken relationship, what could you do to fix it? If your friendship is strong, how can you make it even stronger?

Author's Comments

Friendship is one of God's divine blessings in our lives. It transcends culture, caste, class, blood or status. We all need it. So why do we need friends? We know that they are important in our lives because whenever we're upset, they are the first one who notices that sadness in our eyes, no matter how hard we try to hide it behind our smile. Whenever we are stuck in a problem and have no solution, no matter how serious the issue may be, they are the one who provides us the best possible way out of it. Whenever we need company, they are the ones who come to us and make us laugh leaving behind other things. Even if it is about convincing parents for a night out or going to a friend's birthday party, friends are best in their job. They are the people with whom everything can be discussed, without a pre-thought that it is personal. Whenever we look back in our lives, we'll realize they are the one with whom we have shared the best and the worst. The sense of trust, intimacy, energy and connection we feel with a best friend is exhilarating.

There are however, friendships that are not good for us and the bible warns us to choose our friends very carefully. Proverb 12:26 tells us that if we do not choose our friends very carefully we could end up choosing the wrong type of people to become friends with, and they can in the end lead us away for what is God's best for our lives.

I have met with young people who have commented when the subject of choosing the right friends comes up: "I'm not stupid; nobody can make me do what I don't want to do. I am my own person". My response to them is to applaud their toughness and ability to resist peer pressure. I tell them that this is not the experience of most people. If they were smokers I always ask them who they had their first cigarette with – and most of them would say their friends. I will go on to tell them that studies show that teens usually smoke because their friends do. If a teenager spends most of her time with friends who smoke, there is a good chance she will start as well. Peer pressure is still one of the strongest forces that compel teenagers to start the habit. Bad company can corrupt even the best of us – so the wise thing is to choose friends that share your same values and goals in life so you can be an encouragement to each other.

We should also keep in mind that choosing friends with the same belief as us does not mean we will not run into relational problems. Friendships don't always last forever. Some of our friends move away, grow apart or something happens to make it clear that the relationship isn't mutually beneficial anymore. The memories might be good one, but it's time to move on. Just like other life-affirming relationships that mean so much to us – our closest friendships are also imperfect. Friendships are prone to have disappointments, and misunderstanding resulting in some of the highest highs and the lowest lows of our emotional lives.

So given that we're all human and most likely will hurt someone we care about or they'll do the same to us – what can we do to mend a broken friendship? It is beneficial to do all in our power to makeup with friends if possible.

Here is a **Makeup Kit** that I have found useful in resolving problems in relationships:

1. **Try to reconcile -** It is better to err on the side of trying to makeup. Keep in mind that you may be ready to makeup, but don't assume your friend is too. Invite your friend to work with you.

2. **Seek proper counsel** - If you need to process, do so with a third party who is supportive of the friendship but not to your estranged friend. This might help you let off steam and clear your mind to gain better perspective before talking to your friend.

3. **Apologize** - If you know it was you who said or did something wrong or didn't do or say something you should have – own up to the mistake (make sure your apology is genuine and not fake)

4. **Forgive** –On the other hand, if you were the one wronged and the friendship is important to you, consciously decide to forgive (refer to "digging deeper" in Week 9 for steps to forgive)

5. **Take a break** - If after trying to reach out to your friend, you are ignored then respect your friend's need for time out. They might need more time to get over their anger and disappointment. Instead of using this time to talk badly about your friend, you may choose to use it to pray for the friendship. Ask God to help you better understand yourself and your friend's perspective so that you may become a better friend.

Finally, each side needs to be patient. Friends trying to reconcile shouldn't expect an immediate return to closeness. They need to regain trust.

Digging Deeper

Everyone needs friends. It is the second most basic relationship in life. Jesus said that the two most important commandments are to love God with all your heart and love your neighbor as yourself. We often experience God's love through the love of a friend. People usually don't care if they have a friend in Jesus, until they see that they have a friend in us. The Bible clearly tells us what traits make a good friend and also what traits do not make good friends. We are going to dig deeper into God's word and find out how to be and choose the right friends.

Read these verses and identify the quality of a good friend. What do the verses say about what makes a good friend?

Fear God:
Psalm 119:63

Wise:
Proverbs 13:20

Loves You No Matter What:
Proverbs 17:17

Loyal to you:
Proverbs 18:24

Forgiveness:
Proverbs 20:22
Proverbs 24:29

Honest About Your Sin:
Proverbs 27:5-6

Proverbs 27: 9, 17

Gives You Good Counsel:
Proverbs 27:9

Improves Your Walk:
Ecclesiastes 4:9-10
2Corinthians 6:14
Hebrew 10:24

Read these verses and identify qualities that do not make good friends. What do the verses say you should not do?

Keeping bad company:
Proverbs 4:14-15
Proverbs 24:1-2

Worldly:
James 4:4
2 Peter 2:7
Ephesians 5:11

Anger Problem:
Proverbs 22:24-25
Proverbs 16:29

A Gossip:
Proverbs 16:28
Proverbs 17:9
Proverbs 11:13

Selfish:
Proverbs 18:1

1. When you are looking for a friend, what quality is the most important to you?

2. Which quality of a friend from these verses do you tend to overlook? Has that ever been harmful to you or your friendships? In what way?

At the end of the day, what makes a good friend? Practice the golden rule. Friends treat each other as they would like to be treated.

3. What is one-step you could take this week in order to be a better friend?

Week Take Away

MESSAGE – What was the message of this week's study?

INSPIRE – What inspired you?

Reading - What word or scripture you read will you meditate on or memorize?

APPLY – What will you apply or change in your life?

WEEK 6

DATING - BROKEN PROMISE

Megan's story (America)

*I*was fourteen. I was the outcast in school. The one with bright colored hair, dark make up and clothes made up of skulls and chains. I was that kid. I was way overweight and was known for having a general unfriendly attitude towards others. I was bullied for my size and how I looked. I didn't even attempt to fit in; being from a small town makes it pretty hard to fit into their specified stereotype of "perfection." The other kids at my school acted as if they were on a teen drama because they thought that's how the big city kids acted. I thought it was pathetic and ridiculous. I never had a boyfriend, or even been considered by anyone besides the occasional player who tried to get into my pants who always failed miserably. I never looked at anyone in a manner of even showing romantic interest; it wasn't even on my mind. I guess you could say I have a different mindset than most of my girl cohorts.

One day, after I had finished my lunch, I was making my way to the library when someone ran directly into me, almost knocking me over. Thinking that it was an attack from my peers, I was ready to put my defenses up when he looked me directly in the eye, apologized, and checked to see if I was okay. This was unusual, but it was a refresher on how truly nice people can be. I began seeing him lingering the halls in passing and he would always smile and wave at me. It elicited a slight thrum in my chest that I wasn't used to. I found out his name from one of my friends. He was also different from everyone else. He was the new kid, transferred from a school in Las Vegas. One day, he cornered me and asked me what my name was and after that we hit it off. We became fast friends and the feelings that I felt for him, I kept darkly veiled, knowing that nothing would ever come of it.

About 3 months of us constantly hanging out away from the stares of our peers, he pulled me aside and told me how he felt about me. I was in heaven at that moment, I felt as if nothing could touch me. He told me that I was like no other girl. He said I wasn't one to pass judgments or be prejudice towards anything (He was Puerto Rican, and the town I grew up was fairly racist towards anything but Caucasians.) We began dating after that. He was shy and sweet about everything. I thought everything was going to end up being the fairytale ending. We dated for a year until he came up to me and told me that he had to move. I was very upset, but we made a commitment to continue to stay together no matter what the obstacles were. We decided to continue the relationship, even if it was long distance.

We had begun making plans by the time we were 16, after 2 years of dating, for our future. He wanted to get away from his controlling parents and I wanted to escape my abusive mother. We were our escape routes. We had no one but each other.

About into our 3rd year of dating, I got a call from his cousin, who I had grown to be really good friends with. She had told me she had caught him with a girl in his bed. At first I didn't know how to react. I almost didn't believe it. We had promised ourselves to each other and we always considered anything intimate to be something that is shared between two responsible adults, which we clearly weren't. I called him immediately and demanded that he tell me what happened. He confessed to me the truth. I hung up on him.

It was one of the hardest things for me to go through. He was the first person to show me any sense of affection. He was my knight in a world of dragons and he abandoned me. I found myself retracting into myself even more. Some days I didn't even want to get out of bed. It was too hard for me to deal with the fact that I had lost my one "True Love" After that, I knew that I wouldn't be the same. I would never trust another male again.

I found myself immersing myself in writing and constantly reading. Getting lost in the fiction world was how I began to deal with it. I took on a new outlook on love and dating: It's all bull.

To this day, I do not truly connect to anyone that I am dating. I do not look at someone and feel that flutter. I trust in no spoken word, only in proven actions. I find myself unaffected by the advances of anyone; I'm often indifferent and or grow irritated with it. I feel that I have no time for something as damaging as that to enter into my life. I regret ever becoming this way, but I know that unlike others, I have found my own way to protect myself against another heart break. Someday, I imagine I will find someone who will light that old spark, but I feel as if while I'm still young, I have no reason to focus on things as complicatedly simple as love.

After everything though, if I had to give advice to someone in the same position, I would tell them to protect their heart, but be open to love, because even if you have heartbreaks there will always be another knight in shining armor to sweep you off your feet. Love isn't a once in a life time affair and you have to be open to all the signs and feelings. Don't give up the chance to find the one, and regret no one you have loved or lost. They were a part of you who made you, you. And you can never change it; just embrace it.

Testimonial Questions

In your journal, answer the following questions:

1. How old was Megan when she started dating? What age do you think you should start dating? What age do your parents or guidance say you should start dating?

2. Do you think their age had an effect on how their relationship ended? Explain

3. What was her attitude about dating? How did that change?

4. How did the long distance affect their relationship? What do you think about long distance relationships in general?

5. What are some of the ways the breakup of the relationship affected Meagan? How did she protect herself from being hurt in the future?

6. What did you like about the relationship? What did you disliked about the relationship? What can you learn from both lists that will prepare you for your next relationship?

Author's Comments

There are all kinds of advice out there about dating today. Even among people of faith, there are differences as to whether you should or should not date. The choice is up to you and your parents, but teens should still know God's perspective on dating.

No matter how times change, what works in relationships remains surprisingly the same. Everyone seems to be in a hurry today. You see the magazines, TV shows, and movies that tell you how you're young, and you should date a lot of people before you get married. You see certain "role models" jumping from one dating relationship to another. The fact is, if you rush into a relationship, you'll create big problems for yourself. Starting on the right note will make dating fun, safe and many things easier later.

To get the best result out of your early dating experience, I recommend trying these guidelines:

1. **Build friendship first**

    There are so many reasons to be friends before you start dating someone, and decide to commit to them. Relationships don't seem to be lasting as long as we want them to, and it could be because we're rushing into things. There's nothing wrong with taking time to know one another before you jump into a relationship with someone you are initially attracted to. If you and your significant other have built a friendship before you decide to be an item, your relationship will be built on trust and understanding. You want to know one another well enough to know your likes and dislikes, which is critical. Small pet peeves can turn into raging arguments, so why not take time to learn about one another?

    Giving the relationship time allows you to discover their innermost character, who they really are. Does the person share your values and beliefs? Do they respect your morals and accept you for who you are, or do they try to change you and make you compromise your morals and standards? Do they lead a selfish life? Do you share common interests? How do you know if you like one another if you don't know anything about each other?

2. **Talk to Parents**

   For some of you it may seem uncomfortable or embarrassing to talk to your parents about personal things. However, if you have a parent or trusted adult to talk to, you might be surprise as to how insightful their council might be. Talking to your parents does not mean you are acting like a kid again. Instead, it shows your level of maturity and goes a long way in building trust in your relationship with them. It is important to ask their opinion even though you might not always like what they have to say. They can help provide boundaries for you as you navigate your new relationship. Their experience allows them to see some of the blind spots in the relationship that you may not be seeing.

3. **Setting boundaries for safety**

   Boundaries are invisible walls people set up to help them feel comfortable. When these invisible walls are crossed, people may feel uneasy and threatened. People feel like they need to defend themselves by pushing the person who crossed the boundary away.

   In relationships, boundaries help each person feel connected as well as comfortable. This connection and comfort helps the relationship grow and sustain itself. As the relationship matures, boundaries can change, allowing you and your loved one to get closer. Respect in a relationship goes both ways. You should never call each other names, take advantage of one another, or do things that would intentionally hurt the other person. You want to love the person you are with and care for him/her as you would want to be loved and cared for. With respect, comes trust. As you and your partner respect one another, a level of comfort develops. This comfort helps both of you open up to each other more by telling each other things you wouldn't tell other people. This high level of communication helps the relationship grow.

Handling a Break Up

Most people will tell you you'll get over it or you'll meet someone else, but when it's happening to you, it can feel like no one else in the world has ever felt the same way. If you're experiencing these feelings, there are things you can do to lessen the pain. Here are some tips that might help:

Share your feelings. Sharing your feelings with someone you trust — someone who recognizes what you're going through — can help you feel better. That could mean talking over all the things you feel, or even having a good cry on the shoulder of a comforting friend or family member. If you feel like someone can't relate to what you're going through or is dismissive of your feelings, find someone more sympathetic to talk to. Talk with a friend or family member, a teacher, or counselor. It might make you more comfortable if you find a female family member or friend, like an older sister or a neighbor, to talk to.

Accept your part of responsibility for the break up. It's difficult to take responsibility for what went wrong in a relationship, especially when your partner seems like he is to blame for everything. Step back from the situation (or have someone help you do this). Examine how your behavior might have contributed to the break-up and think about what changes might help protect your happiness in the future. Remember there are always two sides to every story; look at the situation from the other viewpoint. Why are they behaving the way they did? This does not make it ok but it will help you understand and grow. The best way to improve your attitude is to recognize that you need a new perspective, and then do something about it.

Don't be afraid to cry. Going through a break-up can be very tough, and getting some of those raw emotions out can be a big help. No one has to see you do it — you don't have to start blubbering in class, or at soccer practice or anything. Just find a place where you can be alone, such as in your room, or in the shower when you're getting ready for the day.

Remember what's good about you. This one is important. Sometimes people with broken hearts start to blame themselves for what happened. They may be really down on themselves, exaggerating their faults as though they did something to deserve the unhappiness they're experiencing. If you find this happening to you, nip it in the bud! Remind yourself of your good qualities, and if you can't think of them because your broken heart is clouding your view, get your friends, parents or someone you trust to remind you.

Take good care of yourself. A broken heart can be very stressful so don't let the rest of your body get broken too. Get lots of sleep, eat healthy foods, and exercise regularly to minimize stress and depression and give your self-esteem a boost.

Do the things you normally enjoy. Whether it's seeing a movie or going to a concert, do something fun to take your mind off the negative feelings for a while.

Keep yourself busy. Sometimes this is difficult when you're coping with sadness and grief, but it really helps. This is a great time to redecorate your room or try a new hobby. That doesn't mean you shouldn't think about what happened — working things through in our minds is all part of the healing process — it just means you should focus on other things too.

Give yourself time. It takes time for sadness to go away. Almost everyone thinks they won't feel normal again, but the human spirit is amazing — and the heartbreak can always heal. But how long will that take? That depends on what caused your heartbreak, how you deal with loss, and how quickly you tend to bounce back from things. Getting over a break-up can take a couple of days to many weeks — and sometimes even months.

Hang in there! Better days are just around the corner. I promise.

Digging Deeper

Scripture reading for Week 6: Proverbs 4:23; 1Corinthians 15:23; 1Corinthians 13:4-7

As we said before, teen dating isn't specifically mentioned in the Bible. But relationship principles are. This week, let's dig deeper in knowing our spiritual relationships with the opposite sex.

1. **Guard your heart** (Proverbs 4:23)

2. **You are known by the company you keep** (1 Corinthians 15:33)

3. **Is it really love?** (**1 Corinthians 13:4-7** defines real love). If you are in a relationship, ask yourself these questions:
   - Are you patient with each other?
   - Are you kind to each other?
   - Are you never envious of each other?
   - Do you never boast to or about each other?
   - Is your relationship characterized by humility?
   - Are you never rude to each other?
   - Are you not self-seeking?
   - Are you not easily angered with each other?

- Do you keep no record of wrongs?
- Are you truthful with each other?
- Do you protect each other?
- Do you trust each other?

If you answered "yes" to the above questions, then 1 Corinthians 13 says that you truly have a loving relationship. If you answered "no" to any of the above questions, then maybe you should discuss those issues with your partner.

I believe God wants you to enjoy life. Dating ought to be an enjoyable experience. What are some activities that you would like to do on a date? There is an endless list of good ideas for a date.

1. List 5-7 creative fun date ideas that you would like do. Share it with a friend.

2. If you are in a relationship, do one of these activities this week (get an OK from a parent). If not, you may choose to refer back to the ideas you've listed when you're dating. (Doing it in a group will make it more fun and lessen the pressure and temptations that would occur if dating alone).

Week Take Away

MESSAGE – What was the message of this week's study?

INSPIRE – What inspired you?

Reading - What word or scripture you read will you meditate on or memorize?

APPLY – What will you apply or change in your life?

WEEK 7

TEEN SEX AND PREGNANCY - A FORGOTTEN STATISTIC?

Tina's Story (America)

I was a jock in high school. When my friends went out with boys, I headed to soccer practice or weekend tournaments. Other girls took dates home to meet their parents. I brought home trophies and athletics awards. Despite my athletic success, I wanted to be like everybody else, but that seemed unlikely due to such a hectic schedule. The only boys I hung out with were fellow jocks who just considered me a friend – another one of the guys.

But during my sophomore year, I met one boy in particular that I really enjoyed spending time with. The attention I received from him felt so good. I thought at the time "the most popular boy in the school likes me". The insecurity of feeling that I was not beautiful enough to have a boyfriend vanished. I felt wanted, no longer a "tag along" on my friends' dates. Now I had my own boyfriend!

More and more we would stay away from the rest of the group so that we could spend time alone. I was naïve about relationships, and did not know how to handle the intensity of the feelings we had for each other. We both came from Christian families but never turned to God, our parents, or a pastor for guidance. We figured that almost all of our peers where sexually involved with their partners and, eventually, we gave in to our sexual feelings, too.

That choice led us into a situation that neither of us was mature enough to handle. I found out that I was pregnant! When I told my boyfriend, he was so afraid to face his parents and lose out on his future goals of going to college to play football that he gave me the ultimatum "abort the child or lose my friendship". I felt so alone and ashamed! Anger towards him dominated my thoughts. I felt abandoned at the time I needed him the most.

My mind was crowded with thoughts that no girl at that age should have to be concerned about. What was I going to do now? How was I going to face my own parents? Should I listen to my boyfriend and abort the baby? What about my dreams of pursuing a college degree and playing soccer? How could I take care of a baby at my age? Thoughts of abortion versus adoption battled in my mind as I researched and seriously considered each alternative.

I knew that either option came with ramifications that would last my whole lifetime. At a time when I should have been enjoying the final months of high school and preparing for college, I was dealing with one of the ultimate life-and-death issues. I was only 18! Life really sucked!

In all the confusion, I decided to take the advice of my friends, and Planned Parenthood, and have an abortion. I drove myself to the appointment to kill my unborn child, and it was in the parking lot that I had a life-altering experience. I heard a clear voice in my conscience asking me "not to do it". I wanted to make the best decision for my baby. In the end, God intervened and saved my child's life. I couldn't imagine terminating the life of my baby; I decided not to have an abortion. Instead, I would raise this child with the love and support of my family (so I thought).

I drove home on that fateful day resolved to tell my parents about my pregnancy. I was scared but optimistic and was surprise to find my Mom already home from work. I asked her what she was doing home early and her response again rocked my world. She asked, "Tina what is going on? The Lord laid it on my heart to come home. That you needed me."

After telling my Mom, she reacted in the godly and supportive way that I knew she would, even though she was very disappointed in my action. God again showed his love to me and my child through a mother who supported my decision to carry my baby to term.

My Dad on the other hand was not only disappointed in me but could not tolerate my action. He was very angry with me and kicked me out of the house. I stayed with my aunt for two weeks until he had time to work through his anger and frustration. I knew that my Dad loved me, but I also felt that I deserved his discipline.

I grieved disappointing my parents as they raised me to pursue my educational goals and to wait until marriage to have children. When I was having the so-called 'fun' with my boyfriend, I did not stop to think how the choices I made would impact my family. Not only were their dreams for me threatened, but their trust in me was also questioned. The latter hurt me the most! In the end, I was lucky that my family came around and supported my decision. Their moral and financial support allowed me to turn my life around.

Though I was able to accept love and forgiveness from people close to me, I found it difficult to accept it from God. I was raised to believe that premarital sex was a sin and that children should only come after marriage. I felt that I had disappointed God, and that since I disobeyed Him, He would no longer care for me.

Through the prayer and the love of my family and friends, God used Jeremiah 29:11 to encourage and restore me. "For I know the thoughts that I think toward you, says the Lord, thoughts of peace and not of evil, to give you a future and a hope." It took me a while but I finally accepted His love for me. He demonstrated that His plan was not to destroy my life or dreams but to give me hope and a future. He opened a door for me to go back and finish college and the opportunity to play soccer at the highest level – with the US National Team. He restored my relationship with my estranged high school sweetheart. We are now married and have three wonderful children. I did not end up a forgotten statistic, as I'd once feared.

My husband and I did not do things the right way. The lure and temptation to engage in premature sex took away our innocence and left us with responsibilities that we should not have shouldered at such a young age. We are very humbled by God's grace in our lives. Having sex to show that you love someone is not the answer- love is so much bigger and deeper than that. The safety and protection of sex in the boundary of marriage is still God's best plan for us.

Testimonial Questions

In your journal, answer the following questions:

1. The testimony mentioned some of the consequences of getting pregnant - what are they?

2. What were the three options that she explored for her pregnancy? Which one did she choose and why?

3. What are your thoughts about abortion? Why do you think that?

4. What are your thoughts about adoption? Why do you think that?

5. What scripture did God use to encouraged and restore her? How did He demonstrate that?

6. What are your thoughts about sex before marriage? How can you prevent being sexually active before marriage?

7. What plans could you make ahead of time to get out of sexual temptation? Write them down to share with a trusted friend who will hold you accountable.

Author's Comments[1]:

Teen pregnancy is one of the most difficult experiences a young person might have to face – drastically influencing the course, a young woman's life may take. According to Planned Parenthood, 31 percent of American women become pregnant before the age of 20 and two-thirds of teen parents do not finish high school.

An unplanned pregnancy can create an emotional crisis resulting in feelings of shame and fear. These feelings might come from the stress of having to break the news to parents and other family members. Also, young women might not have the support of the person who got them pregnant. Many bear the emotional, and financial consequences alone, finding it difficult to get the help they desperately need.

There are, however, a number of pregnancy options from which to choose. If you choose to give birth to your baby, you can raise the baby

---
1 See Addendum for a mother's view on teen pregnancy

or place him or her up for adoption. The decision to adopt is up to you and very personal. Talk to a professional adoption counselor who is trained to guide and explain to you all the options available including domestic vs foreign, and open vs closed adoptions. Contact the National Adoption Information Clearinghouse for a list of professional counselors that are free or cost very little in your area. If you are from another country, and heavily relying on familial help, don't feel like you are without hope. Talk to your parents, a trusted family member or your church.

As a teen, you need to know that you are a sexual being and that your hormones are at the peak during this time. To prevent sexual involvement that could lead to unplanned pregnancy, it is best to wait to engage in steady dating. Work more on developing friendships and participating in group activities. Get involved in organized sports or other hobbies. Make plans ahead of time to avoid compromising situations beforehand. Determine how to walk away from someone who may be pressuring you to have sex.

Have an open communication about sex, contraception, your morals and values with your parents or a trusted adult. Regardless of what the media might say, not all teenagers are sexually active. The ones who abstain do so in part because of their religious, and moral values. Old fashion rules and curfews work even if you feel like your parents are the only ones still using them. Establishing limits and enforcing them demonstrates how much they love you.

If you have had premarital sex, or an abortion, you need to know that God's love for you is bigger than any mistake or sin you might have committed. Ask Him to forgive you and give you the strength to start over doing the right thing. The enemy might tell you that once you have had sexual intercourse you cannot stop. That is not true. You can make the decision to abstain from sex starting today and ask God to give you the strength to do so. If you have had an abortion and cannot forget or forgive yourself - seek professional help.

Digging Deeper

Scripture reading for Week 7: 1Thessalonians 4:3-8

Moral standards are as low today as they were in 1st century Rome. Many regard abstinence as an unreasonable restriction. Paul however, did not compromise God's clear standard. He knew then that Christians were not immune to the temptation or sexual immorality – and neither are we today (see 1Corinthians 5:1).

Our study this week is going to explore what the Bible says about immorality. How must we live in a world where sex outside of marriage is perfectly acceptable? What is God's will for us?

Read 1Thessalonians 4:3-8 in your Bible and answer the following questions:

1. What is the will of God regarding our sexuality?

2. Who would premarital sex defraud? Why?

3. What are the motives of remaining pure in verses 6-7?

4. Memorize 1Thessalonian 4:3 **"For this is the will of God, your sanctification (becoming more and more like him); that is, that you abstain from sexual immorality"**

Other suggested readings – Genesis 2:24; 1Corinthians 6:16-20; 1Corinthians 6:8-11;

The Truth about Sex by Kay Arthur

Week Take Away

MESSAGE – What was the message of this week's study?

INSPIRE – What inspired you?

Reading - What word or scripture you read will you meditate on or memorize?

APPLY – What will you apply or change in your life?

WEEK 8

SEXUAL ABUSE - THEY CALL ME A HOME BREAKER

Koko's Story (Africa)

How do you tell your sister that the man she's married to is a child molester? Even more horrific, how do you tell yourself that the person you have come to look up to as a father is your abuser? These were some of my struggles as I made the decision to come clean and expose my brother in-law's sexual abuse of me.

I came to live with my oldest married sister after a car accident took both my parents' lives when I was five years old. I was the youngest of three siblings and since my sister was the only one who could financially support me at the time, she took me to live with her after my parent's funeral. I immediately bonded with my brother-in-law who treated me like one of his other two children. In the beginning, the arrangement seemed to be working out. I grew to trust and looked up to him as my father. In fact, I started calling him "Papa".

The relationship took a drastic change around my seventh birthday. Papa decided that I was old enough to have my own bedroom. I stopped sharing a bedroom with my niece and moved into my own room. In the beginning, Papa would come to say goodnight to me, but soon he began touching me in my private area, and warned me not to tell my sister. He said it was a game that people who love each other play. These so-called 'games' progressed to fondling, and finally sexual acts by the time I was ten years old. He would always tell me that, as my father, it was his responsibility to teach me how to become a woman. He also threatened that if I told my sister, he would kick both of us out on the streets without financial support. Since I did not have parents, and my other sibling was struggling to make ends meet himself, I kept quiet and lived in fear of the nocturnal visits and abuse. I had no one to turn to.

In secondary school, I withdrew more and more into myself. I did not make friends. My brother-in-law controlled most of my comings and goings. I would get yelled at, called a "harlot" and beaten if he caught me talking to boys. The abuse escalated from sexual to physical. Mentally I was a mess, but had no support from my sister. In fact, I noticed that my sister's attitude towards me changed. She supported every ill treatment that her husband gave to me and said I deserved them. She also started her own abuse by demanding me to do all the physical labor at home. She looked at me more like her maid. I was made to do all the chores like house cleaning, washing and ironing the family clothes, shopping and cooking all the meals. The more I tried to please my sister by doing all that she asked of me, the more critical of me she became. Nothing I did was good enough. She would sometimes go into a rage and tell me that I was ugly and would not amount to anything. Her words hurt me deeply. I sometimes thought I would have been better dead than alive.

I tried to move in with my brother but in my culture, it is a sign of disrespect to move out on your older sibling. Since I could not tell him about the abuse, he believed my sister's story that I was a headstrong teenager who did not follow their rules. Therefore, my brother chastised me to be more appreciative of the help my sister was giving me. I was to believe that my brother-in-law was acting as my father, and that he had the right to discipline me. In the African culture, corporal punishment is still allowed as a form of discipline. It was expected of me to keep my mouth shut and take the beatings. After all, I deserved it for being bad.

I had nowhere to turn and no one to confide in. My abuser became my only ally in a very weird sense. We had something in common - after all, we shared the same secret. He would sometimes be very nice and sweet to me, and in the same breath would turn on me with anger. I also noticed that his relationship with my sister deteriorated and I became his confidant, and marriage counselor. This was not what I wanted, or encouraged, but it became my lot in life. I was depressed and failing at school. Of course, this again would bring the wrath of my brother-in-law and sister on me. It was a vicious circle. My self-esteem at this point was very low. I did not know who I was. Was I a daughter to my brother in-law, or was I his other wife? I did not mind being treated like a maid, and would have cleaned their house until it shone like gold in china if I could just have been loved in the right way.

Midway in my secondary education a friend at school invited me to a crusade at her church, and it was there that I asked Christ into my life and my situation. This newfound joy gave me the first boldness to talk to my friend about the abuse. She took me to see her pastor, and his counsel encouraged me to tell my sister about the abuse. As I predicted my sister did not take the news well. In fact, she was so angry with me that she called me a liar, harlot, and any other name she could think of. She accused me of trying to break up her marriage, and her family, and asked me to move out. I had nowhere to go. For the second time I felt like an orphan! No one except my friend and pastor believed me. For no fault of mine I had been branded a "home breaker."

I was very lucky, my friend's mother opened up her home to me. Many nights in this new home, I would wake up screaming in a nightmare so dark; sweat would pour down my whole body. My newfound family would comfort and console me and reassured me that I was OK. Through extensive counseling from my pastor, and my friend's family, I have begun to heal. I am reminded that the abuse was not my fault. As a child, it was my caretaker's responsibility to take care of me, and not abuse me. God in His grace is using good people to replace the bad in my life. I know God will never harm me or cause me pain, but only has the best intentions for my future. I will continue my education by His grace, and leave the reconciliation of my family and myself in His hands. It is enough for now to know that I matter to God, and to the new people He has put in my life.

Testimonial Questions

In your journal, answer the following questions:

1. How was Koko treated when she first moved in with her sister? How did this treatment change?

2. Do you think Koko did anything to cause her abuse? Explain your answer.

3. Do you think her sister knew she was being sexually abused? Explain your answer.

4. What was some of the effect of the abuse on her?

    Physically -

    Emotionally -

Spiritually -

5. Whom did she tell about the abuse and what was their reaction?

6. Whom would you tell if you were abused?

Author's Comments

It is such a betrayal to be abused by a relative or friend, or when an adult who knows the abuse is occurring does nothing to protect the child. To an abused child, this may lead to feelings of loss and grief towards caretakers that later may turn into a fear of intimacy and mistrust towards one's self and others. There is another level of betrayal in African culture, as it is common to be stigmatized by both abusers and society which leads to a deep sense of powerlessness.

In a culture where women are still treated as second-class citizens, it is no wonder that some men are disrespecting their wives by choosing to sleep with their relatives. Wives on the other hand, look the other way, and knowingly tolerate this abuse out of fear of breaking up their marriages. They too are trapped, but in a different kind of abuse – powerless to go against the grain of a culture that does not give them a voice.

For many Africans, sexual abuse is a dirty secret kept to preserve a family's pride and image. A child wears this, "code of honor" as a cloak, and would rather go to the grave with it than dishonor the family by speaking out. These children are trained to be seen but not heard and are expected to keep quiet, that no one will believe them. Another cultural norm common amongst Christians, is to promote praying for the perpetrator's soul rather than speaking out about the abuse. They believe they are supposed to turn the other cheek and just pray.

Another cause of secrecy as mentioned in the testimony, is that many victims, especially young ones, are easily convinced that their abuser will take away financial support or care from them or their family members. Sexual abuse, especially at the hands of a family member, causes the victim to feel intense shame and guilt, as they are tricked into believing that the abuse is their fault. As a result, they feel too badly about themselves or their perceived part in it to tell anyone. Some may also feel like telling the story is reliving it, and may wait until they are in a very strong place in their lives to bring it up.

Telling someone a secret you've held for a long time is a big deal. You may have good reasons to fear a bad response. You could be putting an important relationship, or even your safety at risk: Will she reject me? Will he shame me? Will I get kicked out? A lot might be at stake – talk to a counselor or other trusted adult who will assist you in:

- Telling your story
- Believing it happened
- Knowing that the abuse was NOT your fault
- Dealing with and processing your anger
- Understanding how the abuse affected your life
- Grieving your losses
- Correcting dysfunctional behaviors that stem from the abuse

Digging Deeper
Scripture reading for Week 8: Leviticus 18:6-20; 2Samuel 13:11-20; Isaiah 61:1, 3

Sexual abuse has been a plague on society for thousands of years. Even the Old Testament contains tragic stories of sexual abuse, rape, and incest. Leviticus 18 gives a narrative of all the forbidden sexual practices that the people of Israel were to stop doing.

1. Read Leviticus 18:6-20 and underline all the relationships where God forbid sexual relations.

2. What was Koko's relationship to her abuser?

3. Leviticus 18:5 has a promise in obeying God's word. What is the promise? What does it mean to you?

Another story about rape and incest in the Bible is found in 2Samuel 13:11-12, 14, 20.

In most abuse cases, victims are told by their accusers that they "asked for it" inferring that the abuse was their fault.

4. What did Tamar say to Amnon to show the abuse was not her fault?

5. What showed that Amnon was at fault?

6. Even in those ancient days, victims were told to keep the abuse a secret. Who asked Tamar to keep the abuse a secret?

7.

8. Why do you think he did that?

Interestingly enough, Scripture continues to talk about the brothers, the father, and the consequences for them, but not much more is said of Tamar. Scripture simply tells us that she remained desolate in her brother's house; she is locked in the silence, shame, violation, and trauma of the abuse she suffered at the hands of her half-brother.

9. Now read Isaiah 61:1, 3 keeping Tamar's desolation in mind.

Thousands of years later, untold millions of children and adolescents are victims of sexual abuse, and carry the wounds of that abuse into their adulthood. They are still living in the same stuck condition as Tamar. In sharp contrast to remaining stuck, is Christ's promise of healing for those who are wounded.

10. Using Isaiah 61:1, 3 write down a message to Tamar (or even to yourself) describing the beautiful promise of transformation, and healing through our Redeemer, Jesus Christ.

Week Take Away

MESSAGE – What was the message of this week's study?

INSPIRE – What inspired you?

Reading - What word or scripture you read will you meditate on or memorize?

APPLY – What will you apply or change in your life?

WEEK 9

DIVORCE - WHY WASN'T I A BOY?

Ada's Story (Africa)

I would pull my loincloth over my head, coiled into a fetal position, and stick my fingers in my ears to block out the shouting and fighting of my parents as I lay on my lonely mat at night. 'Since you can't give me a son, I am going to marry a woman who can!' Papa would yell. Sometimes the fights would wake up the whole household, as it would escalate into blows from my father to my mother. My two sisters and I would walk on needles the next day, as we tried to pretend we did not hear the fighting. In the African village, this was a common happening in many marriages. The man would take out his frustration on the wife. She might kick and scream, but the expectation was that she would go about her normal business of taking care of the family as if nothing happened.

I was told my Mama was the most beautiful girl in her village and that Papa drove his bike for 50 miles from his village to my mother's to ask for her hand in marriage. I also heard that my father paid a high dowry to marry her (two years wages). Mama was a big catch since most men had their eyes on her. So Papa felt like he had won a trophy when my mother's father chose my father as her husband. Love did not play into their union. She was who my father wanted, and he paid to get her. In the beginning, their marriage fell into the normal routine like most African marriages. My father was a fisherman, and would be gone to sea for long periods of time while my mother traded the fish he would bring home in the market.

Their relationship started deteriorating after I was born. I was the second girl and my father was expecting a boy. In African culture, a male child is more valued to carry the family name, and is usually the pride of the father. I heard that in the first year of my life my father did not even acknowledge that I was born. The fights started then and by the time a third daughter was born, my father was beyond himself with anger and rage. Nothing my mother did was good enough for him. He ridiculed and mocked her any chance he could for not giving him a son. Then the beatings started. He also started extending his fishing trips. When he returned we would smell alcohol on his breath and he was never in a good mood.

I used to wish him gone forever, because at least when he was away we would have the best times with Mama. At these times, I saw a glimpse of the beauty that I'd heard about in my mother. She would laugh, play and sing for us. However, as soon as Papa came back, we would recoil into our shell like a snail, as we did not want our heads cut off.

I thought their issues were my fault. If I were born a boy, maybe my father would love me. Therefore, I tried everything to please Papa. I took on most of the physical labor designed for the male. I cut wood, mended, cleaned, and dried his fishing nets. I also covered the roof with thatch to avoid water leaks during rainy season. No matter how hard I tried my father still hated me. He even denied me basic needs like clothes, and left it for my mother to attend to while he would buy clothes for my other siblings.

The threat of a second wife finally came through when I was about 12 years old. Papa, on one of his return trips from fishing, announced that he was moving in his new wife and that my mother should pack her things, and return to her parents. My mother had no choice but to do my father's bidding and took my youngest sister with her. She left my older sister and me behind with our father. The guilt I was feeling for being a girl instead of a boy, the son *my father wanted, intensified after my parents divorce. Soon after my mother, and sister left, my father moved in a young girl few years older than my sister, and we were told to treat her like gold since she was pregnant.*

I hated them both!

I found myself also angry with my mother, even though I knew culturally there was nothing she could do. My mother's family, as is the custom of our people, tried to talk to my father to change his mind, and to take his wife back, but he would not listen to them. My mother's parents being a proud family decided to take their daughter back. Traditionally, children belong to the father so there was nothing they could do but leave us with my father.

Life with my new stepmother was hell! My sister and I became her maids, and served her in every way, which included selling fish after school in the market to take care of her. I was happy that I had my sister and she was a great emotional support for me in dealing with both my father and his wife. We both missed our mother and sister terribly. The vigorous work that was given to us did not allow us time to visit them, as we would have liked to do.

The worst day of my life was when my stepmother gave birth to a son. My mother had taught all of us children to have faith in God. She took us to church no matter the condition at home. Before she left, she told us "Ada and Didi make sure you go to church every Sunday, and don't allow bitterness to rule your hearts. God will make something out of your lives." I must confess there were many times that I doubted my mother's words, and was angry with a God who would be so unjust. How could a good God disgrace my mother by refusing her a son, and giving it to a woman that I considered lazy, weak, and cunning?

The pain of losing my mother and sister was unbearable. The separation of my sibling from us affected our bonding at the time we all needed it the most. My mother said the separation from the two of us was far more painful to her than the pain of losing a husband. She told us it felt like her heart was ripped out of her chest, but she knew she had to put up a brave front for us.

We visited them as much as we could but it was not the same. Mama would travel by bus and meet us in the market just to see how we were doing.

I finally understood and stopped blaming my mother for leaving us. I admired the strength of character that she showed to all her children. Despite all her losses, she did not show any bitterness towards anybody. Her counsel to us was not to put ourselves in the prison of hatred towards our father or our stepmother, but to choose to free our conscience by forgiving them.

I am happy to say that her prayers, and belief in God paid off, because her three girls are now a lawyer, a doctor, and a nurse. We are all able take care of her in her old age. I am the doctor, and my father has finally accepted that he was wrong to treat us girls differently than our half-brother. It is also interesting how fate has its last laugh. My spoilt and pampered brother has never been able to hold a job. We are now his main support. We all have realized that he could not be blamed for the actions of our father – he was only a kid.

Testimonial Questions

In your journal, answer the following questions:

1. Why did this relationship end in divorce?

2. Why did Ada think it was her fault?

3. What were the effects of the divorce on Ada? Her mother? Her sisters?

4. What part did her mother's family play in the divorce?

5. Are there any similarities between African divorce and American one? What are they?

6. What affected you the most about the testimony and why?

Author's Comments

I must first say that divorce is rare in African marriages. Problems in marriages are often discussed between both families until a solution is found. Sometimes entire villages join in to help a couple solve their problems, and keep the marriage from failing. Marriage is sacred the world over, and that is definitely true in Africa. This is true no matter which region or culture you come from, and no matter what your religious beliefs. An African wedding is, more than anything, the combining of two families, or even the mixture of two tribes into one family unit. The concept of *family* is one of the unifying ideas of the African continent.

Depending on which part of Africa you are in, wedding ceremonies can be extremely elaborate, some lasting many days. The dowry is a way to evaluate the seriousness of the groom's intention for their daughter. It shows also the value the parents of the bride placed on their daughters. The exchange of the bride price shows the commitment of the husband to be, and his family to honor and treat their daughter with love and respect.

Usually intense abuse, and lack of safety for the wife and/or children are the only situations where divorce would be an option. In these cases, both families would try to intervene to resolve the problem and if unable to do so might recommend the removal of their daughter/children until a time when the husband was finally able to change. In most African villages, even when a woman is widowed, the male relatives decide her fate. Rural widows are not even allowed to remarry. It is only the urban elite, women who have jobs and money, who can decide their future, but rural women are still not empowered.

There are many differences between divorce in Africa and America, however divorce is always painful. It is painful for parents, for kids, and for close friends and family. We all respond to pain differently depending on who we are and on our stage in life. Teenagers all over the world are not immune from the effects of divorce.

Every teenager and every family is unique. So too the reasons and dynamics of every divorce is different. Therefore, it is very hard to predict or prescribe how particular teens will respond to their parents divorcing. Regardless of the culture, there are significantly effects of divorce on the children.

Teens are forced to grow up too quickly. In Africa especially, young children are forced to take on adult responsibilities of providing for the family. Some might even lose out on education because they are pulled out of school to help on the farm, or help sell goods in the market to assist with income.

Another effect of divorce on teens, is the feeling that the divorce is their fault. Some of them may formulate beliefs about how their behavior is the reason their parents are divorcing. Here is the most important thing you can understand about your parents' breakup; the problems between your parents are never about you. Separation or divorce does not mean your parents love you any less. It concerns only their feelings toward each other, not toward you.

Just as you were not responsible for your parents' marriage, neither are you responsible for their separation or divorce. Maybe you have heard your parents arguing about you, or maybe they are having a court battle about custody or child-support payments. When the main topic of your parents' arguments is you, it is easy to think the problems are your fault. However, they never are.

Anger is a natural response to divorce. It could be directed to the parent, yourself or God. Expressing this anger by lashing out at your parents (or anyone else) is a destructive way of coping. While you may have good reason to be angry, the challenge is to find a constructive way to deal with those feelings. It starts with understanding your feelings and trying to forgive the person with whom you are angry. This will help keep your anger from spilling over into all of your relationships and possibly jeopardizing friendships that could be supportive for you.

As the home situation changes and becomes less stable, and/or less pleasant, you may find greater comfort and security in your relationship with peers. This can provide a safe place to explore how you feel, especially if there are peers who have gone through similar experiences.

When you are in a stage of pain and confusion, it's important not to become susceptible to excessive influence from peers who actively encourage anti-social or destructive behavior. Counseling is very useful and can help you explore your feelings and get some sense of being normal again.

If you find yourself blaming God for your parents' divorce, talk to your youth pastor to help talk through your feelings. Know that with time you will heal and be able to strengthen all your relationships – even your relationship with God.

Digging Deeper
Scripture reading for Week 9: Luke 6:27-35

What struck me the most about this week's testimony was the ability of Ada's mother to love a man who had become her enemy. Forgiveness is not an easy thing to do - especially forgiving those who are mean to us - but it is what we must do to become more like Christ.

Read Luke 6: 27-35.

1. List how we should show love to people who are mean to us.

2. What is the golden rule? What does it mean to you?

3. What will happen to us if we obey God's words? List the verse.

4. Who in your life do you need to apply the principle of forgiveness to this week?

Steps to Remember When Trying to Forgive
Step 1. **Make a decision to forgive.** It might not feel good yet, we might still be in pain. We choose to forgive anyway.

Step 2. **Go through the process.** Allow yourself to feel the hurt, anger, grief, betrayal, resentment or whatever feeling you have. It may help to write them down.

Step 3. **Ask for the state of forgiveness.** Ask God to let you see the person through new eyes - to be able to see them, remember what happened, but not feel the hurt anymore.

5. Write a letter to a person you need to forgive. You do not have to give it to the person but it is a way for you to put this into practice.

Though forgiveness is a personal journey and a gift we give ourselves, the benefits are far reaching - touching our families, our friends and our world. It is well worth it!

Week Take Away

MESSAGE – What was the message of this week's study?

INSPIRE – What inspired you?

Reading - What word or scripture you read will you meditate on or memorize?

APPLY – What will you apply or change in your life?

WEEK 10

ALCOHOL AND DRUNK DRIVING - GIVE ME THE KEYS

Rachel's story (America)

I was very shy during my freshman year in high school. Making friends and fitting in was very difficult for me. That is until I was introduced to a new friend – alcohol. I found out that drinking eased my timidity socially. I was hooked from the get go.

I started becoming the life of the party and making tons of new friends. I started drinking and driving many times. Nothing bad ever happened. I became invincible.

Then in my junior year, it started catching up on me. I was arrested twice for DUI. I went through 26 weeks of alcohol classes. When my probation was over, I was free and felt like celebrating.

Of course, I had learned nothing!

I ended up in a bar with a fake ID. I stopped counting after 20 beers. I barely remembered someone asking me to give him my keys, that he would drive me home because I was in no shape to drive. I was too drunk to care. I laughed him off. Got behind the wheels of my friend's borrowed car without thinking twice about what I was doing.

Later that morning, I woke up with a broken neck. I had no feelings in the lower part of my body. I was later told that I could be paralyzed. The dashboard had gone right through my legs, pinning me until the paramedics arrived.

I asked the doctor and nurses what happened since I did not remember anything about the accident. I was drinking one moment and the next I was lying in bed with a cast on my neck, not able to move my legs or breathe. The doctor told me that two people were in serious conditions in ICU. Apparently, I swerved my friend's Yukon into an Oldsmobile that four college friends were driving. The driver and front passenger in the Oldsmobile were in critical condition after being pinned under the crumbled dashboards, and the other two back passengers had major breaks in their legs, and cuts and bruises.

It is amazing, how one moment of so-called 'fun' can change your life forever.

Thank God, no one lost their lives or was permanently damaged. The two passengers who were critically injured went through extensive physical therapy and are now fully recovered, as am I. My reckless actions however, caused others and myself mental, financial and legal burdens.

The emotional stress to my family, and the families of the college girls in that almost fatal accident is something that can never be fully described. Not to mention what the financial burden, the extensive hospital stay, and therapy put everyone through. The car I borrowed from my friend was totaled. Since I had no insurance, my friend and her family had to pick up the tab until I was able to pay them back. Legally, I was charged a fine of $10,000.00 for driving without a license and sentenced to six months in jail with a third DUI.

I have been approached by many people with the question, "What were you thinking to drink and drive?" I agree with them that I was not thinking. When I was intoxicated I frequently did things I normally would not do while sober. I often ignored legal, ethical, social, and moral or religious norms. I thought I could handle driving myself home just like all the other times before that.

What has happened cannot be changed; at the time, I was not aware that I had a choice. I did not listen to the man in the bar who had offered to give me a ride home. I made a terrible mistake and the cost has been shocking.

I was a normal, young person but I made a wrong decision and these were the consequences. Six families were affected. Three people were seriously *injured, properties were damaged and significant financial cost was incurred. I was incarcerated. These are the realities of drinking and driving.*

So my friend alcohol really made me pay my dues.

We have since parted company. After my incarceration, I joined a treatment center and am proud to say I am now eight years alcohol free.

Testimonial Questions

In your journal, answer the following questions:

1. What was the reason Rachel used alcohol? What other reasons do people give for using alcohol?

2. What did she call alcohol in the beginning? Was this true in the end? Why not?

3. She mentions some of the consequences of her alcohol use. What are they?

4. What effect do you think those consequences had on: Herself? Her family? The four girls? Their families?

5. What do you think about drinking and driving?

Author's Comments

More than 3000 teenagers die every year in drunk driving accidents. Further, the rate of alcohol-related automobile accidents is higher for drivers between the ages of 16-20 than it is for adults over the age of 21. The rate is higher for teenagers, because teenagers are generally inexperienced with alcohol, they take greater risks, and they exercise less caution. Teenagers put themselves and others in a grave amount of danger when they get behind the wheel of a car while under the influence. It is for these reasons that the laws and penalties for teenage drunk driving are tough throughout the country.

Consequences of Teenage DUI Convictions

Punishments for teenagers that are found guilty of a DUI vary by state, but are generally harsher for first time offenders than what would be given to adult first time offenders. This is because minors face penalties for both underage drinking and for driving under the influence. If the minor's blood alcohol content (BAC) is anywhere from 0.05 – 0.07 percent and above, they can be charged with underage DUI and an adult DUI, which can increase the penalties further. It means a 100-pound woman could not have even one drink in an hour without being legally intoxicated.

Often **other charges** will go with the DUI offense, such as violation of Child Endangerment Laws, minor in possession of alcohol, possession of an altered or fictitious ID card, soliciting alcohol from an adult, and distributing alcohol to other minors. In most states, the minor's **DUI will be charged as a class one misdemeanor**, which will stay on their record as an adult. The court may also impose **community service** as a punishment and **thousands of dollars in fines**. The teen's **license** may also be **suspended** for up to two years and many states will need the minor to give proof of financial responsibility before their license is reinstated.

Jail Time and other Penalties

In some states, a teen DUI conviction can result in up to **one year in jail** for a first offense. Minors that have been caught drunk driving more than once, as well as minors who are involved in drunk driving accidents, will always receive a jail sentence. Sentences range from a few days to several years, depending on the severity of the case.

A teen DUI conviction can also result in **probation** for a period of 3-5 years. The minor may also be ordered to undergo a diversion program, such as Mother's Against Drunk Driving (MADD), or other drug and alcohol education classes. If the minor's BAC is especially high, he or she may have to complete an inpatient alcohol treatment program.

After the teen or minor has their license reinstated, they may still have to drive under the watchful eye of the courts. In these cases, the court may order the minor to install an ignition interlock device on their car, or on the car that the minor drives the most frequently. This will have to be done at the **minor's own expense**.

In some cases, the court may choose to impound the car, instead of requiring an ignition interlock device. Further, hardship or conditional licenses are not as widely available for minors convicted of DUIs. A hardship or conditional license is granted in cases where the convicted must drive his car in order to commute to work and school. These types of licenses allow the convicted minor to drive to locations approved only by the courts, and nowhere else.

Social Consequences

Aside from the harsh criminal and civil penalties given for an underage DUI, there are grave social consequences for a minor convicted of a DUI. A minor who is convicted of DUI must **disclose this information on all college applications.** This may not prevent the minor from getting into college, but it will certainly be a strike against them. Failure to list the DUI on the application can result in automatic dismissal if the college later learns of the DUI.

In many states, students that are convicted of DUIs cannot continue their majors in education or pre-law. Further, **starting a career** with a DUI conviction may be difficult for the minor. Many jobs ask applicants to list any prior convictions. Since most states classify a DUI conviction as a Class 1 misdemeanor, the minor's record will be blemished well into adulthood.

While a prior conviction will not be an absolute bar to employment, it may sometimes sway an employer's decision to hire them. A civil judgment against a minor can also last years, meaning that their future wages can be garnished. The teenager may also face social stigma as well, and incarceration could mean a loss of employment and educational possibilities.

Effect on families

We sometimes focus more on the person with the drinking problem and forget about the family or loved ones whose lives are also affected. Whole families can seem to go to pieces when there is a son or daughter drinking. Parents may fall out with each other over how to handle the situation. Other family members are blamed for being bad a example. The alcohol user gets so much attention that others are neglected.

A mother that I counseled asked me, "I did nothing wrong, why does my daughter blame me for what she did?" This mother has raised three children in the same household, with the same love and discipline, yet the youngest daughter chose the lifestyle of drinking. The mother said she loved, supported, prayed, and did not nag or enable, but her daughter still hated her. The mother's pain was real and counseling allowed her to sort out these conflicting thoughts and be able to make peace with her role as a "good mother."

Addiction can happen to anybody. Even the most well meaning parents and families are not exempt from finding their children caught up in it. Alcoholism or drug use hurts all those who love the addict, and I strongly recommend counseling for all that are affected.

If you know someone with a drug or alcohol addiction, talk to a trained counselor or pastor about how you can intervene. Remember not to drive or get in the car with someone who has been drinking. To be safe, take a taxi, or call your parents or a non-intoxicated driver.

The best gift you can give your friend is not to let them drive drunk. That one action might save their lives. Be the designated driver – just take the keys!

Here are some other laws about alcohol, drugs, and driving for those under age 21:

- You must be 21 before you can buy or drink alcoholic beverages.
- It is against the law for anyone to sell or give alcoholic beverages to you or to let you drink with him or her in a bar or a store.
- If you borrow a driver's license or change the age on yours to show that you are over 21, you are breaking the law.
- Any person who gives a false ID to you is also committing a crime. You cannot lend, borrow, or alter a driver's license or other ID in any way.
- It is against the law for you to possess alcohol on any street, highway, or public place; or carry alcohol in a car; or be a passenger in a car carrying alcohol unless accompanied by a parent or legal guardian, *even if the container is sealed and in the trunk.*

- It is against the law to enter and remain in a bar without lawful business or to be under the influence of alcohol or drugs.
- The court must suspend your driver's license for a year if you are arrested for any of the violations listed above. If you don't have a driver's license yet, the court must delay your driver's license for a year.
- It is against the law to be hired to work in any place where the main business is selling alcoholic beverages to be used on the premises, or to be hired to work at any place that sells alcoholic beverages for drinking off the premises if you are under 18, unless you are under the continuous supervision of a person over 21.
- The court will order a one-year suspension of your driving privilege if you are between 13 and 21 years old and are convicted of a drug-related offense.

For more about the laws involving alcohol or drugs, see www.dmv.ca.gov/pubs/vctop/vc/tocd11c12a2.htm

Digging Deeper
Scripture reading for week 10: Proverbs 23:29-35

This week we are going to dig into the Bible for some answers about addiction. Prayerfully read Proverbs 23:29-35 and ask the Holy Spirit to reveal God's truth to you.

1. What happens according to verse 29 when people drink too much?

2. Why do you think alcohol is tempting? (verse 31)

3. Drinking in the end hurts people. In verses 32-35 the writer of Proverbs tell us about a drunk's strange experiences. What are they?

4. What are some practical facts you have learned this week from the Author's comments section about consequences of illegal drinking?

5. Take time this week and talk to your parents/grandparents or a family member about alcohol use in your family. You may use some of the questions suggested below as guide. Make sure to jot down their responses.

   Interview Questions:
   - What are our family values about alcohol?
   - Is there alcoholism in our family? If yes who?
   - Why do people in our family use alcohol?
   - How is alcohol abused in your family?
   - What are the effects of alcohol in your family?

6. If your drinking has hurt anybody, write a "no send" letter to the people involved apologizing for your contribution to their pain. A "no send" letter is just that, you might choose never to send it to them. It is a way to finding a closure so you can start the healing process.

7. This week's study had many legal facts that may be new to some of you. You may choose to take time this week and find out some of

the laws regarding illegal use of alcohol in your state. You may want to write what you find out in your journal.

Week Take Away

MESSAGE – What was the message of this week's study?

INSPIRE – What inspired you?

Reading - What word or scripture you read will you meditate on or memorize?

APPLY – What will you apply or change in your life?

WEEK 11

PORNOGRAPHY - NOT JUST FOR GUYS ANYMORE

Biola's story (Africa)

On my 12th birthday, my parents told me that they had great news to tell me. I was going to leave our village and move in with my uncle in a bigger city. My uncle had recently lost his wife and needed someone to assist him with house chores, and in return, he would pay for my education. I had always liked Uncle Ayo, and was looking forward for the opportunity to leave my non-progressive, and boring village behind me for good.

Life with Uncle Ayo in the big city was exciting, and the elementary school I attended had individual desks with chairs for students. I did not have to share a bench with other kids as in my former school in the village. Another thing I liked about living with my uncle was that I could eat on my own plate of food without having to share with six other siblings. Most of the time they would gobble the food up fast, and since I was a slower eater, I would go to bed hungry most nights. I did not mind doing chores and keeping house for my uncle. I made sure the house was cleaned; his bed was made and his meal was cooked when he returned from work.

It was one of these times while cleaning his room that I uncovered a magazine with pictures that I still can't forget. From that day on, I became more and more curious about sexual photographs, and made sure I put the magazines back in the same place I found them. I did not want to arouse my uncle's suspicion and lose my avenue of what I considered then to be my best and only entertainment.

This secret visit and perusal of my uncle's pornographic magazines continued until I was 15. Then one day he brought home a computer. We were the first people on our street that had one! My uncle warned me not to touch the computer, but that spiked my curiosity even more. While he was at work I found out that I could broaden my entertainment even more by searching for pornography on the internet. At first, I told myself that I was just curious about what the big deal was about porn, but my fascination became more intense as my addiction took hold. I felt too embarrassed and ashamed to tell my secret to anyone. In my culture, anything sexual is easily tolerated and in fact expected of men. Who would believe it of me – a girl being hooked on pornography?

As I matured in this deception, I stumbled into a site I had never visited before. I gradually joined chat rooms, and even had some private messages from a couple of cute-sounding guys. I started involving in sexual exchange conversation with guys that I did not know, and was lapping up the attention they gave me like a dog to water. Those cybersex encounters incited a sexual craving in me that lasted for most of my secondary school, and college years.

Before I knew it, porn had taken control of my thoughts. I felt like I was living a double life. My life reminded me of an old African proverb "Ofon ofon ofok owo" (it is only clothes that cover a person), which basically means that as clothes hide our nakedness, we can put on masks to the world that hide the ugliness of who we really are or what we're doing. I was making good grades at school but could not wait to get home and show myself off to my cyber lovers. As time went on the secret was eating me alive. I felt like I was spinning out of control emotionally. The porn addiction was negatively affecting my relationships with others.

In my search to find more and more ways to satisfy my addictive urge, I became sexually involved with random men – but none of them could fill the void deep in my gut. I think the worst feeling was being deceptive to my family, especially to my uncle. Even though he was the gateway to my addiction with porn, he trusted and treated me more like his child than his niece. He gave me a house to live in; fed, clothed, and paid my way through school, and still I could not go to him for help.

I privately tried everything including reading books, taking some black market pills to control sexual drive and nothing helped. In desperation, I went to a witch doctor for help. I thought he could give me some magical potion that might stop my obsession with porn. Like most Juju doctors in Africa, he gave me some herb to put under my pillow and promised that would cure me of my addiction. That too did not help!

Then in college, I went to Bible Study fellowship with a friend and heard a girl gave a testimony about her addiction to pornography. She talked about a program that met on campus every Saturday night to help those with porn addiction. This was the turning point in the long journey to overcoming my addiction.

The greatest lesson that I learned from this program was that pornography addictions, like that of drugs and alcohol, were unhealthy. I had to first realize that I was an addict, and that will power alone was not going to cure my addiction. I needed to turn my thought life to a higher power than myself , and get accountability from others who were further along in the road of sobriety than I was. Erasing the "hard drive" in my head of all the graphic sexual pictures would take time. The more I stop accessing the sites, and by feeding my mind with wholesome thoughts, I know that eventually, the tape will be erased. By also exposing the truth to others, especially my uncle, I was able to get the support that I needed from them.

Testimonial Questions

In your journal, answer the following questions:

1. What are your thoughts about the idea that "Pornography is not only for guys"?

2. How was Biola exposed to pornography? What type of pornography was it?

3. Describe what Biola meant by "double standard" Explain how you may have experienced this in your life?

4. How did pornography affect Biola?

5. Do you think pornography is addictive? Why?

6. How can you safeguard yourself against pornography?

Author's Comments

I must confess that when I decided to talk to young Nigerian girls about their involvement with pornography I was under the impression that this was only a Western problem. I was not expecting to find anything. My shock came after interviewing over twelve young women; almost 90% of them had been exposed in one way or the other to porn.

As a counselor, I know that curiosity about sexuality is a normal and healthy aspect of human development. The problem is that the Internet and cable television have ushered in an age of unprecedented access to hard-core pornographic images. Once young people had to work to find pornography (often from the trash or a male relative), but today children with rudimentary computer skills can find thousands of X-rated images with a couple of clicks of their computer mouse.

Along with pornography, sexting can be very dangerous. Nude pictures sent by minors can be considered child pornography in the United States. Reputations, social lives, school, and work careers can be ruined because of nude pictures going public. There are also serious mental health issues that can be caused by this. Though you may feel that you can trust an individual with sexual messages or pictures, it is possible for the images or messages to get in the hands of others. Many people have suffered a great deal of embarrassment and pain from images or messages that people have forwarded to others. Once the message or image is out there, it cannot be taken back. Victims may feel humiliation, low self-esteem, **even be driven to the point of suicide**.

If someone is pressuring you to send sexual texts, or images of yourself, it is important to separate yourself from that type of relationship. Involve yourself in a relationship in which the other individual has higher respect for you than for their own personal gratification. You deserve respect.

Pornography is more than a bad habit to be broken, it can become an obsessive-compulsive cycle, which is very difficult to break. People say that it starts with just thoughts. Eventually the pressure of the thoughts become more intense, and the pressure builds higher and higher. This leads to the only way that they know to make these unwanted thoughts go away – by watching pornography.

After releasing the sexual urges, they slowly come back to their senses and realize what happened. They feel guilty for being so weak and giving in and they swear never to do it again! Unfortunately, over time, the sexual thoughts come back, and since they do not know how to handle them in a healthy way, the whole cycle repeats itself.

This tug of war within the addict reminds me of a story my grandmother told me about a battle that goes on inside all people. She said, "my grandchild, there is a battle between two lions inside us all. One is Evil. It is anger, envy, jealousy, sorrow, regret, greed, arrogance, self-pity, resentment, inferiority, lies, and pride. The other is Good. It is joy, peace, love, hope, humility, kindness, benevolence, empathy, generosity, truth, compassion and faith." I thought about it for a minute and then ask my grandmother, "Which lion wins?" She simply replied, "The one you feed."

We are all vulnerable to pornography. Virtual pornography might not be your hook, maybe it's reading romance novels or watching R-rated movies. This could go for any addictions including drugs, alcohol or even social media. I loved reading as a teenager, and still do, but I once found myself hooked on romance novels. When I was younger, these books were circulated around my school; I got my hands on one, and very soon, they became my constant diet. I would read them any chance I got. Many nights I hid under the covers of my blanket with a torch-light, and soaked in every juicy, erotic description of a fantasy world that fed my forbidden adolescent lust for love and romance. I knew I could not act out what I was reading in real life, but the sexual imagery in these books was enough to feed my imagination, and keep me going back for more. It took me being caught by my mother to stop this habit. It was not easy for me to stop reading romance novels, but with the supervision, and help of my mother, I stopped feeding this habit. With time, the hook that those books had on me became less and less controlling.

This is not to overlook the inner struggle of those caught in pornography, especially those where cultural norms make it harder to break free. If you or someone you know is battling with sexual addictions, talk to a professional counselor, your pastor, family members, or friends who can give you guidance and emotional support. Also, see if there are any support groups to hold you accountable as you walk through your recovery. If you fall into the trap again, do not give up. Always try again!!

Digging Deeper
Scripture reading for week 11: Romans 7:14-25; Psalm 119:9-10

The vicious cycle of pornography addiction reminds us of Paul's struggle with sin in the book of Romans. Most addicts so desperately want to quit pornography but found them repeatedly being drawn back to the very thing that is destroying their lives, and the lives of those they love. One thing to keep in mind as we dig deeper into today's study is that believers in the faith and those not in the faith can struggle with pornography, and receive the same dosage of pain. The difference is that those who put their faith in God knows that they have the help of the Holy Spirit to overcome their addiction. Their frustration is that they cannot pull themselves out of the trap of their addiction because of their fleshly desires, and therefore they feel powerless and discouraged.

What I like about Romans 7-14-25 is that both believers and non-believers can relate and take comfort from Paul's struggle with breaking free from sin. Read these verses and put yourself in the place of Paul every time you see the pronoun 'I'.

1. To what are we in bondage? The law or sin? Explain your answer.

2. How is this bondage played out in the life of a believer?

3. What must we be delivered from in verse 24?

4. Thank God that Paul does not leave us hanging with no hope. What hope did he offer to our sin problem?

Young men and women that come to me bound up in porn often ask... how can I stop?

The Psalmist asked the same question.... "How can a young man (woman) cleanse his or her way?" Read Psalm 119:9, 10.

1. What is the answer?

The final question is how great is your struggle? How great is mine? I think if our struggle is as great as Paul's, we will in desperation give up all efforts to serve God in the strength of our flesh. We will turn to the cross. God has provided a righteousness we cannot produce by ourselves. Jesus Christ offers that righteousness through the power of the Spirit, but we will never get to that point until we have come to the desperation of Paul in Romans 7.

Week Take Away

MESSAGE – What was the message of this week's study?

INSPIRE – What inspired you?

Reading - What word or scripture you read will you meditate on or memorize?

APPLY – What will you apply or change in your life?

WEEK 12

REACHING OUT - IT'S NOT JUST ABOUT ME

Kayla's Story (America)

The Lord spoke to my dad's heart, telling him that he needed to take his family and move to Lodi to become the new youth pastor at Bethel Open Bible Church. Considering the fact that we had just moved in a brand new home for only a few months, and were still trying to settle in, it was a very hard pill to swallow. Washington was my home, where I was born; leaving it was something that had never crossed my mind. I lived in a beautiful neighborhood with my best friend who lived next door. We would constantly play with each other every day, growing stronger in our relationship. Once we moved, I felt that special bond fading away. I missed not only my friend, but also my relatives terribly. My favorite times of the year were getting together for Christmas and Thanksgiving. The cheerful feeling of just being together as one big family always put a huge smile on my face. I loved that so much.

We moved to Lodi, California in November 2005. I felt as if I had just thrown away my previous life and started a new one. I was only eight years old and felt a lot of stress, anger, bitterness, loneliness, and sadness in my new life living in California. I remember feeling resistance to socializing, or showing kindness to anyone that I was introduced to. I wanted my Washington friends to be my only friends. I had this fear that if I made new friends, that they would replace the old ones. As I struggled with this battle, it caused me to become quiet and insecure.

I remember breaking down and crying in my mom's lap. Constant questions of "Why me?", "What did I do?", "Why not someone else?", "Why did we have to move?", kept running through my head. I would ask her over and over again, wanting an answer that could help me understand. It was not until the year 2009 that I would fully understand the answer to my questions.

As the years moved on, I began to get used to my new living situation in Lodi. I went to private school, and met new friends, learned more about California, and got connected with my new church. Even though things progressed successfully, with that also came hard lessons to learn. Those four short years contained huge learning curves for me, as I was growing up into a young woman. I figured out the importance of telling the truth, being who you really are, choosing friends wisely, and so much more.

The most important lesson that I learned while living in Lodi was definitely the importance of listening to God and obeying His voice. If my dad had chosen not to listen to God's voice, and to take the easier route, we would have continued to live in our comfort zone. We would have missed out on all of the opportunities that He gave us in Lodi. I learned the value of living a life for others, not myself. It's not all about me.

In the year 2009, the Lord released us to move back to our hometown to plant a church. Looking back at my life in 2009, I realized the reasons why He put us in Lodi. I learned so much, my whole family did. We definitely changed as a family; we weren't the same. Throughout all the heartache, something good came out of it. We met so many good people and developed strong bonds between each of them, touched and invited many into the Kingdom of Heaven. What more could I ask for? Although I might not have felt that way in the beginning, it was worth it in the end. It's the *importance of denying yourself, picking up your cross, and following in His footsteps that counts.*

For all of you who are called to pick up your cross, I have a verse for you. It is Jeremiah 29:11-14, "For I know the plans I have for you," says the Lord. "They are plans for good and not for disaster, to give you a future and a hope. In those days when you pray, I will listen. You look for me wholeheartedly, you will find me. I will be found by you," says the Lord. "I will end your captivity and restore your fortunes. I will gather you out of the nations where I sent you and will bring you home again to your own land."

There is no need to worry or doubt your future and what He has called you to do. He will guide you through it and bring you contentment and joy in each new season of your life. He guided me through my heartache, and brought me back to my home in Washington! He will end your captivity and restore your fortunes. Stay close to the Good Sheppard and you shall prosper.

Author's Comments

I asked Kayla to give me her testimony to close this devotional. She is one of the girls I have the privilege to mentor through my church. These amazing young women truly understands what Jesus meant by saying to his followers to "Take up your cross, daily and follow me." Their sacrifice to the cause of Christ in being pioneers of a new church is overwhelming to me. I have noticed how they care and love each other and their devotion to getting involved in ministry. Every Sunday finds them helping in the nursery, working with children on crafts, and Bible reading. However, the one thing that touches my heart the most is their focus on praying for their community and friends who are yet outside of the family of God. They are very concerned not only about the souls of people but regularly volunteer in feeding the homeless, and inviting and welcoming them to church.

In this self-absorbed world that we live in, it is an encouragement to know that our next generation and the future of the church of Christ are getting it. Kayla and her friends take their calling to follow Christ seriously. They maybe 13 and 14-year-old teenagers, but the choices they are making daily are to die to themselves and to serve others.

As a counselor, I highly recommend that we try to resolve our problems. I also know that there is a time when we need to move beyond our problems and give ourselves to helping others. I like the mantra of my church "It's not about us." I am also thankful that our church invests in our youth. They truly believe that as our future leaders young people need to be equipped to follow the mandate of our Lord in serving others.

Digging Deeper

We have spent the last 11 weeks of this devotional study looking "inward" on how to help ourselves. This is very useful. Before we can help others, we first need to take care of ourselves. If you have ever flown, the airplane attendant recommendation in case of emergency on the plane, is to put on your oxygen mask first before helping people put on theirs. We are going to spend our last week together looking "outward" to helping others.

Everyone needs help from others at one time or another. Many times we want to give more to those that need help. We might think that giving only comes in the form of cash donations. This is not true; everyone can give something whether it is time, money or some other way of helping others. Helping others includes the times when you visit the sick, run errands for someone who is unable or even when you just offer your umbrella to someone on a rainy day.

Let's take a look at these 7 verses about helping others and write next to each one what you learn about service to others.

1. **Visiting the Orphans and Widows**
   James 1:27

2. **Sharing Pleases God**
   Hebrews 13:16

3. **A Brother in Need**
   1John 3:17

4. **Looking on the Interests of Others**
   Phillipians 2:4

5. **Doing for Others is Doing for Christ**
   Matthew 25:35-40

6. **A Faith Without Works is no Faith at All**
   James 2:14-17

7. **Lending to the Lord?**
   Proverbs 19:1

We started this study with the story of 13-year old Mayen who contracted AIDS to no fault of her own and eventually died from it. We end our study with Kayla and the other young women in her church helping those in need. Mayen's family abandoned her to die alone. If she was in another situation she would not have died at such a young age. Mayen story, though true and real, serves in this study as a metaphor for all the inhumane treatment of human beings that we see on television, read in the news and witness in our cities and communities every day. Until her death, she showed such strength of character despite the tragic situation she faced. Kayla's story on the other hand, shows the decency and human kindness that still exists in our world despite all the sadness. These two young women from two different cultures challenge us to answer these questions:

1. Who is Mayen in your life, church, and or community?

2. How can you be Kayla to others?

Week Take Away

MESSAGE – What was the message of this week's study?

INSPIRE – What inspired you?

Reading - What word or scripture you read will you meditate on or memorize?

APPLY – What will you apply or change in your life?

CONCLUSION

Writing this devotional study has not been easy. The enemy has done all he could do to try to discourage me from writing it. It has been the faces of the young women in my life, and those who need to know that they are not alone in their struggles, that have kept me going. I am convinced that Satan does not want our youth to succeed. He uses some of the issues discussed in this book to try to destroy many young girls.

As a therapist, I know that a book like this can open the Pandora box of emotions for many young people. I also feel it is my ethical responsibility to say that this devotional should not replace professional counseling. I believe that counseling is needed to address the mental, physical, medical and spiritual components of any problem. When I started talking to women, both young girls and adults about testimonial of their teen issues for this devotional, I had no idea what to expect, or what my findings would be. My interest was to explore the universality of teen's issues to include Nigeria, the country of my origin. As a therapist who is also a Christian, I was especially interested about the commonality of faith in solving some of the issues that plague our teens. I found it very interesting that almost all the testimonies revolved around dependence on their faith for strength in resolving their problems.

My prayer is that this devotional study becomes another resource that God uses in the lives of many, and that you will be a little pencil in the hand of a writing God who is sending a love letter to the world.

ADDENDUM

Tina's testimony is very close and personal to me because she is my daughter. The way she walked through her trial by taking responsibility for a poor decision has inspired and helped me grow in my spiritual walk with God. I want to share Tina's story from a mother's perspective and hope as young people you can also see that your pain also affects your love ones. God did not promise that we would not have problems in life. He however, assured us to take heart that he will never leave or forsake us in our troubles.

I would like to share my journal of that fateful day that Tina gave me the news of her pregnancy:

Wednesday – August 2, 2000
Lord the bomb dropped. T told me today that she is pregnant. Now I understand why I have carried this burden in my heart for her all these months. Am I surprised? No - for you have ready my heart for something about her. Am I shocked? Yes – pregnancy was the least of my worries. I have talked to her about purity and she told me she was a virgin. Why her? She is one of my children that is walking with you now. She has all these talents and dreams ahead of her– why would she mess it up by becoming pregnant. She has her suitcase packed for college, we've bought her plane ticket, a full ride scholarship to play soccer and get her education is waiting ...now she's going

to have to give all that up and especially her freedom. Father, does she know what a big responsibility being a mother is? She is only 18, a kid herself.

Ok Lord since you know my heart, I might as well be honest about all my feelings. What about me? When will I get my life back? I was just finally going to have my bragging rights as a parent. "All my kids are out of the house to college. I have done my job as a parent". It is my time!

This whining seems so selfish Lord – but that's how I feel. Now that I have gotten that off my chest, how do you want to use me in this? I so much want to do your will in this Lord and be an encouragement to my daughter. So please show me how to help her.

I am so proud of her decision not to abort the baby even though she knows her life will never be the same. It must have taken real courage to give up a full ride scholarship to a prestigious college, face the ridicule of her friends and try to make things right with you Lord by keeping her baby. Please reward the brave choice that she made.

Thank you Lord, for the support of my best friend Dora, she was able to cry with T today. She also helped me look past my grief and mourn with my child about all her losses. The loss of innocence, adolescent and youth, a carefree future, her friends and people who through their own fear cannot be there to support her in her time of need.

Lord, help Joe as T's father with his own disappointment and pain for his daughter. Help him to choose his words carefully with T at this time and not say things that he will never be able to take back. Help us all to be for Tina what she needs right now. Her struggle is just beginning Lord. Use me as an agent of healing and support for her. Let me put aside myself and embrace my daughter with your arms of *love. Help me Lord to convey to her that I love her with an everlasting love and nothing she does will ever change that.*

Thank you for Chris Kainu, Kathy Jacobs, Jamie Larson and all those you brought into T's life today to stand alongside her and support her in her decision to do things from now on – God's way. I love you Lord. Please help all of us handle this so that you will receive the glory at the end. Thank you for my precious, yet unborn grandchild. I love her already and can't wait to meet her. Why do I feel like she's a girl?

God answered the cry of this mother's heart for Tina. She gave birth to a baby girl named Mackenzie Hope (yes a girl!). Kenzie has brought so much joy and happiness to our family. She continues to be a constant source of encouragement to all she meets. Tina went on to finish college and earn a degree. She also pursued her soccer career and played for the US National team. She's a wonderful mother to her three beautiful children and continues to use her faith as the bedrock for every decisions she makes. God truly turned all our sadness into abundant joy. To Him is the glory!

ACKNOWLEDGEMENT

This devotional would not have been written if it was not for the work and dedication of so many special people in my life. I want to thank my niece and kindred spirit Hope Asana for her belief in this her aunty and for gently but firmly pushing me to dig deeper into myself, and produce nothing but the best for the readers. Hope, your keen eye for detail and sharp mind has challenged me in more ways than you will ever know. Thanks for the many editing sessions and especially for our time at hotel "R" where we worked into the wee morning hours until we were too exhausted to go any further. These meetings became the best therapy for the both of us in sharing our guts with each other. I am so proud of the woman you have become and cannot wait to see you in prints.

A special thanks to my die-hard husband who has stuck by me through it all. When we said 36 years ago that a "love like ours was meant to be", we had no idea that we would go through so much together and still be standing today. Thanks for the journey, Darling, and being not only a great partner, but also a wonderful father to our children and now grandchildren. Thanks for the laptop you bought for me to get me started on my dream of writing. You never doubted for one moment that I would accomplish this. Our trip to Africa was amazing and I appreciated your perspective on how to conduct the interviews for this devotional. You have always been behind the scenes encouraging and sometimes prodding me on towards the finish line. I have no regrets of my life with you, both the good and the not so good. I love you for always.

I do not want to forget my beautiful niece, Ntung Nseabasi, who arranged the interviews and organized all the African testimonials. Your hard work and especially your prayers went a long way to get this book off the ground. Thank you, Baby!

My deepest thanks to all those who responded to my questionnaire and either wrote or allowed me to interview them. The task I asked some of you to do was not easy, as I knew for some of you it would open memories and wounds that you might have preferred remained shut. Your bravery to overcome so much and to share it with other young girls is amazing. I am forever grateful that all the readers who happen to pick up this book will be forever changed by your stories. The resounding reason all of you gave for telling your story was the hope that it would stop someone else from making the same mistakes you all did. And that those who have made poor choices would know the redeeming power of God's grace and forgiveness.

Many thanks go to my Rhapsody Church family and especially to Pastor Brandon Berg for asking the tough question, "What about Africa?" That prophetic question gave birth to this project and for that, I am eternally grateful. I also want to thank Pastor's beautiful and compassionate wife, Joy, for all your prayer support. All I needed to do was pick up the phone and share my struggles of writing this devotional, and I knew you would immediately take it to the Lord in prayer.

A special thanks also to my one and only bff, Dora Perry. Your unconditional love and acceptance for more than 30 years has become the safe haven in my life. We are two peas in a pod and our tested and true friendship has been such a great source of encouragement to me for all these years. I can count on you to know my thoughts before they even form and to complete sentences before they leave my mouth. We have always said no sisters are closer than we are, and I am thankful for that once-in-a-lifetime bond. Thanks, dearest of friends, for your loyalty, prayers, and encouragement. You, your beloved husband Gil, children, and grandchildren mean so much to me. We are family!

I also want to thank my now seven girls at Ground Zero. Amber, Becky, Bridget, Callee, Caitlin, Kayla, Marie...Rebecca, Jana, Amy and my first granddaughter, Mackenzie Hope who is now a teenager - you are my motivation for this book. Thank you for showing me that there is still a generation of young warriors that God is preparing to launch out into the world who are committed to listening and following His call. Your love inspires and challenges me to be a better role model for you all. I love you with all my heart and cannot wait to see God's special plan unfold in each of your lives.

My final thanks go to my heavenly Father who has been my greatest strength as I plowed through writing this. I now entrust this devotional for him to use as he sees fit to change lives all across this world for His glory. *Thank you Lord for showing me that with you all things are possible. Fill in the blanks, Lord, where my humanness got in the way.*

RECOMMENDED BOOKS

A Young Woman's Walk with God: Growing More Like Jesus (Paperback– January 1, 2006) by Elizabeth George
Elizabeth talks about Christian teens longing to please God, but peer pressure, school activities, and physical changes make godly qualities such as patience, kindness, and self-control hard to develop. The good news is that by focusing on God, girls can live the fruit of the Spirit.

The 6 Most Important Decisions You'll Ever Make Personal Workbook (Paperback– December 30, 2008) by Sean Covey
In *The 6 Most Important Decisions You'll Ever Make,* Sean showed teenagers how to make wise decisions about the biggest issues in their lives. He identified six major topics that all teens have to face on a regular basis—school, friends, parents, dating & sex, addiction, and self-worth. Teens are under incredible pressure to make good and responsible choices, but it can be difficult to decide what those choices are.

Mirror Mirror...Am I Beautiful?: Looking Deeper to Find Your True Beauty (Paperback– November 12, 2008) by Shelley Hitz
Get practical, real-life, biblical advice for the issues you deal with every day... Body Image, Beauty, Fashion, Sex, Dating, Self Esteem, Relationships

The Truth About Breaking Up, Making Up & Moving On by Chad Eastham
Using humor, Scripture, and practical advice, Chad Eastman will give girls the tools they need to handle breakups and makeups and give them a fresh perspective.

Hot Buttons: Dating Edition by Nicole O'Dell
The uniquely packaged Hot Buttons Series is an accessible, quick-reference resource that parents can use to equip their children to make the right decisions, even in the face of peer pressure and outside influences. More than just another how-to manual, Hot Button Dating edition offers practical real-life situations that parents can read and discuss with their preteens. Topics include: physical activity, missionary dating, and violence/abuse in dating relationships

The Divorce Helpbook for Teens (Rebuilding Books) Paperback– May 15, 2004
by Cynthia MacGregor
MacGregor knows that divorce can be especially tough on teens, and her warm and friendly guide offers a helping hand to teens struggling to answer the tough questions when their parents' divorce.

Healing the Hurt, Help for Teenagers Whose Parents Are Divorced by Mildred Tickfer
An excellent Christian book for teens who are struggling with their parents' divorce.

Divorce is Not the End of the World: Zoe's and Evan's Coping Guide for Kids by Zoe and Evan Stern
Great for 'preen to teenagers.' It is written by two children about their feelings and reactions during their parent's divorce in a manner that

other children can understand and relate to. Parents should also read this book.

Smashed: Story of a Drunken Girlhood (Paperback– January 31, 2006)
by Koren Zailckas
With one stiff sip of Southern Comfort at the age of fourteen, Zailckas is initiated into the world of drinking. From then on, she will drink faithfully, fanatically. In high school, her experimentation will lead to a stomach pumping. In college, her excess will give way to a pattern of self-poisoning that will grow more destructive each year. At age twenty-two, Zailckas will wake up in an unfamiliar apartment in New York City, elbow her friend who is passed out next to her, and ask, "Where are we?" **Smashed** is a sober look at how she got there and, after years of blackouts and smash-ups, what it took for her to realize she had to stop drinking. Smashed is an astonishing literary debut destined to become a classic.

Underage Drinking: Say No! (Feeling Overwhelmed Series Book 7) Kindle Edition
by Dr. Sarita Uhr
This is an engaging, interactive guide for preteens to discourage drug and alcohol use by educating them about the effects of drugs and alcohol on the body and brain.

Every Young Woman's Battle with Workbook by Shannon Ethridge, Stephen Arterburn
In today's sex-saturated society, girls who just want to fit in and look attractive can be swept up in destructive relationships and behaviors---paying a terrible cost. Ethridge and Arterburn offer interviews, research, and godly advice to help young women avoid these pitfalls and achieve sexual integrity. This updated edition includes the workbook. 352 pages, softcover from Waterbrook.

Confessions of a Good Christian Girl: The Secrets Women Keep and the Grace That Saves Them by Tammy Maltby, Anne Christian Buchanan
You already know the women you'll meet in this book. They may sit beside you in the pew, or join you at small group, or touch your heart from a speaker's podium. They have all been saved. They all love the Lord, and yet--one struggles with suicidal despair, another is involved with adultery, another endures regular beatings, and so on. They're all good Christian girls who have been broken by sin. They all needed the honest, life-giving truth at the heart of this book. Do you?

Be a Changemaker: How to Start Something That Matters (Paperback–September 16, 2014) by Laurie Ann Thompson
Laurie shows you how to put on a positive attitude daily, have peace regardless of circumstances and experience joy even during difficulties.

ABOUT THE AUTHOR

Eka Frimpong migrated from Nigeria to America in 1975 in pursuit of a better education and opportunity. She holds a Master of Art degree in Marriage and Family Therapy (MFT) from George Fox University and has over fifteen years of both clinical and spiritual counseling experience. Eka's passion and compassion is to see hurting families healed by the power of God's love. She has lived in both Nigeria and America. This bird-eye view of the two worlds brings an authenticity to her debut writing for young women. She is a dedicated wife, mother of three grown children and five grandchildren. Eka currently lives in Vancouver, Washington.

Made in the USA
San Bernardino, CA
01 February 2016

LO QUE CADA
MUJER
DESEA QUE LE DIGA SU
PADRE

BYRON y ROBIN YAWN

Publicado por
Unilit
Miami, FL 33172

© 2014 Editorial Unilit (Spanish translation)
Primera edición 2014

© 2013 por Byron Forrest Yawn
Originalmente publicado en inglés con el título:
What Every Woman Wishes Her Father Had Told Her
por Byron y Robin Yawn.
Publicado por Harvest House Publishers
Eugene, Oregon 97402
www.harvesthousepublishers.com
Todos los derechos reservados.

Reservados todos los derechos. Ninguna porción ni parte de esta obra se puede reproducir, ni guardar en un sistema de almacenamiento de información, ni transmitir en ninguna forma por ningún medio (electrónico, mecánico, de fotocopias, grabación, etc.) sin el permiso previo de los editores.

Traducción: *Juan Rojas*
Diseño de la cubierta: *Koechel Petersom & Associates. Inc., Minneapolis, Minnesota.*
Fotografía e ilustraciones de la cubierta: © 2014 Polka Dot. Usada con permiso de Thinkstock by Getty Images. © 2014 Pixel Embargo. Usada con permiso de Shutterstock.

A menos que se indique lo contrario, el texto bíblico se tomó de la Santa Biblia, *La Biblia de Las Américas*®. Copyright © 1986, 1995, 1997 por The Lockman Foundation. Usadas con permiso. www.lbla.org.
Las citas bíblicas señaladas con NBLH son tomadas de *Nueva Biblia Latinoamericana de Hoy*. Copyright © 2005 por The Lockman Foundation. Usadas con permiso. www.nblh.org.
El texto bíblico señalado con RVC ha sido tomado de la versión
Reina Valera Contemporánea ®
© Sociedades Bíblicas Unidas, 2009, 2011.
Antigua versión de Casiodoro de Reina (1569), revisada por Cipriano de Valera (1602). Otras revisiones: 1862, 1909, 1960 y 1995.
Reina Valera Contemporánea® es una marca registrada de Sociedades Bíblicas Unidas y puede ser usada solo bajo licencia.
Las citas bíblicas señaladas con DHH se tomaron de *Dios habla hoy* ˚, Tercera edición
© Sociedades Bíblicas Unidas, 1966, 1970, 1979, 1983, 1996.
Dios habla hoy® es una marca registrada de Sociedades Bíblicas Unidas y puede ser usada solo bajo licencia.
Las citas bíblicas seguidas de NVI® son tomadas de la Santa Biblia, Nueva Versión Internacional ®. NVI®
Propiedad literaria © 1999 por Bíblica, Inc.™
Usado con permiso. Reservados todos los derechos mundialmente.
Usadas con permiso.

Los autores añadieron el énfasis que aparece en todas las citas bíblicas.

Producto 495841 • ISBN 0-7899-2114-6 • ISBN 978-0-7899-2114-7

Impreso en Colombia
Printed in Colombia

Categoría: Vida cristiana /Vida práctica /Mujeres
Category: Christian Living /Practical Life /Women

A nuestra preciosa hija
Lauren Elizabeth Yawn
El más dulce ser humano que hayamos
conocido jamás y a mi madre Debbie.

Contenido

Carta abierta a mi hija 7
1. Un hombre feliz de que lo tengan atrapado 13
2. Vida: No estás loca 29
3. Amor: Halla a ese hombre 39
   Carta del teniente Todd Weaver a su pequeña hija 55
4. Pureza: El sexo casual no existe 57
   Carta de Adoniram Judson a su futuro suegro 72
5. La Femineidad bíblica: Es más absurda de lo que crees 75
   Carta de Adoniram Judson sobre su matrimonio con Ann Hasseltine 96
6. Líder espiritual: Ten cuidado con lo que pides 99
   Las siete etapas de un resfriado en un matrimonio 115
7. Matrimonio: Los problemas complejos comienzan con fallos simples 117
   Guía de seguridad para la comunicación de un esposo 132
8. Libertad: Nunca temas abrirle la puerta 135
   Guía para una buena esposa 148
9. Belleza: Eres hermosa 151
   Segura 162
10. Esposos: De veras, no puedes cambiarlo 165
    Solicitud de permiso para salir con mi hija 173
11. Fortaleza: *No lo puedes* todo en Cristo 179
    Reglas para salir con mi hija 184
12. Gracia: Tienes que amar más a Cristo para amarlo como debes 189

Notas 203

EN ESE ENTONCES: A LOS DOS AÑOS DE EDAD

CARTA ABIERTA A MI HIJA

(Y una velada exhortación para los padres cristianos y los hombres jóvenes cristianos de todas partes).

Querida Lauren Elizabeth:

En una caja en alguna parte del garaje hay fotos de nosotros dos. Aunque están perdidas en medio de muchas otras cosas, se reproducen en mi memoria. Te tengo en mis brazos. Cabes a la perfección en mis dos manos. Mi corazón se adapta muy bien alrededor de tu dedito, por lo pequeño que era. De eso hace mucho tiempo. Es la personificación de esa gastada metáfora para describir a padres e hijas. «Comprado» o algo así. Claro que me tienes comprado. Siempre lo he estado. En silencio, me inclino y te susurro algo. Es difícil escuchar lo que dije en esa gastada cinta. Sin embargo, sé muy bien lo que dije. Lo he estado diciendo por catorce años. Desde entonces, me has oído decirlo todos los días en palabras y en hechos. «Siempre serás esa hija que tengo en mis manos. Nunca te dejaré, nunca te abandonaré». Fue hace catorce años, pero es más fácil hoy.

Un día, si Dios lo permite, entenderás mucho más lo que es el amor de un padre hacia un hijo. Es vena muy profunda en el corazón de un padre. Sin embargo, jamás sabrás lo intenso que es el amor de un padre por una hija. Es bien difícil expresarlo con palabras. Hay una singular mezcla de fuerza y dulzura en esta unión. El amor de un padre flota como una fortaleza sobre el tesoro intacto de la vida de la hija. (Por eso es que tu padre actúa como un suspicaz francotirador a tu alrededor). Una hija florece dentro de barreras seguras. El amor de un padre es una protección contra mil enfermedades que quieren infectar la inocencia de su vida.

¿Es extraño entonces que las mujeres se deshagan en lágrimas cuando vuelven la vista atrás al panorama de su vida y no ven la dulzura de un padre? Es un pesar hondo... e innecesario.

Las niñas necesitan padres. El descuido en esto es cruel. Lo peor que un padre puede hacer a veces es no hacer nada. Creo que todas las semanas me toca darle asesoría a alguna señora joven quebrantada. Es la joven perdida que busca autoestima y el cariño de un hombre joven... que nunca recibió de su padre. Para ella es un dolor profundo. La ternura es un poder sublime en las manos de un padre. Es sorprendente lo que el tiempo que se pasa dándole cariño a una niña de ocho años puede significar cuando tiene veintiocho. Es una base que se establece en lo más profundo de su corazón.

Uno no lo nota al momento, pero un día en medio de las muchas dificultades de la vida notarás lo que estuve haciendo en todos esos años. Verás lo que te susurré muchos años atrás. En la negrura de tu dolor, ahondarás y de repente hallarás esa base debajo de ti. Sé que me amas. Sé que me respetas más que a cualquier otro hombre en la tierra. Aun así, no he estado volviendo tanto tu corazón hacia mí como hacia mi Dios. Mi liderazgo en tu vida procuró proporcionarte hasta el más mínimo atisbo de su asombroso poder sobre todas las cosas, incluso sobre ti. Sé que mi Dios te calmará.

Cuando llegue el momento, sentirás una firmeza que no habías sentido antes. Allí en ese momento, su amor será el mayor regalo que te haya dado. Una visión de un Dios poderoso, al que con esmero te he revelado en una conversación tras otra y en una ternura tras otra, llegará a ti y se apoderará de ti. Mi propio amor, incompleto e imperfecto, tendrá sentido en la infinita sombra del suyo. Te inclinarás en silencio ante tu vida y dirás: «Gracias, papi. Dios es grande. Nunca me ha dejado ni abandonado». Tu padre terrenal se sentirá contento de haber quedado opacado por tu Padre celestial. No eres mía. Eres suya. Me regocijaré desde una hendidura de su grandeza al ver que mi hija adora sobre las rodillas que vendé alguna vez.

Oro para que mis cuidados te dejen ver con suma claridad el amor de tu Salvador. Incondicional. Sacrificial. Paciente. Genuino. Servicial. Constante. Presente. Oro para que mi sincero cariño sea un contraste con las muchas falsedades que se exhiben como amor en este mundo. Oro para que al ver mi quebrantada adoración a Cristo te dé el valor de elevar tu corazón en alabanza delante de la humanidad. Oro para que mi transparente confesión de pecado y debilidad te incline a refugiarte en la justicia de Cristo en vista de la tuya. Oro con todo fervor para que tú no solo hayas copiado la fe de tu padre, sino que de veras encuentres en el Señor Jesucristo el objeto de la tuya propia.

Hija querida, no transijas. Ama a un hombre que ame a Cristo más que a ti... y tú más que a él. Siéntete atraída hacia la ternura, la humildad, el dominio propio, la constancia y el sacrificio. Busca a un hombre que lleve impresa en su vida la cruz del Señor. Ama a un hombre que no viva con temor de tus emociones, sino con temor de Dios. No te cases con un muchacho... sin importar la edad que tenga. No sucumbas ante el primer joven que se te acerque y te preste atención. Más bien sigue a un hombre que llegue y haga galas de la gracia incondicional de tu Señor Jesucristo.

Me apena la condición del joven promedio de hoy. Me molesta que confundan la lujuria con el amor. Me entristece que sean más expertos en los juegos que en balancear un talonario de cheques. Me asusta que sepan más de las trivialidades de los deportes que de doctrina. Da pena que sepan más de cómo manejar una pistola (lo cual es respetable en cierto sentido) que en manejar a una dama. Sé que es difícil encontrar a un hombre devoto. Sin embargo, búscalo. De lo contrario, te pasarás la vida criando al hombre con quien pensabas que te habías casado. La iglesia y su cultura están llenas de muchachos disfrazados de hombres. Déjalos pasar.

El hombre que buscas no es un muchacho. Es un siervo. Pondrá tus necesidades por encima de las suyas. Si soy el hombre que digo que soy, puedes fijarte en el amor de tu padre por tu madre y saber lo que estoy tratando de decirte. Podrás reconocerlo cuando lo veas. Un hombre que estaría dispuesto a dar su vida por la tuya es el tipo de hombre por el que puedes dar la tuya. Es fácil servir de manera sacrificial al hombre que se sacrifica a sí mismo.

Por la gracia de Dios, solo he intentado que mi amor sirva como una línea de pleamar en tu alma. Ningún amor, excepto el amor de Cristo, será mayor que el mío. Así, cuando ese hombre (por el que oro día tras día) se te acerque y su amor sobrepase al de tu padre, con gusto le entregarás tu corazón. Y yo (que en secreto voy a desear dispararle y enterrar sus restos en un sitio que nadie conozca) con mucho amor voy a entregarle mi tesoro a ese hombre que asaltó el castillo de amor de un padre con un arma tan pobre como un delantal de sirviente.

Tu papá
1 Corintios 2:2

Bueno, la niña tenía menos de una hora de nacida y Tom estaba quién sabe dónde. Me desperté del éter con una sensación de total abandono, y en seguida le pregunté a la enfermera si era niño o niña. Me dijo que era niña. Así que volví la cabeza y lloré. «Qué bueno», dije, «me alegro que fuera una niña. Y espero que sea una tonta, que es lo mejor que una niña puede ser en el mundo, una tontita bella».

Daisy, El gran Gatsby

El hombre puso nombre a todo ganado y a las aves del cielo y a todo animal del campo, pero para Adán no se encontró una ayuda que fuera adecuada para él. Entonces el Señor Dios hizo caer un sueño profundo sobre el hombre, y éste se durmió. Y Dios tomó una de sus costillas, y cerró la carne en ese lugar. De la costilla que el Señor Dios había tomado del hombre, formó una mujer y la trajo al hombre. Y el hombre dijo: «Esta es ahora hueso de mis huesos, y carne de mi carne. Ella será llamada mujer, porque del hombre fue tomada.» Por tanto el hombre dejará a su padre y a su madre y se unirá a su mujer, y serán una sola carne. Ambos estaban desnudos, el hombre y su mujer, pero no se avergonzaban.

Génesis 2:20-25, nblh

Un hombre feliz de que lo tengan atrapado

Confesiones de un papá

Primera confesión: No tengo un lado femenino

Quiero hablar claro desde un principio sobre varios asuntos. En primer lugar, no soy mujer. Magnífico. Me alegro de sacar eso del camino. No pienso como una mujer y de veras no entiendo la forma de pensar de las mujeres. Como le sucede a la mayoría de los hombres, la mente de una mujer para mí es casi un total misterio. Lo cual me lleva al siguiente punto: Comprendo que tengo una gran desventaja al escribir un libro para mujeres. Las mujeres tendrán muchas dudas. Para mí sería tan legítimo como escribir un libro sobre trigonometría avanzada cuando apenas saqué aprobado en álgebra. Algunas pondrán en duda mi capacidad (y cualquier hombre también) para abordar las diferentes cuestiones que enfrentan las mujeres. Está bien que lo pregunten. Mi sincera respuesta es que no. No estoy capacitado. No leería un libro sobre cómo ser hombre escrito por una mujer. Y esto parece como una extraña confesión al principio de un libro de doscientas páginas. Con todo y eso, sigue conmigo.

No sé lo que es ser mujer, ni cómo sería vivir toda una vida con un alma femenina. Así que ni siquiera voy a fingir. Todavía estoy aprendiendo a entender a mi esposa, Robin, y a mi hija, Lauren. No tengo un lado femenino, a menos que contemos a mi esposa. Por ese motivo ella y yo nos asociamos en cuanto a este proyecto. Ella comprende. Estoy haciendo efectivo los cheques de credibilidad que está escribiendo.

Sin embargo, mi propósito no es hablar de las mujeres en asuntos de los que no tengo ni idea. No voy a abordarlos en las porciones de este libro que me tocan. Este libro es sobre el marco de seguridad y el amor que un padre le ofrece (o le debe ofrecer) a una hija, siempre concediéndole espacio para el descubrimiento de sí misma y la libertad para crecer en su feminidad sin temor ni preocupaciones. El padre es un techo. Hay cosas que puede decir y hacer mientras tiene a una pequeña bajo su cuidado que la ayudarán a alzar el vuelo y mantenerse arriba durante el curso de su vida. Son consejos que necesita una hija y que solo pueden provenir de su padre amado. Este libro brinda la comprensión del corazón de un hombre que necesita una mujer, pero que solo puede provenir de la humilde confesión de un hombre. Un hombre como papá.

Ser papá no es ninguna ciencia espacial. Es una responsabilidad que asusta, pero no es complicada. A los niños les gusta que los amen. Las niñas desean que las mimen. No quiero ser reduccionista. Es cierto que hay muchas cosas más en esto. La estructura es importante. A pesar de eso, lo que es fundamental es que los hijos quieren que sus padres los amen y pasen tiempo a su lado. Y algo todavía más importante: quieren que sus padres estén junto a ellos y participen en sus vidas.

Tengo tres hijos. Dos chicos y una chica. Estos tres seres humanos están seguros de una cosa: su padre los ama. Con ardor. No solo de palabras, sino en obras y presencia. Quiero estar cerca de ellos. Me encanta salir con ellos. Hay mucha vida en nuestra casa. Yo me invito a participar en sus vidas. A veces no me invitan ellos, pero de todos modos quiero estar a su lado. Además de su mamá, estos tres son mis personas favoritas en este planeta. Son mis mejores amigos. Lo saben. Y esto es determinante.

Algunos padres solo están presentes. Otros participan. Poco importaría que los primeros estuvieran ausentes. Los padres que no tienen compasión son una contradicción y eso es difícil de entender. En cambio, muchos son así. Es una triste negligencia que se ve casi siempre. Es inmensurable el daño que la falta de amor y de atención les hace al alma de los niños. No puedo concebir que uno abandone a los hijos a esta cultura. Dejarlos que vayan solos por la vida es una crueldad inconcebible.

Los padres siempre están haciendo esto. Aun los que piensan que no lo hacen. Esgrimen su autoridad. Son proveedores. Sus hijos andan bien, pero están demasiado solos en lo que respecta al autodescubrimiento y la vida. El mensaje es «No metas la pata» o «No molestes a nadie». No obstante, debiera ser «Vamos a analizar esta travesía llamada vida. Déjame ayudarte a ver lo que debes estar haciendo». Ese es el verdadero gozo de ser padre. Y tengo muchas cosas que necesitan mis hijos. Muchas lecciones. Mucha sabiduría que puedo ofrecerles. Solo me falta comenzar a hablar. Uno empieza a hablar lo antes posible, y los niños escucharán más tarde. Empiezas a hablar demasiado tarde y ya no eres sino ruido de trasfondo.

Este libro se basa en este principio fundamental: El amor y la influencia de un padre es una fuerza sorprendente y poderosa en la vida de una hija. Si le prestara atención, estuviera con ella, le diera importancia y comenzara a hablarle a su vida, le estaría ahorrando mucha agonía en el futuro. Estaría infundiéndole una confianza firme en cuanto a lo que puede llegar a ser y valentía para enfrentar la vida con fe. A los padres les digo: «Ella está ahí. Agáchate y ama a esa pequeña criatura. Ella se aferrará a tus palabras. Lo que le digas cuando tenga doce años le ahorrará enormes dolores cuando tenga veintidós». A ella le digo: «Estoy orando para que tu papá saque tiempo para agacharse».

Hay muchas cosas que, en lo más hondo, las hijas desean que sus padres les hubieran dicho. Muchas lecciones. Hay demasiadas hijas que hubieran deseado que sus padres llenaran ese espacio en sus vidas. En el momento mismo en que sus hijas luchan contra la gravedad de su adolescencia y necesitan la compasión en abundancia de un hombre que las conoce mejor que nadie, muchos padres se marchan y dejan que sus hijas luchen solas. No tienen paciencia ante el complicado mundo de una adolescente. O no le dan importancia a las luchas de sus hijas. Más emoción que sustancia. Esto es un error. Son los inicios de su vida, donde más se necesita la estabilidad. Necesita que su padre esté presente más que nunca y que no se aparte. Lo necesita a él para empezar a conversar.

Hace unos años comencé a invertir en mis relaciones con mi hija con la esperanza de que cuando llegara el momento diera resultado. Desde el mismo momento de su nacimiento, comencé a actuar para lograr resultados. Quería que confiara en mí de tal manera que me viera como un compasivo y constante santuario en su vida. Quería que confiara en mí aun en momentos en que no me entendiera o no estuviera de acuerdo con lo que le decía. Yo oraba para que cuando sus deseos chocaran con el consejo de sus padres en una neblina de rebelión juvenil, se sintiera persuadida por la constancia de mi amor incondicional a deponer sus armas y descansar en su papá. He tratado de ser el tipo de hombre en el que ella pudiera confiar con todo su ser, aun cuando mi consejo no le pareciera bueno. Así que me propuse fomentar una amistad. Hoy es la mejor de todas mis amistades. Lo que invertí en compasión y tiempo me han dado enormes resultados. La considero uno de mis más valiosos tesoros.

Es aquí donde fallan casi todos los papás. Se olvidan de amar a sus hijos, y no solo criarlos. Olvidan que están formando adultos y no hijos. Se olvidan de comenzar a hablarles. Cuando por fin hablan y empiezan a conversar con ellos, casi siempre es el momento en que comienzan a andar por su cuenta. Demasiado tarde. En un pánico paternal los padres solo pronuncian sermones, prohibiciones y negativas. Padres que debían haber estado corriendo a la par de sus hijos toda la vida, ahora luchan por alcanzarlos. En vez de haber guiado a sus hijos hasta la puerta de entrada a la adultez, los dejan que se las arreglen como puedan. Es una dolorosa ironía que los padres estallen en ira ante las malas decisiones que toman sus adolescentes. Los mismos seres humanos que ahora los enojan no tienen ninguna sabiduría alternativa en que apoyarse.

Yo no he querido dejar solos a mis hijos. Me he abierto paso a sus vidas por todos los ángulos posibles. He estado conversando sin parar, en especial con mi hija. En todas mis conversaciones con ella a través de los años (y han sido muchas), he estado colocando cimientos de amor y sabiduría sobre los que ella puede erguirse al llegar a los momentos transicionales de su vida. Siempre supe que el tiempo para hacer mis aportes era limitado, y más con ella. El momento llegaría en que lo que ya le habría dicho sería suficiente. Desde ese momento tendría que tomar decisiones por su cuenta. Cada padre sabe que ese momento llega en cuanto a sus hijos. Cuando sucede, nos tiramos de rodillas y oramos que algo se le haya quedado. Oramos que hayan escuchado. Hay muchas opciones delante de cualquier chica dulce que tendrá que tomar por su cuenta.

Para mí, una decisión tiene prominencia sobre las demás. Un hombre. El hombre al que entregará su corazón y su vida. Me he resignado a la realidad de que no puedo escoger el hombre del que mi hija se enamorará y con el que se casará. Sin embargo, he tratado siempre de moldear su comprensión de cómo debe ser ese hombre ejemplificándolo en mi propia vida. Por esto, y muchas otras razones, he seguido apareciendo en su mundo.

En cambio, a pesar de todos mis muchos esfuerzos, sabía que el día llegaría en que ella pedalearía más rápido de lo que yo puedo correr. Comprendí que la brecha entre nuestros géneros se extendería más allá de la inocencia de su juventud. Había siempre ese inevitable umbral en el horizonte que se movía hacia nuestras relaciones donde ella dejaría de ser una niña y surgiría como una joven. Sabía que esa etapa requeriría más de la perspicacia de la madre que de la mía. De la misma forma, una madre no puede darle a un hijo todo lo que este necesita. Hay un punto donde el consejo que un padre le da a una hija no puede abarcar la totalidad de su vida. Por supuesto que no conozco el idioma de las *adolescentes*. Su madre es la única persona multilingüe en nuestra casa. Hay ciertas conversaciones que yo no puedo tener con mi hija. Ese no es mi papel en su vida. Yo respeto las relaciones que tiene con su madre. Aun así, permanezco en una esquina de su vida, observando la forma que van tomando las cosas.

La mayoría de las veces no tengo idea de lo que está «sintiendo» ni por qué lo está sintiendo. Esto es así casi en cuanto a todo. Por lo general, ni me imagino por qué está llorando. Ni cómo es que algo que le dije de pasada tres meses atrás la haya molestado en los últimos diez minutos. Ni por qué el chico que no le presta atención en la escuela le molesta porque, aunque él no lo sabe, quiere que le preste atención. No lo entiendo. Claro, hay muchas cosas de esta maravillosa criatura que me son extrañas. Ella es un enigma.

Como quiera, no necesita que yo lo entienda todo. Solo necesita que la acepte a pesar de mi incapacidad de entenderla. Un padre no tiene que fingir que entiende todo lo que pasa por la mente y el corazón de su hija. Porque no es cierto. No puede fingir que le importa. Ella, en cambio, necesita que le importe, entendiéndolo o no. Es mucho lo que depende de un papá que sea sensible y tierno aun cuando el mundo de su hija pierda en la traducción.

Uno no tiene que tratar a las niñas como a los niños. Sé que no es una observación original, pero los padres demasiado a menudo esperamos que las niñas reaccionen como reaccionan los niños. Quizá a la mayoría de los padres les guste que reaccionaran como ellos. Tal y como están las cosas, los papás se rascan la cabeza preguntándose por qué las tácticas utilizadas con los hijos terminan fracasando con sus hijas. Las estrategias para criar niños son diferentes de las estrategias para criar niñas. Las niñas no tienen que reaccionar como lo hacen los niños. Sus respectivas necesidades no son menos intensas, pero tienen diferentes cualidades. El padre que no entienda esto, a la larga pagará las consecuencias.

Muy a menudo he visto padres que tratan a sus hijas como una molestia más. Intolerantes ante las cambiantes emociones que acompañan a su adolescencia, tienden a apaciguarlas más que a enfrentarlas. Para él son un complicado montón de emociones y sentimientos que no tienen ni tiempo ni paciencia para descifrar. No hay forma de medir el impacto de este tipo de descuido. Es el mismo error que puede cometerse con el corazón de una joven.

Los chicos son como clavos torcidos que uno pasa la mayor parte de la vida tratando de enderezar lo más posible antes de que se lancen al mundo. Uno pone presión en varios puntos de su vida, les damos una clara conciencia de sí mismos, nos mantenemos presentes, les señalamos a Cristo y los lanzamos a conquistar el mundo. Los padres estamos acostumbrados a los clavos torcidos. Con las niñas no. Las niñas son más como jarrones preciosos en manos de un neandertal. «¿Qué hago con esto?» Un tipo de presión inadecuada puede ser perjudicial para el crecimiento y el desarrollo de una niña. No es que las mujeres recibieran una mentalidad frágil, sino que las hijas requieren cierta delicadeza. La presión que aplica a su vida tiene que ser mucho más precisa. *Amar el corazón de una hija es una destreza que debe aprender un padre.*

Segunda confesión: Hay una doble norma

Segundo, hay una doble norma en lo referente a la crianza de las niñas. Comprendo que estoy hablando por todos los padres del mundo al reconocer esto, pero es cierto. A las niñas se les hace más difícil lo que tiene que ver con sus padres y las reglas que regulan su vida. Mi propia hija ha notado esto y me lo ha señalado en numerosas ocasiones. Sin embargo, hay una buena explicación de esa desigualdad.

El mundo es un lugar peligroso, y ella es una especie amenazada en particular. En gran parte, mi tarea es protegerla. (Mi tarea con sus hermanos es protegerla a ella de ellos hasta que esté lista para protegerse a sí misma). Con toda sinceridad, esto sería cierto si yo fuera un padre cristiano o no. Es algo que llevamos en nuestro ADN de padres.

Hay un dicho que es crudo, pero cierto. Cuando uno tiene un hijo, solo tiene que preocuparse de un solo pene. Cuando se tiene una hija, hay que preocuparse de todos los penes. Un padre fiel procura incansablemente preservar la inocencia alrededor de la hija y luego vivir sus días dentro de los parámetros de una inocencia preparada para mantener a raya a los intrusos. En cierto sentido, mi hija tiene tanta libertad y restricciones como sus dos hermanos. Aun así, la cuido con mucha más diligencia.

El padre que no envuelve con amor la vida de su hija, ni vigila sus límites, está exponiéndola a la crueldad de un mundo en que muchos la miran como un recreativo equipo sexual. Eso es brutal, pero es la verdad. Los padres que no conciben entregar de manera intencional a sus hijas a tal perversidad lo están haciendo de manera indirecta. Con sus descuidos lanzan a sus hijas a la molienda de la cultura.

Pues sí, hay normas dobles. Y a veces han sido duras para mi hija. No obstante, espero que un día me agradezca el día que más resintió mi actitud. Y no, no voy a pedir perdón por haber actuado así. Yo soy su guardaespaldas.

Tercera confesión: Todos los jóvenes son mis enemigos

Tercero, en mi opinión, muchos de los jóvenes son depravados. Ya oigo a las madres y a los padres objetando a favor de sus hijos. «Mi hijo es diferente». Sí, y yo acabo de ver un unicornio corriendo por mi patio mientras escribo esto. Para mí, casi todos los chicos adolescentes son la encarnación de un

intento maligno de dañar a mi hija aprovechándose de ella. No, no me gustan.
Por supuesto que hay excepciones. Estoy seguro de que hay algunas. Aunque, en conjunto, los detesto. Son mis enemigos mortales. Aun el más decente de ellos. Aun los que van a la iglesia con sus madres. Sospecho de todos. Tengo que hacerlo. Ningún padre que se respete a sí mismo sería diferente. Los jóvenes son la pesadilla de mi existencia. El desprecio que les tengo es indescriptible. Solo les diré que en mis investigaciones para escribir este libro estuve viendo la serie *Búsqueda implacable* con Liam Neeson. Mi escena favorita es la llamada telefónica. Neeson le advierte a su adversario que tiene ciertas destrezas. Son especiales. Y si no suelta a su hija, buscará, hallará y matará al que la tenga cautiva. Casi me desmayo de la emoción al llegar a este punto.
No puedo creer que Neeson no ganara un Óscar con esto. Me hace llorar cada vez que lo veo. Sueño con tomar el teléfono un día mientras que algún pretendiente insospechado llame para pedirle a mi hija una cita y repita al pie de la letra las palabras de Neeson. ¡Vaya! Eso sería tremendo.
Me siento así en cuanto a los jóvenes porque yo fui uno de ellos. Fui una de esas criaturas que desprecio: un adolescente. Así que sé lo que les ronda en la cabeza. No siempre es algo bueno. Y eso me enfurece.
Recuerdo hablar con mi hija cuando empezaba a fijarse en los jóvenes. Cuando estos la estaban descubriendo. Era muy inocente e ingenua. Oveja para el matadero. Me senté con ella a la mesa de la cocina y tuve una muy directa conversación. «Lauren, debes saber que los chicos son pervertidos y solo buscan una cosa». Lauren me miró por un segundo y me preguntó: «¿Qué? ¿Qué quieren?». En los siguientes cinco minutos se lo dije todo. Como Lian Neeson.
Cuando terminé, tenía el rostro horrorizado. Como cuando uno le dice con la boca llena de perro caliente a una persona desprevenida de qué está hecho ese perro. En mi opinión, fue una de las mejores conversaciones que hemos tenido. En su

opinión, es una de las conversaciones que le gustaría borrar de su memoria. De todos modos, tenía que hacerlo.

Para que quede claro, no soy un fanático de la especie masculina. No hablo muy bien de ellos en este libro. Y eso me coloca en una posición incómoda porque escribí un libro sobre los hombres (el compañero de este), donde parte de mi argumento fue una negativa a aceptar el estereotipo que se le asigna al hombre en nuestra cultura. El estereotipo de que los hombres son haraganes que solo piensan en el sexo y derrochan la vida con los videojuegos.

La verdad es que tengo mucha esperanza en los hombres. Dios puede hacer grandes cosas con ellos. Conozco muchos hombres honorables. Sin embargo, para ser sincero, creo que hay un poco de verdad en todo estereotipo. Hay una parte de mi persona que quiere excusarse ante mi hija por la condición de los hombres en nuestra cultura. Paso una buena parte de mi tiempo con ella para que ninguno se le acerque. El hecho es que no hay muchos jóvenes consagrados. Son difíciles de encontrar. Duele decirlo, pero es la verdad.

Si la cruz de Cristo no domina nuestras vidas, los hombres podemos encajar en los estereotipos que nos describen. En sentido general, los hombres no estamos preparados para manejar el corazón y la vida de una mujer. Contraemos matrimonios y relaciones pensando en el sexo y no mucho más. Tenemos la tendencia a descuidar nuestras responsabilidades y correr tras la recreación o los videojuegos. Maduramos mucho después que las mujeres. Es una realidad hasta cierto nivel. Me duele decirlo, pero es verdad. No le hemos hecho ningún favor a nuestro sexo.

Por lo tanto, el propósito principal de este libro es evitar que las jovencitas cometan un grave error. Les advertimos aquí que deben colocar sus corazones y sus pensamientos más allá de sus emociones en lo referente a entregarle la vida a un esposo. Este libro está lleno de consejos sobre qué buscar en un hombre y cómo sobrevivir en el matrimonio. Mucho cuidado. Es bastante directo. Es la forma en que un padre le debe hablar a su hija.

Dónde encaja el amor de un padre

Es difícil expresar con palabras la importancia de la ternura y el amor de un padre hacia su hija. Quizá las imágenes sean mejores que las descripciones. Es una ciudad fortificada. Un techo. Un refugio. Sin embargo, como quiera que los describas, sus efectos son innegables. Las chicas que han tenido a un caballero líder como padre son del todo diferentes. Cierta sensación de seguridad impregna su espíritu. Cierta confianza que no se levanta sola, sino mediante años del amor incondicional que emana de ese hombre que acuna su vida.

El impacto no es menos notable en los hombres que tienen el privilegio de tener hijas. Si han atendido como se debe las delicadezas de esas criaturas, serán mejores hombres. Es un vínculo que moldea el corazón del hombre. Es un vínculo que nunca deja de ser. Años más tarde, cuando su fortalezca desaparezca y sus días sean pocos, ella lo visitará en su crepúsculo. Se arrodillará junto a él y le susurrará: «Papi, soy yo». El rostro se le iluminará. Nadie más puede lograrlo.

A la vez, no hay nada que encaje mejor en el corazón de una dulce joven que el corazón de su padre. El amor de un padre es una llave que abre un tesoro de cariño dirigido solo a él. Ese amor incondicional que brota de su alma lo mata. Decir que una hija tiene cautivado a su padre ni siquiera se acerca a expresar la realidad. Es un adecuado vínculo de cariño. Debe serlo.

Te voy a decir algo. Los padres no consideran que esto sea algo que deben ocultar. Ni una debilidad. Claro que los tienen envueltos. Lo toman como un deber y un gozo. En mi caso, mi esposa entorna los ojos y me llama débil. Merezco esa descripción. Más bien es que me derrito. Esta es la única ocasión en mi vida en que mientras más débil soy más fuerza ejerzo.

Sus dos hermanos a veces se molestan por el tratamiento preferencial que recibe mi hija de mí. Innumerables veces me los he quitado de las piernas para darle el lugar a ella. Siempre hay lugar para ella. Y quizá preferencia. Al fin y al cabo, mis hijos hieden a chivo la mitad del tiempo. ¿Quién no va a preferir la compañía de una preciosa criatura que casi siempre huele a jabón o cerezas? Los muchachos siempre se molestan por las leyes que regulan la forma en que deben tratar a la hermana. Son inviolables y la favorecen. No les está permitido ponerle una mano encima. Ella quizá los atormente sin compasión (a veces lo hace), pero no se atreven a levantarle una mano para vengarse. Su padre es el siempre presente guardián. Además, ella tiene su propio espacio en la casa. Especialmente ese muy apreciado lugar en sus dominios, ese lugar frente al que el resto de la familia tiene que esperar que ella salga: el baño. Tener buen aspecto es trabajo duro. Y lleva tiempo. Los varones, en cambio, tienen que compartir el baño con sus padres. Este arreglo tiene sus problemas. Sobre todo para mamá y papá.

Sin duda, su lista de privilegios y exenciones es más larga que la de ellos. Aun así, mis hijos no están celosos. A través de los años han aprendido a respetar el nexo que existe entre su hermana y yo. Lo notan. Y sé que ella no deja de ser un tesoro para ellos. En secreto. He tratado de que el cariño con que trato a su hermana sea un modelo para ellos. Con la eterna delicadeza que la trato he querido inculcarles la forma en que deben tratar a las mujeres.

Porque no los veo solo como muchachos, sino como futuros esposos y padres. Sé la lucha que enfrentan en cuanto a un marco de referencia sobre el sexo opuesto. Por ahí, en algún lugar, hay chicas que les entregarán el corazón en un futuro cercano. Intento suavizar el corazón y las manos de mis muchachos entre ahora y ese momento.

El adagio es cierto: Cuando una hija no puede hallar amor en su padre, lo buscará por donde pueda. Lo veo suceder a cada rato en este mundo nuestro. Sin embargo, también es verdad, y quizá una mayor verdad, que mientras más amor halle en su padre, más se determinará a buscar el mismo tipo de amor en el futuro.

Mi amor es un cortafuego para el corazón y la vida de mi hija. Cuando un día un hombre se presente para hacerla suya, solo un amor sacrificial entrará a su mundo. Cualquier otra cosa no le interesará. Sabrá por instinto si es un siervo o un déspota, un hombre o un muchacho, un líder o un cobarde. No es que vaya a amar a su esposo menos que a su padre. Más bien es que solo le atraerá un amor que tenga las mismas cualidades que el de su padre. Como el que este extrajo del evangelio.

AHORA: A LOS DIECISÉIS AÑOS DE EDAD

Mi amado es mío, y yo soy suya; él cuida sus ovejas entre los lirios. Hasta que llegue el día y las sombras se disipen, ¡vuelve a mí, amado mío! ¡Sé raudo como un venado, como un cervatillo sobre los montes de Beter! Por las noches, en mi lecho, busco al que amo con toda el alma. Lo busco, y no lo encuentro. Me decido a levantarme para rondar por la ciudad, por las calles y avenidas, en busca del que amo con toda el alma. ¡Lo busco, y no lo encuentro! Los guardias, los que rondan la ciudad, me encuentran, y les pregunto si han visto al que amo con toda el alma. ¡Y al poco tiempo de hablar con ellos encuentro al que amo con toda el alma! ¡Lo abrazo, y no lo suelto hasta llevarlo a la casa de mi madre, hasta la alcoba donde fui concebida! Doncellas de Jerusalén, yo les ruego por los corzos y por las ciervas del campo, que no despierten a mi amada, ¡que no interrumpan su sueño, mientras ella se complazca en dormir!

CANTARES 2:16—3:5, RVC

Sara murió en Quiriat Arba, que es Hebrón, en la tierra de Canaán. Abraham fue a hacer duelo por Sara y a llorar por ella.

GÉNESIS 23:2, NBLH

Vida: No estás loca

Hay una joven que he observado desde la esquina de mi experiencia en todos estos años de ser pastor. El mejor calificativo que puedo darle es el de *buscadora*. Le faltó toda la ternura que necesitó de su padre. Así que ha andado buscando llenar ese vacío que le dejó el padre. Nunca fue la niñita de papá, y acepta lo que le puedan ofrecer. Sin reparos cambia su inocencia por recibir la más ligera cantidad de afecto y permutaría su alma por una efímera atención del primer joven que hiciera el menor esfuerzo por fijarse en ella. Siempre la ves. Todos conocemos a esa criatura. Tal como están las cosas, muchas tragedias de jóvenes comienzan con un desesperado esfuerzo por hallar el amor de padre. Piensa que está loca. No es cierto.

Y luego está la hija de mediana edad con familia propia y bien entregada a las rutinas de la vida. Todos conocemos también a esta mujer. Nos crio una versión de esta. Lo ve todo. Irrisoriamente coherente. Estable. Constante. Siempre se las arregla para convertir los cabos sueltos de cada día en un tapiz de confiabilidad.

Su presencia garantiza que a cada momento habrá un adulto por allí, además de una enfermera, una cocinera, una chofer y una árbitra. Una vez al año, en el Día de las Madres, le lanzamos un «gracias», y contamos con ella los demás días. Es una labor que no recibe agradecimiento alimentada de manera extraña por la gratitud.

Esta mujer es impresionante. Es un refugio. En la superficie todo le va bien en la vida. Sin embargo, hay fisuras ocultas debajo de toda su fortaleza. A través de los años, sumergida en todas sus tareas, yace la necesidad de que su esposo le dé cariño. Como cuando se conocieron. Esa ternura ha desaparecido. Piensa en eso de vez en cuando. Al hacerlo, cree que es insignificante. No es así.

Un cariño normal

El mensaje que necesitan escuchar ambas mujeres, en etapas opuestas de una vida similar, es el mismo: No estás loca. Esa necesidad que sientes de afecto y de cariño de un hombre es normal. Así te diseñaron. No es una debilidad en lo absoluto. Es parte de tu verdadera belleza y una característica normal de tu persona. Por ella tienes el poder de dar un toque final a la vida de un hombre y completar muchas otras experiencias.

Querer que te quieran y casarte no es malo en lo absoluto. No hay que resentirlo. Es una cualidad innata de dependencia que puso en ti el Creador desde el principio. Está entrelaza en el material de que estás hecha. No puede negarse. No, no estás loca. ¿Demasiado emotiva? Quizá, pero loca no.

La Biblia respalda el deseo de que te deseen y el romance de seres que se aman, y una mujer necesita sentirse segura bajo la protección de su hombre. ¿No lo has leído en Cantares?

> Mi amado es mío, y yo soy suya;
>   él apacienta su rebaño entre azucenas.
> Antes de que el día despunte
>   y se desvanezcan las sombras,
>   regresa a mí, amado mío.
> Corre como un venado,
>   como un cervatillo

por colinas escarpadas.
Por las noches, sobre mi lecho,
   busco al amor de mi vida;
   lo busco y no lo hallo.
Me levanto, y voy por la ciudad,
   por sus calles y mercados,
buscando al amor de mi vida.
   ¡Lo busco y no lo hallo!
Me encuentran los centinelas
   mientras rondan la ciudad.
Les pregunto:
   «¿Han visto ustedes al amor de mi vida?»
No bien los he dejado,
   cuando encuentro al amor de mi vida.
Lo abrazo y, sin soltarlo,
   lo llevo a la casa de mi madre,
   a la alcoba donde ella me concibió.
Yo les ruego, mujeres de Jerusalén,
   por las gacelas y cervatillas del bosque,
que no desvelen ni molesten a mi amada
   hasta que ella quiera despertar.
      (Cantares 2:16—3:5, NVI®)

He entrado ya en mi jardín,
   hermana y novia mía,
y en él recojo mirra y bálsamo;
   allí me sacio del panal y de su miel.
Allí me embriago de vino y leche;
   ¡todo esto me pertenece!
¡Coman y beban, amigos,
   y embriáguense de amor!
Yo dormía, pero mi corazón velaba.
   ¡Y oí una voz!
   ¡Mi amado estaba a la puerta!
«Hermana, amada mía;

31

preciosa paloma mía,
¡déjame entrar!
Mi cabeza está empapada de rocío;
la humedad de la noche corre por mi pelo.»
Ya me he quitado la ropa;
¡cómo volver a vestirme!
Ya me he lavado los pies;
¡cómo ensuciarlos de nuevo!
Mi amado pasó la mano
por la abertura del cerrojo;
¡se estremecieron mis entrañas al sentirlo!
Me levanté y le abrí a mi amado;
¡gotas de mirra corrían por mis manos!
¡Se deslizaban entre mis dedos
y caían sobre la aldaba!
Le abrí a mi amado,
pero ya no estaba allí.
Se había marchado,
y tras su voz se fue mi alma.
Lo busqué, y no lo hallé.
Lo llamé, y no me respondió.
Me encontraron los centinelas
mientras rondaban la ciudad;
los que vigilan las murallas
me hirieron, me golpearon;
¡me despojaron de mi manto!
Yo les ruego, mujeres de Jerusalén,
que si encuentran a mi amado,
¡le digan que estoy enferma de amor!
Dinos, bella entre las bellas,
¿en qué aventaja tu amado a otros hombres?
¿En qué aventaja tu amado a otros hombres,
que nos haces tales ruegos?
Mi amado es apuesto y trigueño,
y entre diez mil hombres se le distingue.

Su cabeza es oro puro;
   su cabellera es ondulada
   y negra como un cuervo.
Sus ojos parecen palomas
   posadas junto a los arroyos,
bañadas en leche,
   montadas como joyas.
Sus mejillas son como lechos de bálsamo,
   como cultivos de aromáticas hierbas.
Sus labios son azucenas
   por las que fluye mirra.
Sus brazos son barras de oro
   montadas sobre topacios.
Su cuerpo es pulido marfil
   incrustado de zafiros.
Sus piernas son pilares de mármol
   que descansan sobre bases de oro puro.
Su porte es como el del Líbano,
   esbelto como sus cedros.
Su paladar es la dulzura misma;
   ¡él es todo un encanto!
¡Tal es mi amado, tal es mi amigo,
   mujeres de Jerusalén!

   (Cantares 5:1-16, nvi®)

El vínculo innegable de la unicidad

En el curso de mi matrimonio, ha habido momentos en el que mi esposa ha demostrado ese instinto. Varias circunstancias han creado un vacío de fuerza en ella con la intención de que lo llenara yo. Hay toda una diversidad de casi accidentes que las familias experimentan de tiempo en tiempo. La enfermedad de un hijo que se presenta estando yo de viaje. Un accidente en la carretera (o una rueda pinchada) mientras estaba al otro lado de la ciudad. Ruidos en medio de la noche. Y, además, algunas tragedias que no nos faltaron. La pérdida de dos mellizos a las veintiséis semanas de embarazo. Dos corazones rotos.

En todos esos acontecimientos, salió a la luz un instinto suyo que solo lo sobrepasó su confianza en Dios. Me necesitaba. No solo para que le cambiara un neumático, sino para que estuviera a su lado. No para que le dijera frases espirituales consabidas sobre la soberanía de Dios, sino para que fuera un ejemplo de lo que es confiar en el Dios soberano en el que creía. Entonces, en el mismo grado en que le llenaba un vacío, me llenaba otro en mí. Los hombres que más desean ser así con sus esposas son los que están más cerca de ser lo que Dios quiere que seamos. Que los dos seamos uno en la carne. Unicidad.

Cuando mi padre murió hace quince años, muchas cosas se salieron de su lugar normal. Nunca había conocido el dolor. Un atisbo aquí y allí, pero nunca cara a cara. Ver el dolor de mi madre me acercó lo suficiente para sentir su aliento en mi alma. Lo tenía frente a mí. O quizá estuviera en mi mente. Nunca he vuelto a dar por sentados la muerte y sus efectos sobre una persona. El término *viuda* no lo puedo tomar a la ligera.

El vínculo entre un hombre y su esposa es una fuerza misteriosamente poderosa. Casi no he visto nada que se le asemeje en mis años de ministerio. Su poder es sutil y a menudo no se siente hasta mucho después de la boda. Dos personas se van convirtiendo cada día más en una persona, compenetrados por experiencias buenas y malas. Ni siquiera notan lo profundo que se han compenetrado el uno en el tejido de la vida del otro. Con el tiempo, cada uno completa las frases del otro y tienen los mismos pensamientos.

Cuando la muerte (o el divorcio) llegan por fin, siempre se produce un estirón del tejido del alma del que queda atrás. Es como si le arrancaran una parte. No es que se la cortan, sino que se la arrancan. La desorientación puede ser extrema mientras la persona aprende a mirar la vida a través de un par de ojos y no de dos. Ese fue el caso de mi madre. Desde ese día su alma caminó con cierta cojera.

Cuando «Doc» dejó este mundo, mi mamá quedó abrumada por la soledad. No había otra persona en el planeta, ni ningún número de personas, que llenaran el vacío que dejó. Dejó un enorme vacío. Esa sensación fue un tributo a la vida de mi padre y su amor por ella. La adoraba. Ella no podía dormir ni levantarse y estar sola. Ahora, en cambio, siempre estaba sola, aun en medio de una multitud. Trató de seguir viviendo en la casa donde me crie, pero no podía soportar el silencio de su ausencia. Tras cierto tiempo la vendió y se mudó a otra cerca de mi hermana.

En esos días, recuerdo estar muy preocupado por su salud mental. Mi hermana y yo nos preocupábamos a diferentes niveles y sobre cuestiones de las que ningún hijo debe preocuparse. Fue allí junto al precipicio del dolor de mi madre que aprendí la enorme necesidad que tiene una esposa de su esposo.

Un día, mamá y yo caminamos hasta la puerta de la calle. Sin decir una palabra, se montó en el auto y se dirigió hacia la autopista. Preocupado, tomé mi auto y la seguí. Como sospechaba, salió de la autopista, dio algunas vueltas y entró al cementerio donde estaba enterrado mi padre desde hacía unas pocas semanas.

Vi hacia dónde se dirigía y me estacioné fuera de su vista sobre una loma desde la que se veía la tumba de mi padre. Se sentó en su auto por un gran tiempo. Por último, salió del auto y caminó hacia la tumba de mi padre y se sentó encima. Encima de él. Lo más cerca posible de él. Mirando al cielo azul empezó a sollozar. Lloró hasta que se quedó dormida. Pasó media hora. Se levantó, tocó la tierra removida una última vez, volvió al auto y regresó a su casa. Antes de entrar al auto, me vio... donde yo pensaba que no me podía ver y me saludó con la mano. Sabía desde un principio que yo estaba allí.

La escena me recordó el dolor de Abraham ante la muerte de Sara: «Sara murió en Quiriat Arba, que es Hebrón, en la tierra de Canaán. Abraham fue a hacer duelo por Sara y a llorar por ella» (Génesis 23:2, NBLH).

Nunca hablamos de ese momento. No sentí la necesidad de preguntarle por qué hizo todo aquello. No tenía que hacerlo. Yo sabía por qué. No había que explicar nada. Era el dolor por lo perdido. Era el amor de su vida deshecho por la vida misma. Lo que hizo no me pareció extraño. Tenía mucho sentido. Encaramado más arriba que ella en esa loma, comprendí. No, no estaba loca. Era una esposa.

«*La imaginación de una dama va muy rápido y salta
de la admiración al amor, y del amor
al matrimonio en un momento*».

JANE AUSTEN, ORGULLO Y PREJUICIO

*Maridos, amen a sus mujeres, así como Cristo amó a la iglesia
y se dio Él mismo por ella, para santificarla, habiéndola
purificado por el lavamiento del agua con la palabra, a fin
de presentársela a sí mismo, una iglesia en toda su gloria,
sin que tenga mancha ni arruga ni cosa semejante, sino que
fuera santa e inmaculada. Así deben también los maridos
amar a sus mujeres, como a sus propios cuerpos. El que ama
a su mujer, a sí mismo se ama. Porque nadie aborreció jamás
su propio cuerpo, sino que lo sustenta y lo cuida, así como
también Cristo a la iglesia; porque somos miembros de Su
cuerpo. Por esto el hombre dejará a su padre y a su madre, y
se unirá a su mujer, y los dos serán una sola carne. Grande es
este misterio, pero hablo con referencia a Cristo y a la iglesia.
En todo caso, cada uno de ustedes ame también a su mujer
como a sí mismo, y que la mujer respete a su marido.*

EFESIOS 5:25-33, NBLH

Amor: Halla a ese hombre

No existen las almas gemelas. Es decir, no hay una persona específica que ande por ahí y que debes encontrar. No hay un hombre por ahí sin el que nunca conocerás la felicidad. No hay por ahí una versión idéntica de tu alma que se convierte en pareja con la tuya cuando aparece... como sucede con los calcetines. No hay un *yin* para tu *yan*. No existe. Perdóname por romper tu burbuja, pero eso es un mito, y peligroso por cierto. A algunos los ha conducido a la desesperación y a perder oportunidades que tienen delante. A otros les ha servido como una justificación para decir que hay matrimonios que deben disolverse. «Hallé mi alma gemela». Eso es tontería. No existe lo de «y vivieron felices para siempre». Eso es ingenuo. Mira esto:

> El concepto de «alma gemela» se ha filtrado en la sociedad estadounidense. Las películas, las canciones y los programas de televisión proclaman la idea de que existe ese alguien especial que el destino nos tiene preparado y que se hizo para nosotros y que nos hará completos. Las personas religiosas son vulnerables en especial a este concepto, aunque no hay base para

ello ni en el Antiguo ni en el Nuevo Testamento. No obstante, se sabe que aun personas que no son religiosas han caído en el error de pensar que existe alguien que provee la intimidad, el compañerismo y la comprensión que siempre han anhelado.

El problema con el concepto de alma gemela es que lo que se dice es demasiado subjetivo, emotivo y efímero. El enamoramiento puede hacer que la persona caiga en el engaño de creer que encontró a su alma gemela cuando casi ni se conocen, lo que da lugar a la débil unión de dos personas que se profesan un amor basado en el atractivo físico, la simpatía y la aprobación, y llegan a un compromiso irreversible.

Un estudio del sociólogo Brad Wilcox de la Universidad de Virginia respalda el concepto de que el mito de alma gemela puede dañar a los Estados Unidos. El profesor Wilcox halló que más del sesenta por ciento de los hombres en Estados Unidos cree en el alma gemela, pero esos creyentes tienen un ciento cincuenta por ciento más de probabilidades de divorciarse que los románticos escépticos[1].

No estoy negando que haya cierto grado de compatibilidad que las parejas hallan entre sí. Eso no es un mito. Sin embargo, tiene más que ver con sabiduría que con casualidad. No niego tampoco la realidad de «una sola carne» de que habla la Biblia en cuanto a las parejas. Aun así, esa unicidad es el resultado de tiempo y pruebas y no de química.

Ese que anda por ahí es un pobre ser humano como tú listo para que lo sirvan y lo perdonen. Es una persona que lucha con su carne como luchas tú, que se abre paso solo por la gracia. Es una persona que busca a una mujer a la que pueda amar de manera imperfecta y ambos servir mejor a Dios juntos que separados. Serán una asociación de pecadores salvos por gracia que se esfuerzan en ese misterio llamado matrimonio. Él es un recipiente defectuoso que no se parece para nada al hombre de tus sueños, pero se convierte en ese hombre a medida que tus sueños se ajustan a la realidad. Tienes que dejar de andar buscando al Sr. Perfecto. Casi nunca lo es. Él no es el hombre que vas a hallar.

Cuando lo único que queda es amor

A mi llegada, solo quedaban unos breves momentos. Los momentos vividos hasta entonces fluían hacia los pocos que quedaban. Un matrimonio de más de cincuenta años en proceso estaba llegando a una callada conclusión con la inmanente y grácil partida de una esposa. Me habían invitado a ese sagrado momento para brindar consuelo. Me sentí tentado a quitarme las sandalias. Había santidad en la escena.

Había sucumbido a los estragos de la enfermedad de Alzheimer de manera mental y física. Yacía en la cama de un hospicio. Ojos cerrados. Esfuerzo por respirar. A pesar del deterioro físico y mental, su honor estaba más que intacto. Lo había mantenido el hombre que allí estaba sentado a su lado. La había amado. Literalmente hasta el fin. Era el «hasta que la muerte los separe» encarnado. Era la mejor traducción de «serán una sola carne» que había visto. Su último suspiro brotaría a la vez del suyo. Presenciaría su partida. Era su deber.

No se dio por enterado de mi llegada, ni del tiempo que estuve presente. Nunca hablamos. Nunca nos saludamos. No me atrevía a distraerlo. Hubiera sido como pedirle al que va a ser padre que se aleje del nacimiento del hijo a discutir opciones de la bolsa de valores. No puede estar en otro lugar. De todos los días a los que lo designaron, ese era el día.

Una vez, siendo joven, esperó nervioso a que llegara la novia que avanzaba por el legendario pasillo. Le pareció muy largo el camino. Intercambiaron votos y promesas. Ahora, muchos años después, este era el momento en que finalmente se cumplían esas promesas. Solo ahora ella estaba avanzando, pero no hacia él.

Ese día la distancia parecía muy corta y el tiempo muy fugaz. A pesar de eso, la esposa parecía más bella. Todavía es esa bella novia. Su amor es más precioso. Oré por sus hijos adultos, ofrecí mis condolencias y me fui. Él se quedó mirando a la amada tomado de su mano. Una extraordinaria vigilia tenía lugar.

Salí y me senté en el auto. Pasaron diez minutos antes de que lo arrancara. Yo estaba en medio de mis «deberes» del día. Aquel pobre hombre y su esposa herida de muerte habían alterado mi agenda. Quise aceptarlo. Es imposible huir de una escena como esa. Escenas así no se presentan a menudo. Como pastor, intento borrar las imágenes que la humanidad deja en mi experiencia diaria. Hay muchísimos momentos que quisiera poder olvidar. Divorcios. Escándalos. Tragedias suburbanas. Las locuras que hay por ahí. Esta no era nada de eso. Esta era realidad. Me senté allí a absorber sus matices en ese tipo de silencio susurrante que uno halla dentro de un auto estacionado.

Para ser sincero, no sé cómo habrá sido él como esposo. Yo le era un desconocido. Si la misma ternura existió o no durante su vida matrimonial, era un misterio para mí. Todo lo que sé es que quizá estuviera allí lleno de remordimiento. Deseando que podía haberle dicho algunas cosas. Deseando que lo hubiera oído decirlas. Es triste, pero muchos momentos finales son así. Llenos de remordimiento. Al parecer, siempre recapacitamos demasiado tarde.

Quizá no fue siempre así. De todas maneras, en ese momento fue el hombre que siempre debió haber sido. Tierno y atento. Lo que estuvo llegando a mí en aquel momento de reposo fue «Dios, hazme como ese hombre». Muy lejos estoy de eso, pero por su gracia voy mejorando poco a poco.

HAGAS LO QUE HAGAS, NO TE CONFORMES CON MENOS

Busca a ese hombre. Un hombre que se mantenga de guardia junto a la cama. Un hombre cuya alma y cuyo corazón sean un techo de gracia en la vida de su esposa. Uno que te amará aunque no puedas (o no quieras) amarlo en reciprocidad. Un siervo frágil cuyo propósito en la vida sea el de ser tu amante y tu siervo líder. Busca a ese hombre. Créeme: ese es el hombre que deseas. El hombre que necesitas. Sea lo que sea que estás buscando, o lo que te imaginas que necesitas hallar en un hombre, es esto. En tu corazón sabes que es cierto. Como quiera que describas esa característica suya (humildad, gracia, dulzura, alma de siervo), siéntete atraída hacia él. Ama al hombre cuyo amor incondicional añada dignidad a tu vida. Espéralo. No te conformes con menos.

Llegará el día en que todos los atractivos de la juventud, de tanta importancia en los albores del matrimonio, se irán desvaneciendo a medida que las visiones idealizadas del día de la boda vayan sucumbiendo ante las realidades del matrimonio. El desvanecimiento será más rápido de lo que piensas. Niños. Hipotecas. Fechas tope. Lavado de ropa. Cargas. Arrugas. Tensiones. Es inevitable. Una extraña vulgaridad repetitiva va camino a ti. Algo te sucede y piensas que lo viviste antes. Sí, pero desde otro ángulo. Cuando niña mirabas hacia arriba. Como madre ahora miras hacia abajo. Te has convertido en tu madre. Dirás cosas que nunca dirías. Harás cosas como ella las hizo antes. Estarás en lugares en los que habías decidido nunca estar. O quizá gracias a que seas como ella. Todos nos ponemos así.

Cuando llegues a esto, te sucederán dos cosas. Primero, conocerás ya al hombre con quien te casaste. Es decir, al verdadero hombre. Siervo, chiquillo u otra cosa. Pudiera haber miles de diferentes cualidades que al principio te atrajeran. Todas notables e importantes. Las preferencias no son insignificantes. El atractivo físico no se puede descontar. Entonces, ya avanzada la vida, no te apoyas en ellas. No hallarás nada de estas junto a tu cama en el crepúsculo de tu vida. Solo el amor permanecerá cuando lo único que te quede sea la necesidad de tenerlo.

Cuando digo amor, no me refiero a sentimentalismos ni a conceptos románticos, ni a esa palabra que se utiliza como sinónimo de gusto. Me refiero a un constante sacrificio incondicional en un no reciprocado acto de servicio a un pecador que no lo merece. Es un decidido, constante y desinteresado impulso a hacer algo por los demás, en vez de ser a uno mismo. Me refiero a la cruz.

> Si hablo las lenguas de los hombres y aun de los ángeles, pero no tengo amor, no soy más que un metal que resuena o un platillo que hace ruido. Y si tengo el don de profecía, y entiendo todos los designios secretos de Dios, y sé todas las cosas, y si tengo la fe necesaria para mover montañas, pero no tengo amor, no soy nada. Y si reparto entre los pobres todo lo que poseo, y aun si entrego mi propio cuerpo para tener de qué enorgullecerme, pero no tengo amor, de nada ȃme sirve. Tener amor es saber soportar; es ser bondadoso; es no tener envidia, ni ser presumido, ni orgulloso, ni grosero, ni egoísta; es no enojarse ni guardar rencor; es no alegrarse de las injusticias, sino de la verdad. Tener amor es sufrirlo todo, creerlo todo, esperarlo todo, soportarlo todo. El amor jamás dejará de existir. (1 Corintios 13:1-8, DHH)

Todo esto que Pablo describe es un constante acto de sacrificio propio basado en la realidad del amor de Cristo hacia el individuo. Es amor.

Un sinnúmero de esposas, quienes una vez fueron la visión que lo eclipsaba todo en el joven corazón de sus esposos, son invisibles décadas después. No las ven. Han quedado opacadas por el trabajo, los pasatiempos o las miles responsabilidades del esposo. Esa invisibilidad causa un profundo dolor en ella. Esa desatención erosiona la sustancia de una mujer como ninguna otra cosa. Dios la diseñó para que dependiera del esposo. Cuando él la «olvida», y una extraña sensación de abandono le cae encima. Es una mancha en el lado oscuro del matrimonio. Claro, todavía le queda esperanza. Dios es bondadoso. Y tiene todo poder para conquistar el corazón del esposo.

Segundo, sabrás que este autor y las otras personas que te lo advirtieron teníamos razón. Llegado el momento, verás que decidiste no hacer caso cuando hacer eso te era conveniente. De entre todas las cosas que creías necesitar en ese tiempo, verás que lo que en verdad necesitabas era justo lo que te falta ahora: amor sacrificial. Cualquier cosa que viste en él habrá desaparecido si no era esto.

Te has sentado frente a mí en incontables ocasiones. Una mujer de mediana edad con un nudo de pesar en la garganta busca consejo respecto a su esposo y su matrimonio. Parece que siempre se me acerca preguntándose dónde estará él. Sin embargo, él no se ha perdido. Siempre ha estado allí. Este es él. En ese momento, ella desearía cambiar de puesto con aquella ancianita. Quiere a aquel anciano dolorido junto al cuerpo moribundo de su esposa.

ESE HOMBRE AL PIE DE LA CRUZ

Busca a ese hombre. Lo hallarás en la cruz. No es un hombre perfecto en ningún sentido. Aun así, le duelen sus imperfecciones. Lo reconocerás cuando lo veas. Ama a Cristo más que a ti, pero te ama como te debe amar debido a su gran amor por Cristo. Mira al corazón del hombre. Lo demás es inconsecuente. Entrarás a su corazón más pronto de lo que esperas.

Este hombre está compuesto de numerosos rasgos pequeños que brotan de su alma y se juntan alrededor de su persona para formar el mosaico de un hombre tierno y sensato. Se abre una puerta. Un tono de buena disposición y no de disgusto al responder a tus peticiones. Una sombrilla te mantiene seca a ti y medio mojado a él. Hay sensatez al pedir una opinión antes de que se tome una decisión. Una inclinación a tus preferencias que impulsa su liderazgo a tu vida. Una pasión por tu toque que solo la precede un igualmente apasionado deseo de tu amistad. Un anhelo de tu mano en oración en los momentos difíciles de la vida. Una coherencia en sus hábitos y decisiones que revela tu implícita verdad. Un respeto por su persona que no se basa en rasgos individuales ni en actos algunos, sino en la totalidad de su vida.

El olvido al final del pasillo

Son innumerables las veces que he estado hombro con hombro con quienes van a ser esposos al final del pasillo. Ante el altar. Estamos juntos esperando que entre la novia. Todos están en sus puestos. Hay una pausa en la música. Un breve y ligero preludio que pronto habría de dar paso al himno de la felicidad conyugal. En ese momento suelo darle una mirada al novio. Muy a menudo lo hago, y me maravilla cuánto no sabe lo que necesita saber. A veces conozco al hombre. Otras veces no. Muchas veces me quedo preguntándome si está listo para esa servidumbre y pacto, o si es ingenuo, como sospecho. Hay tanto que debiera saber, pero solo puede aprenderlo de la manera más dura.

Esta ceremonia es lo opuesto exacto al final de la vida de aquel ancianito y su moribunda esposa. Los dos parecen estar separados por una infinidad de grados. Uno es joven y ambicioso, y pasa por alto las cosas pequeñas al conquistar las mayores. El otro valora las cosas pequeñas por sobre las demás y ha desacelerado lo suficiente para disfrutarlas. Desearía haberlo hecho cuando era más joven. El joven puede a veces ser brutal e inmaduro en sus reacciones. En algún momento va a herir a la novia con palabras dichas con premura y palabras que olvida decir.

El mayor se ha visto humillado por la vida y el tiempo. Hay cierta dulzura en sus palabras que le granjean la confianza de los que le rodean. Pareciera que todos, en especial su esposa, se sienten atraídos al refugio de su vida. El joven da por sentado que vivirá para siempre y tendrá tiempo suficiente para recuperar el tiempo perdido cerca del final. Ha dejado pasar preciosos momentos para atender asuntos más urgentes. El mayor se da cuenta ahora de lo fugaz que es la vida. En ese momento, al lado opuesto de la vida, atesora cada instante que le queda. El joven y el anciano están bien aparte el uno del otro. En cambio, el que estaba al lado de la cama una vez estuvo esperando en el altar. Hay esperanza.

El mismo hombre, la misma gracia, diferentes caminos

Hubo algunos años después en mi ministerio otra escena inolvidable de un esposo y su esposa. Otro tierno esposo que buscaba para su corazón el calor de los restantes miembros de la vida de su esposa. Llevaban casados solo unos meses cuando a ella le diagnosticaron cáncer pancreático en cuarto estado. Con tranquilidad, sucumbió a la enfermedad como a las siete y media de la mañana de un miércoles En ese momento, sentado a su lado y sosteniendo su mano estaba su gigante esposo, Jim. La adoraba ha necedad. Cuando murió, llevaban casi un año de casados... por segunda vez.

Su primer matrimonio terminó cuando Abigaíl comenzó a serle infiel. Con el tiempo abandonó el matrimonio, a su esposo y a su única hija con la esperanza de que su amante hiciera lo mismo y se casaran. Su amante, un rico y prominente comerciante en su pequeño pueblo, le asignó una mensualidad y la situó en un apartamento. Allí fue languideciendo en la falsa esperanza de que él diera los pasos necesarios para dejar a su esposa y a sus hijos. Por supuesto que no lo hizo. Cinco años después que comenzaran sus amoríos, la dejó y restauró sus relaciones con su esposa. Abigaíl quedó sola, sin un lugar donde vivir y desempleada.

El sórdido asunto fue un escándalo en el pueblo. Su primer esposo, con sus casi dos metros de estatura y sus ciento veinticinco kilos de peso, se sentía avergonzado y humillado en esa muy unida comunidad sureña. Lo habían bajado en todo, y ya no era tan alto en espíritu como lo era en estatura. Después que Abigaíl lo dejó, se había retirado en silencio a lo que quedaba de su vida. Tenía una hija. Tenía estatura. Tenía vergüenza. Se sentía furioso y destrozado. Ella era un desastre y objeto de desdén colectivo. Después de todo lo que había hecho, a nadie le costaba despreciarla.

Humillada, avanzaba como podía con lo que le quedaba de vida. A través de una agencia de trabajo temporal, Abigaíl pudo hallar un trabajo de tiempo parcial. Sentada en un cubículo junto al suyo había una cristiana soltera llamada Linda. Al ir entablando amistad, Abigaíl comenzó a hablarle del desastre en que se había convertido su vida. En silencio y con gracia escuchó lo que Abigaíl le hablaba de su agobiada conciencia. Lo que recibió fue terapia gratuita y un hombro para llorar en un confesionario con una oreja en el otro lado.

Una vez que todos los datos estuvieron sobre la mesa, Linda dejó caer la bomba. «Necesitas perdón. La vida justa de Cristo basta para cubrir tus transgresiones. Necesitas correr a su misericordia. No eres indigna de amor. No eres más miserable que yo». En sincero arrepentimiento, Abigaíl se arrojó a los brazos del Evangelio de Gracia. La transformación fue inmediata y puso en marcha una serie de acontecimientos asombrosos.

Conocí por primera vez a Abigaíl cuando acudió a mi oficina por petición de Linda. Llegó «en busca de consejo» en cuanto a lo que debía hacer con su vida. Fue impresionante verla sentada frente a mí y escuchar la historia completa. Aquella antigua ramera, con todas sus muchas desgracias, estaba ahora revestida de la justicia de Cristo.

Hay cierto tipo de arrepentimiento que porta las innegables características de un nuevo corazón. Tiene cierto tipo de gozo melancólico. Como alguien opinó: «Este tipo de arrepentimiento tiene cierta manera de volverse más notorio que los pecados de los que la persona se está arrepintiendo». Ese fue el caso de Abigaíl. La gracia de Dios en ella lanzó una sombra sobre lo que fue antes. Pasamos varias horas en varias ocasiones buscando juntos la voluntad de Dios. Al final, ella solo quería hacer lo que Dios quisiera pedirle. Llegado el momento, Dios pidió.

Era el tipo de arrepentimiento como el que fluyó de la vida de un rey quebrantado después de verse envuelto en un escándalo similar.

Ten compasión de mí, oh Dios,
  conforme a tu gran amor;
conforme a tu inmensa bondad,
  borra mis transgresiones.
Lávame de toda mi maldad
  y límpiame de mi pecado.

Yo reconozco mis transgresiones;
  siempre tengo presente mi pecado.
Contra ti he pecado, sólo contra ti,
  y he hecho lo que es malo ante tus ojos;
por eso, tu sentencia es justa,
  y tu juicio, irreprochable.
Yo sé que soy malo de nacimiento;
  pecador me concibió mi madre.
Yo sé que tú amas la verdad en lo íntimo;
  en lo secreto me has enseñado sabiduría.

Purifícame con hisopo, y quedaré limpio;
  lávame, y quedaré más blanco que la nieve.
Anúnciame gozo y alegría;
  infunde gozo en estos huesos que has quebrantado.
Aparta tu rostro de mis pecados
  y borra toda mi maldad.

Crea en mí, oh Dios, un corazón limpio,
  y renueva la firmeza de mi espíritu.
No me alejes de tu presencia
  ni me quites tu santo Espíritu.
Devuélveme la alegría de tu salvación;
  que un espíritu obediente me sostenga.
Así enseñaré a los transgresores tus caminos,
  y los pecadores se volverán a ti.
  (Salmo 51:1-13, NVI®)

Armada con una nueva comprensión del amor, Abigaíl se humilló de corazón y fue a buscar a su antiguo esposo. No fue fácil concertar el encuentro dado el hombre destrozado en que se había convertido Jim. No obstante, a la larga, accedió. Cuando por fin se encontraron, ella le pidió perdón sin condición alguna. Una vez que llegó la confesión, ella fue la que habló. Fue cruda.

Según recuerdo, se arrodilló ante él y le besó los pies. Me sentí incómodo hasta cierto punto. Ya había sido suficiente difícil lograr que Jim fuera a aquel lugar, pero esto lo llevó al extremo. No hubo manipulación ni segundas intenciones. No estaba tratando de remediar su situación económica. Era solo remordimiento. Él lo sintió. Pura sinceridad, amor y pesar mezclados a sus pies. Mientras yo miraba, él me miró. Ambos, sin darnos cuenta, teníamos incrédulos las manos sobre la boca. Quizá esto fuera más sorprendente que todo lo demás que hizo.

Yo le había aconsejado a Abigaíl que procurara la reconciliación con su destrozada familia. Se presentó ante él con mal aspecto y sabiendo que merecía su rechazo. Para sorpresa nuestra, con lógica aprehensión, la perdonó. Le demostró un amor incondicional que es, hasta este día, sin igual en mi experiencia. De manera inexplicable, ante la mirada de una estupefacta comunidad, sacó a su preciosa «Gomer» de la esclavitud de su mancha.

Es parecido al amor de Dios. El amor de Dios es radical y llega hasta donde tenga que llegar para salvar a una persona que no lo merece, lo que parece absurdo. Cuando el pueblo de Dios estaba en la cumbre de su indignidad como ramera idólatra, Dios mandó a Oseas con un pacto de amor. El amor de Oseas se convierte en una parábola del pacto de amor de Dios con su pueblo. Le ordenó a Oseas que se casara con Gomer la ramera, lo que debe haberle parecido en extremo vergonzoso a Oseas, un hombre recto. Dios le mandó que la amara.

Después que tuvieron hijos, ella se fue y terminó vendida como esclava. Oseas, en una humillación todavía mayor, va y la compra para sacarla de la esclavitud. Quedó como un tonto por su persistente amor por Gomer. Aun así, nota esto. No te lo pierdas. Oseas simboliza a Dios, Gomer simboliza la humanidad pecadora.

> El Señor me dijo: Ve otra vez, ama a una mujer amada por otro y adúltera, así como el Señor ama a los hijos de Israel a pesar de que ellos se vuelven a otros dioses y se deleitan con tortas de pasas. La compré, pues, para mí por quince siclos de plata y un homer y medio de cebada. Y le dije: Te quedarás conmigo por muchos días. No te prostituirás, ni serás de otro hombre, y yo también seré para ti. Porque por muchos días los hijos de Israel quedarán sin rey y sin príncipe, sin sacrificio y sin pilar sagrado, y sin efod y sin ídolos domésticos. Después los hijos de Israel volverán y buscarán al Señor su Dios y a David su rey; y acudirán temblorosos al Señor y a su bondad en los últimos días. (Oseas 3)

Dios nos extendió ese mismo amor radical a nosotros también. Así lo expresa Pablo:

> Porque la palabra de la cruz es necedad para los que se pierden, pero para nosotros los salvos es poder de Dios. Porque está escrito: Destruiré la sabiduría de los sabios, y el entendimiento de los inteligentes desecharé. ¿Dónde está el sabio? ¿Dónde el escriba? ¿Dónde el polemista de este siglo? ¿No ha hecho Dios que la sabiduría de este mundo sea necedad? Porque ya que en la sabiduría de Dios el mundo no conoció a Dios por medio de su propia sabiduría, agradó a Dios, mediante la necedad de la predicación, salvar a los que creen. Porque en verdad los judíos piden señales y los griegos buscan sabiduría;

pero nosotros predicamos a Cristo crucificado, piedra de tropiezo para los judíos, y necedad para los gentiles; mas para los llamados, tanto judíos como griegos, Cristo es poder de Dios y sabiduría de Dios. (1 Corintios 1:18-24)

Un matrimonio más corto, pero más puro

Tuve el privilegio de oficiar en la segunda ceremonia matrimonial de Jim y Abigaíl. Recuerdo ese día. Estábamos a punto de empezar, pero Abigaíl no aparecía. Cuando la localicé en el cuarto de novias, no eran vacilaciones suyas lo que la retenía, sino un maquillaje corrido. Había estado llorando al pensar en la gracia de Dios que la estaría esperando al final del pasillo. La abrumaba. Qué día aquel. Esposo, esposa e hija de pie juntos. Un trofeo sacado de un total desastre.

No mucho después de aquello le dijeron que tenía cáncer. Recuerdo la llamada. Murió pronto. A pesar de su brevedad, el amor que se tuvieron esta segunda vez fue puro y más profundo que el que conocieran jamás. Fue un tipo de amor bien informado. Le faltaba mucho para ser perfecto, pero estaba lleno de gracia y felicidad.

Cuando visité a Jim el viernes del funeral, me encontré con un hombre dos veces herido. Su amor por ella era lo más sobresaliente. Fue valiente en su abnegación. Fue como Cristo. Cuando me vio, me sonrió. Como un reconocimiento a la única persona que presenció aquel momento de tierno arrepentimiento que llegó a enternecer su corazón de piedra. Una pequeña fraternidad. El retrato de la última boda estaba encima del ataúd. «Hay que darle gloria a Dios por permitir que nos juntáramos al final». Sollozando ante esa gracia, me dirigí al auto y me senté allí por unos minutos antes de marcharme.

Yo sanaré su apostasía,
los amaré generosamente,
pues mi ira se ha apartado de ellos.
Seré como rocío para Israel;
florecerá como lirio,
y extenderá sus raíces como los cedros del Líbano.
Brotarán sus renuevos,
y será su esplendor como el del olivo,
y su fragancia como la de los cedros del Líbano.
Los que moran a su sombra,
cultivarán de nuevo el trigo
y florecerán como la vid.
Su fama será como la del vino del Líbano.
(Oseas 14:4-7)

CARTA DEL TENIENTE TODD WEAVER A SU PEQUEÑA HIJA

(Murió en combate en septiembre de 2010)

Querida Kiley, dulzura mía:

Aunque quizá no me recuerdes, quiero que sepas lo mucho que tu papi te quiere. Salí para Afganistán cuando solo tenías nueve meses de nacida. Dejarte a ti es lo más duro que he hecho en la vida. Eres muy especial para mí, cariño. Eres un regalo de Dios. El mejor día de mi vida fue cuando naciste. Cada vez que te veía sonreír, el corazón se me derretía. Tú eres mi amorcito. Mi vida no estuvo completa hasta que naciste.

Me duele mucho que no voy a poder verte crecer. Aun así, recuerda que tu papi no se ha ido. Estaré en el cielo sonriéndote todos los días. Eres muy dichosa de tener una madre maravillosa que te cuida. Sé siempre buena con ella y ayúdala cada vez que puedas. No te olvides de orar por la noche y dar gracias por las muchas bendiciones. Nunca olvides lo importante y especial que eres para tanta gente. Te queremos mucho. Cuando crezcas y vayas a la escuela, trata de aprender lo más que puedas sobre el mundo en que vives. Siempre sé buena y atenta con los demás y verás que el mundo será bueno contigo. En cambio, cuando las cosas no sean como quisieras, no olvides nunca que Dios sabe lo que es mejor para ti y todo saldrá bien al final.

Tienes un futuro brillante y bello ante ti. Diviértete. Disfruta. Y recuerda que tu papi siempre estará orgulloso de ti y siempre te va a querer. Eres y siempre serás la dulzura mía.

Con muchísimo amor,

Tu papi

Tenemos que luchar con fuego contra el fuego. El fuego de la lujuria hay que combatirlo con el fuego de los placeres de Dios. Si intentamos luchar contra el fuego de la lujuria solo con prohibiciones y amenazas, aun con las terribles advertencias de Jesús, fracasaremos. Debemos combatirlo con la masiva promesa de una felicidad superior. Debemos hundir las pequeñas llamas de placer lujurioso en la conflagración de una santa satisfacción[2].

JOHN PIPER

Huyan de la inmoralidad sexual. Todos los demás pecados que una persona comete quedan fuera de su cuerpo; pero el que comete inmoralidades sexuales peca contra su propio cuerpo. ¿Acaso no saben que su cuerpo es templo del Espíritu Santo, quien está en ustedes y al que han recibido de parte de Dios? Ustedes no son sus propios dueños; fueron comprados por un precio. Por tanto, honren con su cuerpo a Dios.

1 CORINTIOS 6:18-20, NVI®

Pureza: El sexo casual no existe

La presión que se les pone a las jóvenes en nuestra cultura para que sean promiscuas no es menor que la que se les pone a los jóvenes. Desde todas las esquina de su mundo la expectativa está ahí. Después de cierta edad, el médico comienza a insistir que reciba la vacuna Gardasil. No aceptarla se considera una locura. Al fin y al cabo, todas las jóvenes un día van a ser activas sexualmente. La abstinencia se tiene como algo arcaico. La idea de la virginidad antes del matrimonio se tiene como una imposibilidad. La posibilidad de frenarse uno se considera impensable. La promiscuidad es inevitable. Los padres deben aceptarlo. Una joven tiene dos alternativas: sufrir con dignidad o tener relaciones sexuales.

Culturalmente, estamos inundados de sensualidad. El cine, los entretenimientos, las páginas impresas, las modas, la publicidad. No podemos evitarlo. La sensualidad vende. Y vende de todo. Aun los anuncios de desodorantes tienen tonos sensuales. ¿Es sensual disfrazar los olores del cuerpo? ¿Quién dice? Los vídeos musicales son cada vez más gráficos en su representación de la sensualidad. A las letras de la música popular les falta poco para ser pornográficas. Los programas de televisión están saturados de lo mismo. A menos que nos pongamos a ver programas antiguos, lo más probable es que la relación sexual forme parte del argumento. La relación sexual está por todas partes. Si vamos a tener pureza sexual en este mundo y reservarnos para el matrimonio, podemos esperar resistencia. Hace falta el valor que proporciona la convicción para mantenerse uno puro, lo que es contrario a un marco de referencia saturado de Cristo procedente de la Biblia. En varios lugares se nos advierte que debemos evitar las hebras inmorales que se insertan en los tejidos de nuestra cultura. Esto aparece con toda claridad en las cartas de Pablo, un hombre que lidió casi sin cesar con la reforma sexual en la iglesia donde ministraba.

> Actuemos con decencia, como en pleno día. No andemos en banquetes y borracheras, ni en inmoralidades y vicios, ni en discordias y envidias. Al contrario, revístanse ustedes del Señor Jesucristo, y no busquen satisfacer los malos deseos de la naturaleza humana. (Romanos 13:13-14, DHH)

> No adoren ustedes ídolos, como algunos de ellos lo hicieron, según dice la Escritura: «La gente se sentó a comer y beber, y luego se levantó a divertirse.» No nos entreguemos a la prostitución, como lo hicieron algunos de ellos, por lo que en un solo día murieron veintitrés mil. (1 Corintios 10:7-8, DHH)

> Anden en amor, así como también Cristo les amó y se dio a sí mismo por nosotros, ofrenda y sacrificio a Dios, como fragante aroma. Pero que la inmoralidad, y toda impureza o avaricia, ni siquiera se mencionen entre ustedes, como corresponde a los santos. (Efesios 5:2-3, NBLH)

Ustedes han muerto y su vida está escondida con Cristo en Dios. Cuando Cristo, que es la vida de ustedes, se manifieste, entonces también ustedes serán manifestados con él en gloria. Por tanto, hagan morir todo lo que es propio de la naturaleza terrenal: inmoralidad sexual, impureza, bajas pasiones, malos deseos y avaricia, la cual es idolatría.
(Colosenses 3:3-5, NVI®)

El propósito de esta prohibición no es sugerir que las relaciones sexuales en sí sean malas. Su intención más bien es que la forma en que el mundo las practica, desde los albores del tiempo, no es adecuada y se debe abandonar. El concepto que nuestra cultura tiene de la relación sexual carece de la libertad original para la que se diseñó. Se necesita un nuevo par de ojos para verla como algo puro y bueno. Los escritores bíblicos siempre están reenfocando la relación sexual y dirigiendo nuestra atención hacia el evangelio.

En los versículos citados vemos que las conductas sexuales desviadas y las distorsiones lujuriosas en sí no están prohibidas, pero las contrastan con algo mucho mayor. Hay mejores maneras de saber esto. El mensaje de la Biblia no es: «No menciones, ni disfrutes, ni participes con libertad en relaciones sexuales». Más bien dice: «La relación sexual solo puede entenderse, disfrutarse y participar en ella con libertad cuando se entiende su propósito original». Solo la cruz puede acercarnos a eso.

En los pasajes de Romanos (y también de 1 Corintios 10), la inmoralidad sexual se equipara con la idolatría. Un ídolo es cualquier cosa a la que le entregamos el corazón y la vida aparte de Dios. La idolatría fue nuestro error original. Somos idólatras de los peores. Los seres humanos estamos tan mal que no podemos tomar algo bueno y decente y elevarlo al estatus de Dios. El sexo, por ejemplo. Somos una raza sexualmente idólatra. En la misma epístola, Pablo describe la inmoralidad sexual en sus diferentes formas como consecuencias de la idolatría.

Profesando ser sabios, se volvieron necios, y cambiaron la gloria del Dios incorruptible por una imagen en forma de hombre corruptible, de aves, de cuadrúpedos y de reptiles. Por consiguiente, Dios los entregó a la impureza en la lujuria de sus corazones, de modo que deshonraron entre sí sus propios cuerpos; porque cambiaron la verdad de Dios por la mentira, y adoraron y sirvieron a la criatura en lugar del Creador, quien es bendito por los siglos. Amén. (Romanos 1:22-25)

El evangelio de la gracia, que Pablo describe en todo Romanos, es lo que nos liberta de la idolatría.

En el pasaje de Efesios, la «inmoralidad», la «impureza» y la «codicia» (que proceden de la misma raíz) se contrastan con el amor sacrificial de la cruz. Antes de que Pablo confrontara el pecado sexual, exhorta a que haya un cambio de perspectiva. Eso resulta de tomar el amor de Dios que hallamos en la muerte sustitutiva de Cristo. Solo el amor divino puede darle sentido a la relación sexual. Solo la cruz puede arrebatarnos el egoísmo que suele contaminar nuestra comprensión de la intimidad física.

En el pasaje de Colosenses, el ser conscientes de las doctrinas de la unión con Cristo, la justificación y la glorificación se ofrecen como el antídoto de la inmoralidad. Solo la confianza en la justificación y la esperanza de una futura glorificación puede hacer «morir todo lo que es propio de la naturaleza terrenal: inmoralidad sexual, impureza, bajas pasiones, malos deseos y avaricia, la cual es idolatría» (Colosenses 3:5, NVI®).

EL CONSTANTE DESENGAÑO

Con mensajes directos o indirectos, a las chicas las han llevado a creer siempre que el pináculo de la autoestima es que las deseen los hombres. Con mensajes directos o indirectos, los hombres se han acostumbrado a mirar siempre a las mujeres de manera sexual. La combinación es trágica. Casi siempre, se disminuye a las mujeres en nuestra imaginación. Son objetos de deseo sexual. No es en sus almas, ni en sus mentes, ni en su intelecto en lo que nos concentramos. Son poco menos que humanas. Si no consideran atractiva a una mujer, no la consideran para nada.

Somos una cultura sexualmente desviada. Mira a tu alrededor por un momento. Los resultados de nuestra preocupación con el sexo no es difícil de notar. Hay algo perverso acechando a la sombra de nuestro relajado concepto del sexo. Es algo sórdido.

La industria de la pornografía, que en la práctica está poco regulada, recibe más de cien mil millones de dólares a nivel internacional. Aunque lo intentamos, es difícil obviar sus catastróficos efectos. Se degrada a las mujeres. Los hombres sufren de adicción a la pornografía toda una vida. Las esposas se ven sujetas a las expectativas sexuales irrealistas de sus esposos, cuyas mentes están llenas de incontables imágenes. Un sinnúmero de matrimonios se destruyen. Todo como resultado de nuestra idolátrica obsesión con la relación sexual.

La adicción a la pornografía es epidémica. El poder de la pornografía no hace acepción de personas:

> La adicción sexual trasciende a todos los grupos étnicos, raciales y a todo nivel social. La idea de que el desviado sexual es un hombrecillo asqueroso que sale arrastrándose de lugares inmundos se ha desvanecido en años recientes. Cada vez se van descubriendo personalidades más «respetables» en situaciones comprometedoras[3].

El tráfico sexual ya es epidémico en los Estados Unidos de América. Cuando oímos de la industria de la prostitución, lo típico es que demos por sentado que solo existe en el tercer mundo. No obstante, todos los días en todas las ciudades de nuestro país tiene lugar la explotación de jóvenes.

Según el Centro Nacional de Niños Perdidos y Explotados, de cien mil a doscientos noventa y tres mil niños están en peligro de convertirse en mercancías sexuales. La Sección de Explotación de Niños y Obscenidades del Departamento de Justicia de los Estados Unidos informa que doce años es la edad promedio de inicio en la pornografía y la prostitución en los Estados Unidos. Según *Shared Hope*, una de cada cinco imágenes pornográficas es de un niño. Las estadísticas son sobrecogedoras. Sin embargo, no se puede pasar por alto la realidad. Todo este quebrantamiento de la moral se ve propagado por la forma lúdica en que tomamos el asunto en la superficie. Hay consecuencias.

En casi todos los casos y con casi todas las presentaciones de la relación sexual en nuestra cultura hay un mensaje básico: *el sexo es casual*. Siempre que uno se proteja contra enfermedades que se transmiten en el acto sexual y este sea consensual en su naturaleza y la mujer no quede en estado (aunque el aborto es siempre una opción), no va a hacer daño. Según nuestra cultura, el acto sexual es una actividad recreativa.

Si vamos a creer lo que vemos en la televisión, una mujer puede sin problema levantarse de la cama después de una noche de pasión y seguir viviendo como si nada. Después de todo, es un deseo humano natural. Un placer básico. Nada más que eso. Con esta mentalidad, se ha hecho posible que seamos irresponsables por completo con una de las fuerzas más poderosas en la experiencia humana. Esta postura indiferente hacia el sexo es lo que ha resultado en la estadística que mencionamos.

Un enorme error

El sexo casual no existe. Es decir, las relaciones sexuales no son solo un acto de placer carnal sin consecuencias para el alma humana. Aquí es donde hemos cometido un enorme error en nuestro entendimiento del sexo. La cultura nos ha enseñado a verlo como un placer. En cambio, no es la verdad. El acto sexual es una profunda realidad espiritual. Según la Biblia, afecta el alma y a las personas en sus puntos más profundos. Es la mayor intimidad que un ser humano puede tener con otro ser humano. Así lo concibió Dios.

Tratar las relaciones sexuales como algo intrascendente nos daña en formas que son difíciles de reparar. Por eso es que las mujeres promiscuas sufren con problemas de autopercepción y confianza en sí mismas. Es también la razón por la que los jóvenes promiscuos se arruinan la vida llenándose la mente de imágenes sexuales pensando que el simple placer carnal satisfará sus almas. Como pastor que ha lidiado a menudo con ambos casos, te puedo decir que no existe el sexo casual ni esporádico.

Este es el mensaje exacto que Pablo les envió a los corintios: «No pueden tratar la relación sexual a la ligera». Su ambiente cultural no era muy diferente al nuestro. Estaba saturado de sensualidad, pero mucho peor, por increíble que parezca. Las relaciones sexuales eran parte de su antigua religión. Habían llevado consigo a la vida cristiana algunos de sus hábitos. Pablo les hizo frente a sus inmoralidades y ellos estaban justificando su actitud libertina ante el sexo sugiriendo que este no era más que un deseo instintivo del cuerpo sin implicaciones espirituales, como el deseo de comer. Al igual que comer no era un asunto espiritual, tener relaciones sexuales no lo era tampoco. Era un impulso humano que no afectaba al alma. Por tanto, razonaban, podían acostarse con cualquiera y cuando lo desearan. Eso no estaba muy lejos de lo que piensa la cultura de hoy en día.

He aquí la respuesta de Pablo a este razonamiento:

> Todo me está permitido, pero no todo me conviene. Todo me está permitido, pero no permitiré que nada me domine. Los alimentos son para el estómago, y el estómago es para los alimentos, pero Dios destruirá tanto al uno como a los otros. Y el cuerpo no es para la inmoralidad sexual, sino para el Señor, y el Señor es para el cuerpo. Y así como Dios levantó al Señor, también nos levantará a nosotros con su poder.

¿Acaso no saben ustedes que sus cuerpos son miembros de Cristo? ¿Voy entonces a tomar los miembros de Cristo para hacerlos miembros de una prostituta? ¡De ninguna manera! *¿Acaso no saben que el que se une con una prostituta se hace un solo cuerpo con ella? La Escritura dice: «Los dos serán un solo ser». Pero el que se une al Señor, es un espíritu con él. Huyan de la inmoralidad sexual. Cualquier otro pecado que el hombre cometa, ocurre fuera del cuerpo; pero el que comete inmoralidad sexual peca contra su propio cuerpo.* ¿Acaso ignoran que el cuerpo de ustedes es templo del Espíritu Santo, que está en ustedes, y que recibieron de parte de Dios, y que ustedes no son dueños de sí mismos? Porque ustedes han sido comprados; el precio de ustedes ya ha sido pagado. Por lo tanto, den gloria a Dios en su cuerpo y en su espíritu, los cuales son de Dios. (1 Corintios 6:12-20, RVC)

En otras palabras, la relación sexual no es cualquier cosa. No es un instinto básico como el hambre. Aunque es un deseo natural que nos puso Dios, no es como los demás impulsos que el humano tiene a nivel natural. Hay en esto una dimensión espiritual que no se puede comparar con ninguna otra experiencia. Es tan especial que abusar de ella es pecado contra uno mismo. Dicho de otra forma, tomar la relación sexual a la ligera daña el alma. Tiene un algo que deja vacía a las personas. Mientras más a la ligera la tomemos, más vacíos nos sentimos.

Esto se debe a que la relación sexual se hizo para crear una singular y personal conexión con otro ser humano. La relación sexual es parte de los medios por los que un hombre y una mujer se vuelven uno. Sin la entrega de la persona dentro de un marco matrimonial, una persona confundirá el placer sexual (o el proporcionárselo a otra persona) con el amor. El resultado es desorden en el alma de la persona. Precisamente por esto, la persona que es promiscua en su adolescencia a menudo no le halla sentido al acto sexual dentro del matrimonio.

Por eso, Adán y Eva sintieron vergüenza en el Edén. Por eso, su primer impulso fue cubrirse y esconder su sexualidad. Su idolatría se la había corrompido. Como ahora su vida estaba orientada hacia la criatura y no a su Creador, su relación sexual estaba orientada hacia su placer y no hacia la gloria de Dios en el planeta.

Entonces fueron abiertos los ojos de ambos, y conocieron que estaban desnudos; y cosieron hojas de higuera y se hicieron delantales. Y oyeron al Señor Dios que se paseaba en el huerto al fresco del día; y el hombre y su mujer se escondieron de la presencia del Señor Dios entre los árboles del huerto. Y el Señor Dios llamó al hombre, y le dijo: ¿Dónde estás? Y él respondió: Te oí en el huerto, y tuve miedo porque estaba desnudo, y me escondí. (Génesis 3:7-10)

La relación sexual es adoración

Nos cuesta trabajo pensar en estos términos, pero la relación sexual es un acto de adoración ante Dios. Con sinceridad lo digo, poner los dos términos (*relación sexual* y *adoración*) en la misma oración puede parecerles sacrílego a muchos. Sin embargo, la relación sexual es adoración. No digo esto en ningún sentido pagano, sino en un sentido esencial.

Dios concibió la intimidad entre un hombre y una mujer para gloria suya. Si lo pudiéramos entender de esta manera, nos libraríamos de un montón de confusiones y dolor. Evitaríamos por un lado la idolatría pagana, que ve la experiencia sexual como un simple acto de placer egoísta de un individuo a expensas de otro, y el ascetismo religioso en el otro, que en lo fundamental solo ve el acto sexual como un mecanismo que tiene el propósito de procrear. En cada uno de esos casos (el inmoral y el puritano), se le roba a la relación sexual las dimensiones espirituales que Dios puso en nosotros. En el primer caso, lo reduce a un acto de base. En el siguiente es una lamentable obligación. Sin embargo, cuando nos ajustamos al propósito de Dios en cuanto a la relación sexual, no es ni inmoral ni mecánica. Es adoración.

Al hombre y a la mujer los crearon y los situaron en la tierra para la gloria de Dios. Ese es nuestro fin principal. La vida en sí debe ser un acto de adoración a Dios. Al gobernar la creación y ser vicerregente, la humanidad refleja el soberano dominio de Dios sobre todas las cosas y lo glorifica a Él en el proceso.

Dios los bendijo y les dijo: «Sean fecundos y multiplíquense. Llenen la tierra y sométanla. Ejerzan dominio sobre los peces del mar, sobre las aves del cielo y sobre todo ser viviente que se mueve sobre la tierra.» También les dijo Dios: «Miren, Yo les he dado a ustedes toda planta que da semilla que hay en la superficie de toda la tierra, y todo árbol que tiene fruto que da semilla; esto les servirá de alimento. Y a todo animal de la tierra, a toda ave de los cielos y a todo lo que se mueve sobre la tierra, y que tiene vida, les he dado toda planta verde para alimento.» Y así fue. Dios vio todo lo que había hecho; y era bueno en gran manera. Y fue la tarde y fue la mañana: el sexto día. (Génesis 1:28-31, NBLH)

Dios creó a la mujer para completar una parte del hombre que le faltaba. Lo mismo es cierto en cuanto a cómo un hombre encaja en la vida de una mujer.

Adán puso nombre a todos los animales y a las aves de los cielos, y a todo el ganado del campo, pero para Adán no se halló una ayuda a su medida. Entonces Dios el Señor hizo que Adán cayera en un sueño profundo y, mientras éste dormía, le sacó una de sus costillas, y luego cerró esa parte de su cuerpo. Con la costilla que sacó del hombre, Dios el Señor hizo una mujer, y se la llevó al hombre. Entonces Adán dijo: «Ésta es ahora carne de mi carne y hueso de mis huesos; será llamada "mujer", porque fue sacada del hombre.» Por eso el hombre dejará a su padre y a su madre, y se unirá a su mujer, y serán un solo ser. Y aunque Adán y su mujer andaban desnudos, no se avergonzaban de andar así. (Génesis 2:20-25, RVC)

Un hombre y una mujer unidos en matrimonio están conectados de una manera singular. Como lo describe la Biblia, la fusión en el acto sexual resulta en «una sola carne». Por lo tanto, la relación sexual es parte central de la unión entre un hombre y una mujer, y fundamental en su responsabilidad de glorificar a Dios. La orden de crecer y multiplicare que recibieron «en el principio» tenía el propósito de esparcir la gloria de Dios por todo el globo, y la tierra se convertiría en un cósmico santuario dedicado a la adoración de Dios.

LOS EFECTOS TRÁGICOS DE NUESTRA IDOLATRÍA

Lo lamentable es que el hombre pecó y alteró el orden original de las cosas. Escogió adorarse a sí mismo en vez de al Creador y, al hacerlo, derribó sobre sí mismo las paredes del santuario. La vida entera se distorsionó. Esto incluyó la comprensión de la humanidad de las relaciones sexuales. Por eso Adán y Eva se escondieron uno del otro avergonzados. Estaban «desnudos y avergonzados». Le despojaron a la relación sexual su propósito original... el de glorificar a Dios. Pasó a ser un medio de tener placer. Cuando la criatura se convirtió en el centro de su universo, las partes esenciales de su naturaleza, como la relación sexual, se inclinaron hacia una peligrosa dirección. Dejó de ser un inocente acto que resultaba en la gloria de Dios. Se convirtió en un acto corrupto que resultó en la exaltación de los deseos individuales. No obstante, a pesar de nuestra corrupción, la realidad en cuanto a la relación sexual se mantiene fiel a la naturaleza humana. Es un acto profundamente espiritual que de origen fue un acto desinteresado de inocencia ante un Dios santo. Desde entonces, seguimos «desnudos y avergonzados». La relación sexual es una complicada realidad de los seres humanos. Hemos estado confundidos desde un principio. Esto no es menos cierto entre los cristianos. Arroja las hormonas de los adolescentes, junto con la negligencia de la iglesia y encontrarás una receta para el desastre. Para ser realistas, el mensaje de la iglesia en cuanto al sexo no ayuda más que la del mundo. La iglesia más bien ha añadido a la confusión con su timidez. A pesar de que tiene todas las respuestas, es demasiado tímida para presentar cualquier convicción fuerte sobre el asunto. Tendemos a alejarnos por completo.

Por lo general, la mayoría de las iglesias no tiene una estrategia para ayudar a educar a sus jovencitas en estas cuestiones, ni para ayudar a las madres a orientar a sus hijas. ¿Qué escuchan las madres cristianas en la iglesia acerca del sexo? El sexo es malo y nunca debe mencionarse entre personas decentes.

En términos básicos, la respuesta de la iglesia es todo lo opuesto a la del mundo. Aun así, no es menos dañina. El mundo habla tanto del tema que lo devalúa a un nivel de instinto primordial. Es satisfacción, dominio, placer físico. Ven a las mujeres como un equipo para recrearse.

Por otro lado, la iglesia evita tanto el tema que la relación sexual se convierte en tabú. Condicionan a las mujeres para que se avergüencen de lo que Dios quiso que sintieran. Como resultado, entran al bachillerato y a la universidad entre dos extremos: abierta promiscuidad y secretas luchas con la lujuria. Es confuso en gran medida.

Una vez atendí a una pareja de recién casados que confesaron que se sentían culpables por haber tenido relaciones sexuales un domingo. Estoy hablando en serio. Me costó mucho no soltar una carcajada. En cambio, a la larga, pude despejar esa superstición. Este tipo de sinsentido habla del mensaje que está dando la iglesia en cuanto a la relación sexual.

Un autor describe lo que se saca del «evangelicalismo» en cuanto al tema como «Las personas morales son menos sexuales». Sin embargo, no es malo tener relaciones sexuales. Ni siquiera los domingos. Después de todo, Dios la creó. No debemos avergonzarnos de las relaciones sexuales. Otra vez, ni siquiera los domingos.

LAS PERSONAS MORALES DISFRUTAN DE LA RELACIÓN SEXUAL

El deseo sexual no es inmoral. Creámoslo o no, hasta las personas morales disfrutan la relación sexual. El deseo es una parte normal del diseño divino del hombre y de la mujer dentro del matrimonio. Dios ordenó que los esposos y las esposas tuvieran relaciones sexuales cuando les mandó a procrear. Y lo que es más, Dios lo diseñó de manera que fuera singularmente placentero. Y fue una expresión de su gracia, puesto que Él no necesitaba hacerlo así. Esto quizá sea difícil de comprender, sobre todo para los fundamentalistas, pero el gozo de la relación sexual es parte de las bendiciones de Dios.

Cuando las jóvenes de las iglesias llegan al matrimonio, ya las han condicionado para que vean las relaciones sexuales como una obligación. La relación sexual, les enseñan, es más importante para el esposo. Los hombres desean mucho más el estímulo físico que hallan en la misma. Para la esposa, la relación sexual se vuelve algo así como una inconveniencia secundaria y hasta causa de miedo y aprehensión. Llegan a la conclusión de que los hombres son criaturas *menos* emotivas y más dadas a lo físico. Así que la esposa cumple a regañadientes con su deber.

El daño que hace este concepto es inmenso. Por un lado, hace que las esposas se vayan amargando porque se sienten como si solo fueran un trozo de carne. El resultado es que la esposa le niega el placer sexual al marido, o participa en el acto con frialdad. El esposo entonces evita tener conversaciones significativas con su esposa y se retira al «garaje de su mente». Lo cual termina verificando la sospecha inicial de la esposa. Y el caso da vueltas y más vueltas. Cuando el ciclo concluye, la pareja termina convirtiéndose en una profecía que se cumple por sí misma y va a parar frente a un consejero que se encarga de construir la confusión durante la hora del almuerzo del esposo.

La perspectiva bíblica nos libra de los extremos del mundo y de la iglesia. Dios quiso que la relación sexual fuera un acto bien espiritual (nada egoísta) y no autoindulgente. La cultura no acaba de captar eso, y la iglesia rara vez lo capta bien. En una forma de veras cristiana, el placer sexual que se disfruta resulta del simultáneo servicio que se brindan esposo y esposa en un mismo acto de intimidad. Solo una unión centrada en Cristo puede saber eso. El apóstol lo expresó de esta manera:

> La mujer no tiene autoridad sobre su propio cuerpo, sino el marido. Y asimismo el marido no tiene autoridad sobre su propio cuerpo, sino la mujer. No se priven el uno del otro, excepto de común acuerdo y por cierto tiempo, para dedicarse a la oración. Vuelvan después a juntarse, a fin de que Satanás no los tiente por causa de falta de dominio propio.
> (1 Corintios 7:4-5, NBLH)

Demasiadas parejas van al matrimonio con el atractivo físico como la base *principal* y la motivación del mismo. Por supuesto, esto no quiere decir que debamos buscar la persona más fea que aparezca para casarnos, pero en las relaciones debe haber más que atracción física. Mientras que la relación sexual es importante y no se debe marginar por pudor, no es el poder duradero de los matrimonios sólidos. Pensarlo es ingenuo.

La belleza física no perdura. Si amas a tu esposo por su apariencia, tu amor es condicional. Si tu esposo conversa contigo solo porque esa conversación puede llevarlos a hacer el amor, su amor es condicional. ¿Qué será de tu amor cuando desaparezca la belleza? ¿Qué sucederá cuando la emoción sexual de la juventud se desgaste con el tiempo y la edad? El tiempo nos roba la belleza y nos deja con las crudas realidades de la vida.

El placer sexual como motivación en el matrimonio solo es egoísmo. Las necesidades físicas de uno es la meta principal de la unión conyugal. Esta perspectiva no toma en consideración el mayor concepto del matrimonio que enseña la Biblia.

Lo que de veras necesitan saber las hijas es que las relaciones sexuales satisfactorias, tal como Dios siempre ha querido que sean, son el *resultado* de una relación sacrificial construida sobre el principio del amor incondicional. Las «buenas» relaciones sexuales no *conducen* a matrimonios sólidos. Dejar las realidades espirituales fuera de las relaciones sexuales solo conduce a la decepción, la confusión y el egoísmo. Las esposas sentirán que las utilizan si no están presentes el dedicado amor y la sensibilidad del esposo. Los esposos que se ven obligados a mendigar y suplicar intimidad llegarán a enojarse. La cruz tiene que ocupar un lugar céntrico para evitar esos resultados.

Las relaciones sexuales no pueden proporcionar el tipo de satisfacción que de todos modos imaginamos. Solo el amor sacrificial puede hacerlo. Por supuesto que las relaciones sexuales son parte de eso, pero no son el todo. Cuando el matrimonio se alimenta de una percepción de la gracia de Dios hacia los pecadores, surge una abnegación que libera a los individuos para que disfruten de la relación sexual como Dios siempre quiso que fuera.

CARTA DE ADONIRAM JUDSON A SU FUTURO SUEGRO

(Al Sr. Hasseltine, padre de Ann Hasseltine)

Ahora tengo que preguntarle si puede dar su consentimiento para que parta con su hija a principios de la próxima primavera, para no verla más en este mundo; si puede dar su consentimiento para que parta hacia tierra pagana y esté sujeta a las dificultades y los sufrimientos de una vida misionera; si puede consentir en que se exponga a los peligros del mar; a la fatal influencia del clima del sur de la India; a todo tipo de carencia y dificultades; a degradación, insultos, persecución y quizá a una muerte violenta.

¿Puede dar su consentimiento por la causa de quien abandonó su hogar celestial y murió por ella y por usted; por la causa de las almas inmortales que están pereciendo; por la causa de Sión y la gloria de Dios? ¿Puede dar su consentimiento a todo esto en la esperanza de encontrarse pronto con su hija en el mundo de la gloria, con una corona de justicia iluminada por aclamaciones de alabanzas dirigidas a su Salvador por los paganos que se salvarán, por medio de su hija, de eternos ayes y desesperación?

Sé que a menudo desean saber con certeza si todavía apruebo el primer paso que di, y que si tuviera de nuevo que decidir, con mi actual conocimiento y mis puntos de vista sobre el tema, si tomaría la misma decisión. Pues bien, con toda franqueza, reconozco que debería hacer lo mismo, con esta excepción: que comenzaría esa tal vida con mucho más temor y temblor en cuanto a mi incapacidad, y casi debiera reconsiderar si uno tan vil, tan poco capacitado, debe ocupar una posición de tanta utilidad.

Ann Judson, en su lecho de muerte

Haya en ustedes el mismo sentir que hubo en Cristo Jesús, quien, siendo en forma de Dios, no estimó el ser igual a Dios como cosa a que aferrarse, sino que se despojó a sí mismo y tomó forma de siervo, y se hizo semejante a los hombres; y estando en la condición de hombre, se humilló a sí mismo y se hizo obediente hasta la muerte, y muerte de cruz.

Filipenses 2:5-8, rvc

La femineidad bíblica: Es más absurda de lo que crees

Rachel Held Evans escribió un libro titulado *A Year of Biblical Womandhood* [Un año de femineidad bíblica] que se publicó en octubre de 2012. Desde entonces (y mientras sus investigaciones se publicaban en tiempo real en su blog), su libro causó bastante controversia. No es necesario decirlo, pero el moderno debate sobre el papel de las mujeres en la iglesia es un asunto candente. En referencia al tema, Rachel Held Evans adoptó una posición ambigua en el debate. Al hacerlo, sacudió no pocas plumas.

A Year of Biblical Womandhood complementa un libro que escribió A.J. Jacobs, *A Year of Living Biblically* [Un año de vivir bíblicamente]. En su obra, Jacobs documenta un año de su vida mientras intentaba vivir conforme a los diferentes mandamientos que regulaban la vida de un santo en tiempos del Antiguo Testamento. Es en parte sátira y en parte información. Evans hizo lo mismo en *A Year of Biblical Womandhood* tomando los mandamientos dirigidos en particular a las mujeres. Sometió su vida a los códigos mosaicos para las mujeres en la mayor parte del año y terminó haciendo todo tipo de cosas extrañas como sentarse en el techo durante un día entero y dormir en una tienda de campaña durante su ciclo menstrual. Lo hacía para tratar de señalar lo absurdo de la femineidad bíblica. Como lo explica la publicidad de los editores:

> Intrigados por resurgencia tradicionalista que condujo a muchas de sus amigas a abandonar sus profesiones para dedicarse a los papeles tradicionales de su sexo en el hogar, Evans decidió probar ella misma y se propuso seguir todas las instrucciones bíblicas para las mujeres lo más literalmente posible durante un año.

El libro de Evans molestó mucho a los evangélicos conservadores, sobre todo porque su propósito principal era demostrar que un concepto evangélico conservador era más el resultado de una perspectiva cultural condicionada que una perspectiva bíblica. Pocas veces la gente acepta en seguida la idea de que su forma de vivir la vida cristiana de siempre está mal encaminada. Sugerir que el concepto evangélico conservador de la femineidad es erróneo, que es el resultado de un mal entendimiento de la Biblia y que suele terminar en el doloroso sometimiento del género femenino, es una píldora muy difícil de tragar. Muchos se han atragantado.

En realidad, Evans está jugando con la semántica a fin de expresar su punto de vista. Lo que en su libro llama *femineidad bíblica* es una estricta observancia de los códigos civiles y ceremoniales contenidos en el Pacto Mosaico. La idea es que si dices *bíblica* y se aplica a la femineidad, hay que incluir las regulaciones que se aplicaban a las mujeres que vivían bajo el antiguo pacto que ratificó Moisés en el monte Sinaí, descritas en Éxodo, y que se explican con más detalles en Levítico, Números y Deuteronomio.

A todas luces, ella se mofa de los evangélicos y su aplicación literal de la Biblia. La relación de los conservadores con sus Biblias es subyacente en el libro y en el centro de su argumento.

Según ella, tomar la Biblia literalmente, en lo que se refiere a las mujeres, resultaría en una misoginia tiránica y una brutal subyugación de las mujeres.

Por supuesto, hay que señalar que una interpretación «literal» no es lo mismo que una interpretación del «literalismo», donde cada palabra, en sentido figurado o no, se toma en sentido literal. Este tipo de interpretación no deja campo para la analogía ni para las figuras retóricas porque estas son aspectos literales del lenguaje, lo mismo escrito que hablado. Si alguien dice: «Está lloviendo a cántaros», no nos ponemos en seguida a ver cómo cae la lluvia de los cántaros. Todos saben que quiere decir que está lloviendo duro.

Una interpretación literal tiene en cuenta el contexto histórico. Esto quiere decir que entendemos que la Ley de Moisés, que fue la constitución oficial de la nación israelita, no se aplica a los creyentes del Nuevo Testamento. Uno llega a entender la distinción entre la Ley y la gracia leyendo la Biblia en forma literal. La Ley (los Diez Mandamientos y lo demás) no es cristianismo. La Ley es las malas nuevas, lo que no podemos hacer. El cristianismo es las Buenas Nuevas, lo que Cristo hizo por nosotros. La Biblia aclara *literalmente* esto.

> El pecado ya no tendrá poder sobre ustedes, pues ya no están bajo la ley sino bajo la gracia. ¿Entonces, qué? ¿Pecaremos porque no estamos bajo la ley sino bajo la gracia? ¡De ninguna manera!
> (Romanos 6:14-15, RVC)

> Así mismo, hermanos míos, ustedes murieron a la ley mediante el cuerpo crucificado de Cristo, a fin de pertenecer al que fue levantado de entre los muertos. De este modo daremos fruto para Dios. Porque cuando nuestra naturaleza pecaminosa aún nos dominaba, las malas pasiones que la ley nos despertaba actuaban en los miembros de nuestro cuerpo, y

> dábamos fruto para muerte. Pero ahora, al morir a lo que nos tenía subyugados, hemos quedado libres de la ley, a fin de servir a Dios con el nuevo poder que nos da el Espíritu, y no por medio del antiguo mandamiento escrito. (Romanos 7:4-6, NVI®)

> La Escritura, habiendo previsto que Dios justificaría por la fe a las naciones, anunció de antemano el evangelio a Abraham: «Por medio de ti serán bendecidas todas las naciones.» Así que los que viven por la fe son bendecidos junto con Abraham, el hombre de fe. Todos los que viven por las obras que demanda la ley están bajo maldición, porque está escrito: «Maldito sea quien no practique fielmente todo lo que está escrito en el libro de la ley.» Ahora bien, es evidente que por la ley nadie es justificado delante de Dios, porque «el justo vivirá por la fe». (Gálatas 3:8-11, NVI®)

Cuando venimos a ver, todas las extrañas obligaciones que Evans se echó encima durante todo un año eran innecesarias por completo. Las mujeres no se miden por su actuación bajo la Ley, sino por la justicia de Cristo, quien cumplió a cabalidad con la Ley a favor de nosotros. No acudimos a la Ley, sino a Cristo. Cristo cumplió la Ley, que es justo lo que dijo que vino a hacer.

> No piensen que he venido para poner fin a la Ley o a los Profetas; no he venido para poner fin, sino para cumplir. Porque en verdad les digo que hasta que pasen el cielo y la tierra, no se perderá ni la letra más pequeña ni una tilde de la Ley hasta que toda se cumpla. (Mateo 5:17-18, NBLH)

Pienso (Robin) que Evans sabe que los evangélicos que hacen referencia a la femineidad bíblica no están alentando la reinstauración del código levítico, pero no le da su lugar aquí. Los que argumentan a favor de la femineidad bíblica lo hacen a favor de la femineidad cristiana. Si ella quería alterar la terminología, debía haberlo dicho. No estamos sugiriendo que debemos estar bajo la ley levítica, sino bajo Cristo. Evans se aprovecha de nuestro vocabulario al respecto y trata de arrinconarnos. En cambio, no es de veras un rincón. Es más bien una salida.

En lo fundamental, según Evans, una «femineidad bíblica» literal es insostenible. En sus propias palabras:

> A pesar de lo que algunos afirman, la Biblia no es el mejor lugar para hallar los valores familiares tradicionales según se entienden hoy. El texto es anterior a la estructura occidental del núcleo familiar, y nos presenta una cultura familiar más parecida a la de países del tercer mundo (o a las de programas de telerrealidad del canal TLC) que a la de Ward y June Cleaver. En el antiguo Israel, la «femineidad bíblica» variaba de mujer a mujer, según su estatus[4].

Evans hace una observación válida. Es cierto que los evangélicos han insertado bastante de nuestro americanismo en nuestro cristianismo. Debía ser al contrario. A la gente de las iglesias le es difícil separar la realidad de la tradición. Aun así, el argumento de Evans va más allá de esto. La sugerencia implícita es que la femineidad bíblica es un imposible. Nadie lo logra. Ni siquiera los que dicen que lo logran. Es decir, si vas a ser literal y regresas al Antiguo Testamento y aplicas todas las leyes y costumbres. (Es evidente que Evans parece estar confundida en cuanto a la distinción entre el Pacto Mosaico y el Nuevo Pacto. No obstante, vamos a concederle un punto para seguir discutiendo).

Según Evans, la femineidad bíblica, en su forma más literal, termina siendo un tipo de carga absurda. Aquí la ironía es obvia. Los evangélicos, que toman con tanta seriedad el ser bíblicos, nunca se someterían a un punto de vista literal de la femineidad. Se ve claro que la intención de Evans es desmantelar el concepto tradicional de la femineidad bíblica exponiendo la poca probabilidad de una genuina aplicación. Estas son sus propias palabras:

> Ahora bien, los evangélicos tenemos la mala costumbre de lanzar la palabra bíblica como si fuera el segundo nombre de Martín Lutero. Sobre todo nos gusta pegarla frente a otras palabras importantes como economía, política y matrimonio para dar la impresión de que Dios tiene opiniones definitivas sobre tales cosas, opiniones que casualmente concuerdan con las nuestras. A pesar de que con insistencia afirmamos que no «escogemos» las partes de la Biblia que tomamos en serio, utilizar la palabra bíblica de forma prescriptiva casi siempre implica selectividad.
>
> Después de todo, técnicamente hablando, es bíblico que un padre venda a su hija (Éxodo 21:7), es bíblico que la obligue a casarse con el que la violó (Deuteronomio 22:28-29), es bíblico que debe permanecer callada en la iglesia (1 Corintios 14:34-35), es bíblico que se cubra la cabeza (1 Corintios 11:6), y es bíblico que sea una de las varias esposas de un hombre (Éxodo 21:10)[5].

DE CONJETURA A INEVITABLE CONCLUSIÓN

Evans comentó en un blog la discusión que estaba teniendo con su editor. Fue sobre la palabra *vagina*. Esto sucede de vez en cuando. No se trata de un debate sobre la palabra *vagina*, sino que los autores y los editores discuten en cuanto a palabras y frases. Es parte del daca y toma en la publicación de un libro. Por fin, el editor no permitió que se usara el término. A pesar de sus protestas por cuestión de principios, Evans cedió. Todos los autores ceden. Es decir, los autores de libros publicados. Mi esposo y yo no somos la excepción. Hemos cedido aquí y allá.

No obstante, Evans les manifestó su malestar a través de la blogosfera. En su opinión, la restricción era mojigata y corta de vista. Para ella, esa decisión representaba una gran incoherencia en el mundo de las publicaciones cristianas. A fin de mantener un «estándar cristiano» en las publicaciones, el uso de un término anatómico legítimo debía evitarse para no ofender a nadie. Con todo y eso, la misma editorial daría media vuelta y publicaría sin vacilar argumentos extraños que no tienen nada de cristianos.

Estoy de acuerdo con ella. Esa falta de coherencia molesta. Aun así, es irónico que el libro de Evans sea un perfecto ejemplo de lo que le molesta a ella. El libro se basa en una más bien obvia y enojosa generalización que impide cualquier discusión legítima sobre el tema. Su virulencia feminista se convirtió en un irónico ataque contra los evangélicos tradicionales.

Es más, el libro entero se apoya en un colosal y falso dilema: Si creemos en la femineidad bíblica, estamos rebajando a las mujeres y estamos desfasados por completo. El concepto de la femineidad bíblica en ese libro es cautivo de los estereotipos extremos de Evans. El proyecto en sí tiene el propósito de burlarse de los conceptos tradicionales sobre la femineidad en el evangelicalismo. No es que *algunos* conceptos de la femineidad estén equivocados. Es que *cualquier* concepto de la femineidad está equivocado. Lo aclara bien.

Los que procuran glorificar la femineidad bíblica han olvidado las historias tenebrosas. Han olvidado que la concubina de Belén, la princesa violada en la casa de David, las hijas de Jefté y las incontables mujeres que, entre las líneas de las Escrituras, vivieron y murieron explotadas, descuidadas, maltratadas y pisoteadas a manos del patriarcado son tan parte de la narrativa bíblica como Débora, Ester, Rebeca y Rut. Quizá no tengamos una ceremonia en las que pudiéramos llorarlas, pero es responsabilidad nuestra como mujeres de fe que guardemos las historias tenebrosas para nuestras hijas, y que cuando sean grandes, tomemos sus rostros entre nuestras manos y hagamos que nos prometan recordarlas[6].

Así fluye la lógica de Evans. La femineidad bíblica es una irreflexiva y fundamentalista tiranía eclesiástica que rebaja a la mujer. Ninguna mujer que piensa debe someterse a eso. Su tono es elitista clásico. A decir verdad, la arrogancia de los estadounidenses al hablar de toda una cultura, rechazar a las generaciones pasadas y descalificar siglos de práctica basándose solo en opiniones contemporáneas nunca deja de sorprenderme.

A la velocidad de la luz, la autora pasa de una suposición a una conclusión anticipada. Presenta a un hombre de paja, lo etiqueta como femineidad bíblica y luego lo hace arder sin cesar. La única conclusión posible es la suya. Se parece muchísimo a la lógica de su pasado fundamentalismo que se ha propuesto rechazar.

Evans es una hábil comunicadora. La aplaudo por eso. ¿Divertida e irónica? Sí. ¿Razona muy bien? No. Al final, el libro solo atrae a los que ya son de su misma opinión. Es ad hóminem. No hay forma de que presente razonablemente la otra perspectiva. Según ella, no hay otra perspectiva. El libro es carne roja para los igualitarios.

Y es muy innecesario. Hay muchos argumentos mejores que otros han presentado para defender su posición. Ahora mismo dentro del círculo conservador y reformado hay una gran discusión sobre el papel de las mujeres. Como nuevas generaciones de mujeres más jóvenes se sienten compelidas a servir a Cristo y al evangelio, se ven forzadas a lidiar con lo que dice la Biblia sobre el asunto. Lo que es diferente es que esas mismas jóvenes que están tratando de expandir su impacto y su papel sienten una gran pasión por el evangelio y su sometimiento a la autoridad de la iglesia local. Parece que se ha comprendido que la pasión por el ministerio evangélico y la estructura que Dios ha establecido no están en conflicto.

El efecto del argumento de Evans en mi mente es parecido al humor crudo y de mal gusto que presentan en las películas que no tienen suficiente sustancia para captar la atención de la audiencia. A mi esposo siempre le dan risa. Trata que no sea así, pero no puede evitarlo. Yo volteó lo ojos. Es que en realidad no hay necesidad de poner sobre la mesa todos esos estereotipos. A fin de cuentas, Evans es una feminista, derecho tiene, que está quemando sus tradiciones para retener el respeto de sus compañeras feministas.

SE LE PRENDE FUEGO A UNA MUJER DE PAJA

De veras, esta mujer de paja a la que Evans le prende fuego en su libro es irreconocible para mí. Esa no ha sido mi experiencia como cristiana. Es más, escojo someterme a la autoridad y al liderazgo de mi esposo por amor a Cristo, no porque tema que me vayan a arrastrar a las afueras del pueblo y que me vayan a apedrear. Y, contrario a la implícita conexión entre el singular apoyo de su esposo y el rechazo de los modelos tradicionales, mi esposo respalda mucho mis dones y desea mis contribuciones.

Por ejemplo, soy una enfermera registrada. Todavía ejerzo mi profesión, si bien con un horario flexible y limitado. He decidido dedicarle la mayor parte de mi atención a mi esposo, a mis hijos y al ministerio de mi esposo. Sin embargo, fue él (que por cierto es pastor) quien me alentó a mantenerme al día con mi profesión de enfermera. Dice que, como me costó mucho obtener el título y me gusta mi profesión, debo sacar tiempo para trabajar como enfermera.

Mis ambiciones en esto no chocan con las normas de Dios referentes al matrimonio. Como mi corazón se regocija de veras en esto último, esto último recibe la debida prioridad. Aun así, la mía no es una situación excepcional. Esto es cierto en muchas familias con las que adoramos. No hay mucha diferencia entre la contribución de una mujer al matrimonio o a la iglesia y la estructura que Dios ordenó para los dos.

Por supuesto que hay locos en todos los campos, pero no definen todo el campo. Si vamos a pensar de esta manera (los participantes en un sistema de pensamiento han de ser universalmente coherentes), no formaremos parte de ningún grupo, ni de estadounidenses ni de feministas. Los esposos abusivos (de manera emotiva o física) no representan en lo absoluto la norma bíblica. La contradicen. Es curioso, pero la mayor parte del código levítico se escribió para crear justicia social y proteger a un ciudadano de otro ciudadano.

A los esposos abusadores y déspotas hay que enfrentarlos, y arrestarlos si es necesario. A través de los años, mi esposo y los ancianos de nuestra iglesia han intervenido en varios casos de esposos abusadores. Fueron cuestiones de sentido común, no de cristianismo.

Lo que estoy señalando es que mi experiencia ha sido lo opuesto a la de Evans. Ella parece estar enojada con sus raíces conservadoras. Sus otras obras parecen evidenciarlo. Es evidente que la moledora fundamentalista que sufrió cuando niña la afectó mucho. A pesar de eso, ¿quién no tiene recuerdos semejantes?

Me niego a que Evans y todos los que piensan como ella me encasillen en su malformado concepto de la femineidad bíblica. Ella ni siquiera se acerca a lo adecuado en su apreciación. Los ejemplos de abusos que presenta como casos de la vida real pueden haber sucedido, pero la verdad es que no son un cuadro de lo que es ser un cristiano verdadero. Solo la lleva de forma indirecta a una extraña y enojada caricatura de la femineidad bíblica.

LA SIMETRÍA BÍBLICA DE LA SUMISIÓN Y EL PODER

Varios pensamientos me vienen a la mente. No puedo dejar de pensar que las protestas de Evans terminan burlándose del mismo Dios. Solo indirectamente llega a su extraña y enojada caricatura de la femineidad bíblica. Es que no solo se avergüenza al «modelo bíblico», sino también a su fuente. Y esa fuente es

Dios. No obstante, independientemente de nuestros puntos de vista en cuanto a las leyes que Dios le entregó a su pueblo para su bien en el Pacto Mosaico, siguen siendo las leyes del Dios verdadero.

Más allá del hecho de que las opiniones de Evans revelan una enorme incomprensión de la continuidad y la discontinuidad entre los dos testamentos, es su atrevido rechazo de Dios lo que es tan impresionante. Está bien, ella piensa que la femineidad bíblica es estúpida y arcaica. Y durante un año se burló de manera pública e intencional de ella y de sus adeptos. Luego publicó sus opiniones y las propagó en la Internet, la televisión nacional y en conferencias que dictó. Se convirtió en abogada del igualitarismo y los derechos de las mujeres en la iglesia. Logró lo que se propuso. Entonces, ¿no se le ocurrió una falta de respeto al Dios de la Biblia que parecería todo eso? La evidente falta de reverencia es palpable.

Los santos del Antiguo Testamento tenían una opinión muy diferente del Dios que regulaba la vida diaria. A pesar de lo que esas regulaciones pudieran parecernos, tenían el código legal como liberador y no opresivo. Se deleitaban en sus requerimientos porque las escribió para su bien un Dios que guarda los pactos.

¡Cuánto amo yo tu ley!
   Todo el día medito en ella.
Tus mandamientos me hacen más sabio que mis enemigos
   porque me pertenecen para siempre.
Tengo más discernimiento que todos mis maestros
   porque medito en tus estatutos.
Tengo más entendimiento que los ancianos
   porque obedezco tus preceptos.
Aparto mis pies de toda mala senda
   para cumplir con tu palabra.
No me desvío de tus juicios
   porque tú mismo me instruyes.

> *¡Cuán dulces son a mi paladar tus palabras!*
> *¡Son más dulces que la miel a mi boca!*
> De tus preceptos adquiero entendimiento;
> por eso aborrezco toda senda de mentira.
> Tu palabra es una lámpara a mis pies;
> es una luz en mi sendero.
> Hice un juramento, y lo he confirmado:
> que acataré tus rectos juicios.
> SEÑOR, es mucho lo que he sufrido;
> dame vida conforme a tu palabra.
> *SEÑOR, acepta la ofrenda que brota de mis labios;*
> *enséñame tus juicios.*
> Mi vida pende de un hilo,
> pero no me olvido de tu ley.
> Los impíos me han tendido una trampa,
> pero no me aparto de tus preceptos.
> *Tus estatutos son mi herencia permanente;*
> *son el regocijo de mi corazón.*
> Inclino mi corazón a cumplir tus decretos
> para siempre y hasta el fin. (Salmo 119:97-112, NVI®)

Cuando David empleaba conceptos como amor, dulzura, sacrificios voluntarios de alabanza y gozo para describir la Palabra de Dios, estaba hablando de la Ley, con una *L* mayúscula. En otras palabras, estaba incluyendo las estipulaciones de limpieza que se encuentran en Levítico. Por supuesto, su comprensión de la Ley incluía todas las «extrañas» estipulaciones de pureza en el código levítico, tales como lo que debía hacer la mujer durante su ciclo menstrual. La Ley no era algo opresivo ni para el hombre (que estaba de igual manera sujeto a las directrices en cuanto a la ley ceremonial) ni para la mujer. Era un gozo. La Ley era buena. «Así que la ley es santa, y el mandamiento es santo, justo y bueno» (Romanos 7:12).

Es más, ¿qué de humillante es toda esta demostración para una cristiana que con sinceridad y gozo se somete al esposo conforme a la estructura del matrimonio que ordenó Dios? (¿O para esa mujer de los tiempos del Antiguo Testamento en un contexto del Oriente Medio que también obedecía todas las estipulaciones de la Ley Mosaica por fe y con gozo?). ¿Qué de esa mujer? ¿No tenía derecho a escoger en esto? ¿Sería tan tonta que no sabía de algo mejor? ¿O sería demasiada ingenua para darse cuenta? ¿Había en realidad una barrera insalvable entre ser una esposa sumisa y la libertad?

Repito, la única conclusión con que nos dejan en todo esto es inevitable. Cualquier mujer que se somete a su esposo desconoce mejores realidades y necesita liberación. Su esposo es más una prisión que un compañero. ¿Debo creer que una mujer en sus cinco sentidos, o que esté mejor informada sobre sus derechos como persona, rechazaría este arcaico sistema patriarcal que le roba sus derechos? ¿No tiene importancia alguna la sincera convicción y decisión de la persona en esto, piense uno que es estúpida o no?

Al final, parece que Evans es culpable de tener los mismos prejuicios que está debatiendo. Es un elitismo feminista clásico. Piensa de forma progresiva o se te considerará una tonta.

PEQUEÑAS Y DESTROZADAS ENCICLOPEDIAS DE SANTIDAD

Tenemos varias dulces ancianas en nuestra iglesia. Sirven de ejemplos para las madres y esposas jóvenes. Son heroínas para nosotras. Nos sentamos a los pies de estas vidas. Son enciclopedias vivas de lo que significa ser una mujer consagrada que avanza junto con las generaciones más jóvenes. Una en particular nos viene a la mente. Una viuda. Junto a su esposo, sirvió como misionera en Japón por más de cincuenta años.

Japón, como ha resultado, tiene una cultura bien patriarcal. Durante cincuenta años ella siguió, sirvió y se sometió a su esposo mientras trabajaban para el evangelio en aquella tierra lejana. Se fue con él al otro lado del mundo porque aceptaba su liderazgo y confiaba en el llamamiento de Dios en sus vidas.

Ella es un vivo retrato del espíritu de la femineidad bíblica, la verdadera versión. Su vida sometida no hace que me avergüence de los designios de Dios, sino que me hace desear refugiarme en ellos. Con toda su sorprendente fuerza de carácter, sigue siendo la persona amable que honró la vida de su esposo a la vez que procuraba cumplir la voluntad de Dios sobre la suya.

Aun después de la muerte de su esposo ha sido un símbolo de honor sobre su vida. Es una prueba positiva para mí de que las cosas (sumisión y poder) no están en conflicto como tan a menudo se supone. Sin embargo, el ejemplo supremo de tal simetría es el mismo Cristo. Todo esto me lleva a una pregunta para los que no están de acuerdo con esta conversación: ¿Harías que la avergonzaran diciéndole que su mayor ambición en la vida era ayudar al logro de las ambiciones de su esposo? ¿A estar dispuesta a pararse a la sombra de su esposo? ¿A hacer que creyeran que era inferior a él? ¿A ser su sierva hasta el final? No puedo evitar sentir el desprecio que el progresismo tiene por esta angelical criatura.

Mucho trabajo para nada

Sin embargo, el mayor descuido aquí (y con toda franqueza el más triste) se refiere a la esencia de la cristiandad misma, el evangelio. Es un flagrante vacío en el libro. Es el mismo espacio vacío que se halla en los debates sobre el papel de los sexos y los cristianos. Hay una buena razón por la que el evangelio suele brillar por su ausencia (a menos que tu evangelio sea menos evangélico en naturaleza y más social). Uno no puede describir a la vez la condescendencia de Dios en el evangelio y demandar sus propios derechos. Por tanto, no existe una verdadera conexión en ninguna discusión sobre el genuino evangelio de la gracia de Dios y la femineidad. Sí, se menciona el evangelio. En cambio, lo dejan a un lado insignificante. Es solo un cliché. No hay explicación. El cristianismo y el evangelio son del autor. Esto hace que sea imposible realizar una evaluación justa de la femineidad bíblica. Al fin y al cabo, la cruz es la norma de nuestra conducta. Esto es tan cierto para los esposos como para las esposas. A pesar de la constante referencia al cristianismo en el libro, hay una flagrante desconexión entre el cristianismo bíblico y la femineidad.

¿Reconoce esto la autora? ¿O ha preferido no darse por enterada? ¿O sin querer es culpable de los mismos cargos que hace contra los complementarios? ¿Será que está aplicando su perspectiva progresista a los mensajes de la Biblia? Esta última pregunta ofrece la única explicación de por qué la igualdad y los derechos personales pueden ser un factor tan fuerte en su perspectiva. Es difícil llegar a eso cuando la cruz es su escala. Hablando como una esposa cristiana, ¿podrá haber algo más contradictorio que el que nos paremos a demandar nuestros derechos y poderes cuando Jesús está colgado en una cruz renunciando a los suyos por nuestro bien?

Si la intención de Evans fue presentar un panorama bíblico de la femineidad, se esforzó por nada. Parece una insensatez. El apóstol Pablo nos dice en 1 Corintios 1:18 que «la palabra de la cruz es locura a los que se pierden». Hasta una perspectiva «equilibrada» o «progresiva» de femineidad bíblica la vilipendiaría nuestra sociedad secular. Claro, es una reflexión del evangelio mismo. La cruz y su llamado a nuestra vida es total locura para el mundo.

> No piensen que he venido para traer paz a la tierra; no he venido para traer paz, sino espada. He venido para poner al hijo contra su padre, a la hija contra su madre, y a la nuera contra su suegra. Los enemigos del hombre serán los de su casa. El que ama a su padre o a su madre más que a mí, no es digno de mí. El que ama a su hijo o hija más que a mí, no es digno de mí. El que no toma su cruz y me sigue, no es digno de mí. El que halla su vida, la perderá; y el que pierde su vida por causa de mí, la hallará. (Mateo 10:34-39, RVC)

Si se trata de sumisión, la cultura lo masticará y escupirá como un sinsentido. Así que seamos francos. Aquí no estamos lidiando con femineidad, sino con la esencia misma del cristianismo y su impacto sobre la femineidad.

En un punto, Evans concluye:

> Como cristiana, mi vocación suprema es seguir a Cristo. Y seguir a Cristo es algo que una mujer puede hacer ya sea casada o soltera, rica o pobre, enferma o con salud, sin hijos o una Michelle Duggar, madre de diecinueve hijos[7].

Estoy absolutamente de acuerdo. En cambio, leyendo el mensaje de su libro, me pregunto si está de acuerdo con esto. O quizá no se dé cuenta de la tensión que existe entre su declaración y lo que dice en otras partes. Por supuesto, tenemos en mente dos realidades diferentes en cuanto a lo que significa «seguir a Cristo».

Es raro verla abogando por una perspectiva cristocéntrica de la femineidad en un libro que propone desacreditar la sumisión. Es extraño porque el cristianismo tiene la condescendencia como un atributo clave de sus fundadores y seguidores. Como alguien escribiera: «El cristianismo es la única religión que tiene como su acontecimiento más importante la humillación de su Dios»[8]. Yo hubiera aplaudido lo que Evans dijo más arriba, pero la contradicción es demasiado abrumadora. La ves, ¿verdad? Si Cristo hubiera seguido lo que dice Evans (que nadie debe estar subordinado a otra persona y que la igualdad es el bien supremo), no existiera el cristianismo.

En Isaías 53 leemos esto:

> Creció en su presencia como vástago tierno, como raíz de tierra seca. No había en él belleza ni majestad alguna; su aspecto no era atractivo y nada en su apariencia lo hacía deseable. Despreciado y rechazado

por los hombres, varón de dolores, hecho para el sufrimiento. Todos evitaban mirarlo; fue despreciado, y no lo estimamos. Ciertamente él cargó con nuestras enfermedades y soportó nuestros dolores, pero nosotros lo consideramos herido, golpeado por Dios, y humillado. Él fue traspasado por nuestras rebeliones, y molido por nuestras iniquidades; sobre él recayó el castigo, precio de nuestra paz, y gracias a sus heridas fuimos sanados (versículos 2-5, NVI®).

El cristianismo se fundó sobre las bases y las realidades que desacredita el argumento de Evans. Si uno de veras sigue a Cristo, Él nos guía hacia la condescendencia y la subordinación de todo nuestro ser. Cada cristiano termina siendo siervo de todas las personas.

No se emborrachen con vino, lo cual lleva al desenfreno; más bien, llénense del Espíritu. Hablen entre ustedes con salmos, himnos y cánticos espirituales; canten y alaben al Señor con el corazón, y den siempre gracias por todo al Dios y Padre, en el nombre de nuestro Señor Jesucristo. Cultiven entre ustedes la mutua sumisión, en el temor de Dios. (Efesios 5:18-21, RVC)

Es una incomparable incongruencia tomar a Cristo para argumentar a favor de los derechos personales o para demandar derechos cuando el haber renunciado a sus derechos (infinitamente mayores que los nuestros) y a su igualdad (Él era igual a Dios) resultó en la salvación de pecadores indignos, mujeres y hombres por igual.

Si el dormir en tiendas de campaña durante la menstruación Evans lo utilizó para destacar lo absurdo que era lo que demandaba Dios de las mujeres, lo que el mismo Dios demandó de Cristo es absurdo en grado superlativo. Frente a lo que Jesús se sometió para obedecer a su Padre, el hacer una tienda en el patio durante la menstruación en comparación parece normal. De todas maneras, «habitó entre nosotros».

Jesús dejó el cielo y la perfección para subordinarse a la perversidad de la humanidad caída y, por último, de forma voluntaria entregó su vida en sacrificio por la humanidad caída. ¿Fue tonto y estuvo fuera de sintonía con la época? Debió haberse negado. Debió demandar sus derechos como miembro de la divina Trinidad. Fue vergonzoso, de veras. O como dijera Pablo, es una «piedra de tropiezo para los judíos, y necedad para los gentiles» (1 Corintios 1:23).

Sin embargo, este necio amor de mi Salvador es lo que me motiva a seguirlo y entregarle mi vida. Ser cristiano es subordinar nuestra vida al Señor porque Él subordinó la suya por nosotros. Debido al sacrificio de amor por mí en el Calvario es que lo obedezco y someto mi vida a la autoridad de mi esposo. La femineidad bíblica (y la masculinidad) están atadas a las abnegadas realidades de la cruz.

Por tanto, cuando decimos que nuestro supremo llamado como cristianas es seguir a Cristo, asegurémonos de que de veras sabemos lo que estamos diciendo. No se trata de una simple expresión espiritual. Es algo bien real. Si de veras seguimos a Cristo, eso nos conduce a tener un espíritu de sacrificio y abnegación. A eso nos lleva porque allí está Cristo. Nos lleva a la «cruz». Si mi Señor me pide que corra a través de una pared, lo haría. Búrlate de mí si quieres. No me importa. Si mi Señor me lleva a someter mi vida a un imperfecto líder que es mi esposo, lo haré. Cristo es mi Señor. A Él es a quien sigo.

UNA FEMINEIDAD QUE SURGE DEL AMOR A CRISTO

En definitiva, como les sucede a todas las feministas «cristianas», Evans aboga por justicia social y no por un cristianismo bíblico. La femineidad que conozco muy bien y con la cual estoy comprometida, que surge del evangelio y del amor a Cristo, no está corta de sentido común, gracia ni cruces.

El llamado de Dios a la obediencia es contrario a la intuición. Arriba es abajo. Fuerza es debilidad. Mayor es menor. Menor es mayor. Parece que nunca lo notamos a pesar del interminable tema que emana del Calvario. La sumisión a otro no es ausencia de poder o valía. Sumisión es poder verdadero.

El orden en el matrimonio cristiano no significa que una mujer sea inferior en naturaleza. Así no son las cosas de Dios. Nadie se ha subordinado más a otros que Cristo. Él se hizo menor que todos los demás. ¿Era débil por eso? Él es «menor» que su Padre en naturaleza por la posición de bajeza que ocupó para favorecernos. O, desde otro ángulo, ¿ocupar una posición de autoridad significa que alguien es de más calidad o más importante? Jesús prohibió tales actitudes. Según Él, la persona en posición de mayor autoridad es la primera en servir a los demás.

Si la femineidad bíblica que Evans presenta es tan absurda como sostiene, cuánto más difícil es la femineidad cristiana. La realidad es que es más absurda que cualquier cosa que Evans hiciera en su experimento de un año. Seguir a Cristo como cristiana y esposa requiere una sinceridad de corazón que no me es imposible de tener. Con Cristo no solo el hacer es lo importante, sino el desear. Incontables personas actúan en obediencia más por sentido de obligación que por sentido de adoración. Cuando Jesús llegó llamándonos a que lo siguiéramos, dijo bien claro que la letra de la Ley no bastaba. En esto, por supuesto, es donde más necesitamos el evangelio de la gracia porque es cuando más luchamos en cuanto a sinceridad. Que solo marcáramos las casillas de los requisitos nunca ha sido lo que Dios esperaba de su pueblo.

Evans ha estado equivocada desde el principio. A lo que Cristo ha llamado a las mujeres es más difícil que cualquiera de las cosas que intentó ella. Es más, lo que ella hizo es fácil comparado con conformar nuestro corazón a lo que Dios desea de nuestra vida. Es mucho más difícil ser desinteresadas e incondicionales en nuestro amor a nuestros esposos que cosernos nuestra propia ropa. No podemos lograrlo en nuestras propias fuerzas, y solo la cruz de nuestro Salvador logra que esto tenga sentido para nosotras.

El 5 de febrero de 1812, Ann Hasseltine se casó con Adoniram Judson. Dos semanas más tarde zarparon desde Estados Unidos hacia la India como misioneros. Ann Hasseltine fue la primera misionera estadounidense. Como le negaron la entrada a la India, los Judson establecieron su ministerio en la colindante Birmania en 1813. Juntos, en un extraño y nada evangelizado país, se dispusieron a cumplir sus metas de proclamar el evangelio, traducir la Biblia y establecer una iglesia. Cuando Adoniram murió en 1850, ya habían traducido la Biblia, fundado más de cien iglesias y logrado más de ocho mil conversiones.

En 1823 estalló una guerra entre Inglaterra y Birmania. Al misionero estadounidense Adoniram lo vieron como simpatizante de los ingleses y lo metieron en la cárcel. Durante dieciocho meses, con su hija de tres meses a cuesta, Ann permaneció cerca de la prisión donde tenían a su esposo, como a unos treinta kilómetros de su hogar, y luego lo curó cuando estuvo al borde de la muerte debido a los maltratos que recibió. Mientras cuidaba a su esposo y luchaba porque los dejaran en libertad, Ann contrajo una fiebre. Murió en octubre de 1826 en su hogar. Antes de morir escribió estas palabras:

> Sé que a veces quieres saber a ciencia cierta si todavía apruebo el primer paso que dimos, y si, de tener una vez más la oportunidad de escoger, ahora con mi presente conocimiento y opinión sobre el tema, haría lo mismo, con esta excepción; que yo debía comenzar esa vida con mucho más temor y temblor por mi ineptitud, y casi debiera vacilar en cuanto a si alguien tan vil, tan poco calificad, pudiera ocupar un nivel donde se puede ser tan útil.

**EN ESE ENTONCES: WADE (4 AÑOS),
BLAKE (3 MESES) Y «LUCHI» (6 AÑOS)**

CARTA DE ADONIRAM JUDSON SOBRE SU MATRIMONIO CON ANN HASSELTINE

1 de enero de 1811. Martes por la mañana

Es con la mayor sinceridad, y con todo mi corazón, que te deseo a ti, mi amor, un feliz Año Nuevo. Que sea un año en el que andes cerca de Dios; que tu estado de ánimo sea tranquilo y sereno; y que el camino que te conduce al Cordero esté inundado de la luz más pura. Que este sea un año donde tengas en una mayor plenitud el espíritu de Cristo, que te remontes por encima de las cosas terrenales y que Dios disponga de ti en este mundo como le plazca. Como cada instante del año te llevará más cerca del final de tu peregrinación, que te lleve más cerca de Dios y te halle más preparada para saludar al ángel de la muerte como un libertador y un amigo.

Y ahora, como ya comencé a desear, seguiré haciéndolo. Que este sea el año en que te cambies de nombre; en que te ausentes para siempre de tus familiares y de tu tierra natal; en el que cruces el mar para vivir en el otro lado del mundo, en medio de gente pagana. ¡Qué cambio tan grande producirá este año en nuestras vidas! ¡Qué diferente será nuestra situación y nuestras ocupaciones! Si se nos preserva la vida y nuestros esfuerzos prosperan, el próximo año nuevo estaremos en la India y quizá nos demos el feliz Año Nuevo en un tosco dialecto indostano o birmano.

Ya no tendremos más a nuestro alrededor a nuestros grandes amigos, ni disfrutaremos de las comodidades de la vida civilizada, ni iremos a la casa de Dios con los que guardan el día santo; pero por todas partes nuestros ojos verán rostros morenos, y el sonido de una lengua desconocida resonará en nuestros oídos, y presenciaremos las reuniones en que los paganos ofrecen adoración a sus dioses ídolos. Nos sentiremos cansados del mundo y desearemos tener alas como las palomas para alejarnos volando y descansar.

Quizá haya temporadas en que nos sentiremos «tristes, hasta la muerte». Veremos muchas horas de tristeza y desconsuelo, y decaimiento de espíritu, angustia mental, que ahora nos parecen inconcebibles. Ay, desearemos tirarnos al suelo y morir. Y ese tiempo pudiera llegar pronto. Uno de nosotros quizá no pueda soportar el calor del clima ni los cambios de hábitos; y el otro quizá, con literal verdad, diga:

> Por manos extrañas tus muertos ojos se cerraron;
> Por manos extrañas tus extremidades se arreglaron;
> Por manos extrañas tu humilde tumba la adornaron.

pero si es que extraños nos han de honrar y llorar, solo Dios lo sabe. Al menos uno de los dos tendrá de seguro un doliente. ¿En vista de este tipo de escenas ya no tendremos que orar con fervor «Dame esa fe vencedora», etc.?

Quien tenga gran poder debe usarlo con suavidad.

SÉNECA

Esposos, amen a sus esposas, así como Cristo amó a la iglesia, y se entregó a sí mismo por ella, para santificarla. Él la purificó en el lavamiento del agua por la palabra, a fin de presentársela a sí mismo como una iglesia gloriosa, santa e intachable, sin mancha ni arruga ni nada semejante. Así también los esposos deben amar a sus esposas como a su propio cuerpo. El que ama a su esposa, se ama a sí mismo. Nadie ha odiado jamás a su propio cuerpo, sino que lo sustenta y lo cuida, como lo hace Cristo con la iglesia, porque somos miembros de su cuerpo, de su carne y de sus huesos. Por eso el hombre dejará a su padre y a su madre, y se unirá a su mujer, y los dos serán un solo ser. Grande es este misterio; pero yo digo esto respecto de Cristo y de la iglesia. Por lo demás, cada uno de ustedes ame también a su esposa como a sí mismo; y ustedes, las esposas, honren a sus esposos.

EFESIOS 5:25-33, RVC

Líder espiritual:
Ten cuidado con lo
que pides

«Quiero que siempre mi esposo me guíe y me diga lo que debo hacer». No sé cuántas veces habré oído yo alguna versión de esta afirmación en boca de alguna señora de buena posición en mis veinte años de pastorado. Dos pensamientos me vienen en seguida a la mente. Uno es una ironía. «Le pido a mi esposo que me guíe». Eso es chistoso en muchos niveles y triste en otros. Por lo general, me río a carcajadas cuando lo escucho. Casi siempre soy el único que capta el chiste.

Muchas veces, cuando una esposa logra expresar incomodidad por la negligencia de su esposo, ya hacía tiempo que los papeles de ambos en el matrimonio se habían cambiado. Insistir en que el esposo tome las riendas comienza a parecer lógico y demasiadas veces es el único recurso que queda. Es una posición difícil para una esposa. Es una posición que las esposas no pueden soportar ni saben cómo escapar.

Lo otro es el contraste. Hallo que lo anterior molesta siempre a las esposas cristianas. Contradice de manera directa los ideales progresistas que ahora se promueven en ciertos cuadrantes de la iglesia. Si fuéramos a creer el mensaje que emana de ramas modernas y más liberales del evangelicalismo, pareciera que una demanda por la igualdad de los sexos constituye la mayor preocupación de las mujeres de las iglesias. En cambio, cuando comparo la extensión de esta preocupación con mi experiencia en el terreno ministerial, esa preocupación palidece ante el número de esposas humildes que quieren que las guíen.

En otras palabras, lo opuesto parece representar lo que piensa la mayoría de las cristianas. No están rechazando el liderazgo masculino. Están desesperadas de que sea así. Están cansadas de llevar la carga del liderazgo que deben llevar sus esposos. Las esposas sin líderes son una triste realidad en la iglesia. En mi experiencia, las esposas llenas del Espíritu y regeneradas por el evangelio anhelan que sus esposos se yergan como líderes espirituales en sus hogares. Están listas y dispuestas a ceder su liderazgo. No se pondrán celosas.

Pablo no era misógino

Como bien explica la Biblia, este orden no es el resultado de una antiquísima tradición que se les impone a las mujeres modernas, sino una decisión de Dios al hacer el universo. Los hombres no lo inventaron. Dios lo quiso así. Por ese motivo, el anhelo de tener un líder brota de algún rincón del alma femenina. El papel del esposo como líder no es un residuo de un sistema patriarcal que debe rechazarse dada las realidades modernas. Es parte del orden que un Dios amoroso insertó en el universo. Pablo señaló esto. Se remonta a los tiempos de la gloriosa Creación y no a la Edad Media.

> Quiero que en todo lugar los hombres oren levantando manos santas, sin ira ni discusiones. Asimismo, que las mujeres se vistan con ropa decorosa, con pudor y modestia, no con peinado ostentoso, no con oro, o perlas, o vestidos costosos; sino con buenas

obras, como corresponde a las mujeres que profesan la piedad. Que la mujer aprenda calladamente, con toda obediencia. Yo no permito que la mujer enseñe ni que ejerza autoridad sobre el hombre, sino que permanezca callada. Porque Adán fue creado primero, después Eva. Y Adán no fue el engañado, sino que la mujer, siendo engañada completamente, cayó en transgresión. Pero se salvará engendrando hijos, si permanece en fe, amor y santidad, con modestia.
(1 Timoteo 2:8-15)

Pablo no era un misógino. En su tiempo, discutir acerca del evangelio como lo hacía se hubiera considerado progresista.

Ya no hay judío ni griego, esclavo ni libre, hombre ni mujer, sino que todos ustedes son uno solo en Cristo Jesús. Y si ustedes pertenecen a Cristo, son la descendencia de Abraham y herederos según la promesa.
(Gálatas 3:28-29, NVI®)

Sugerir que las distinciones de raza, género y clase no significaban nada en lo referente a la salvación fue una declaración radical en los tiempos de Pablo. Fue una atrevida declaración a favor de la igualdad. En cambio, esta igualdad no eliminaba la estructura que fijó Dios. La informaba. Los esposos y las esposas se limitarían a las realidades del evangelio de la gracia.

Cuando Pablo escribió sobre el orden divino dentro del matrimonio, no estaba pidiendo que se oprimiera a las mujeres, sino que las liberaran. Estaba describiendo una libertad que se produce cuando Cristo está en el centro del matrimonio. Un autor describe este asunto de esta manera.

Por supuesto que el apóstol era consciente de la provocativa naturaleza de su consejo. Era el mismo hombre que en ocasiones hizo campaña a favor de los derechos de las mujeres, y acuñó la revolucionaria frase de «no hay [...] hombre ni mujer, sino que todos ustedes son uno solo en Cristo Jesús» (Gálatas 3:28, NVI®). ¿Cómo reconciliamos, entonces, las palabras de Pablo en defensa de las mujeres con su discordante mandato para las mujeres?

Hay una simple solución. Es posible que el mandato de «las mujeres estén sometidas a sus propios maridos» no tuviera la intención de rebajarlas. Pudiera haber tenido la intención de exaltar su posición de esposas⁹.

La simetría que Dios intenta que haya entre esposo y esposa es una bella realidad. Lo glorifica a Él. Esto no quiere decir que todos actúen bien, ni que esta sea siempre gloriosa en su expresión. No todas las esposas vienen a mí para que anime a sus esposos para que sean mejores líderes. Algunas acuden a refugiarse en un esposo con tendencias despóticas. Y esto también es una distorsión del propósito de Dios y a esto tenemos que oponernos como a cualquiera otra distorsión.

ME ENCANTA QUE A MI ESPOSO LE GUSTE VENIR AQUÍ

La siguiente historia es de la vida real.

Una familia empezó a visitar nuestra iglesia después de una temporada de conflicto en la iglesia anterior. A la larga, esos problemas ocasionaron una iglesia dividida. Al poco tiempo, hallaron intolerable la situación y fueron a visitar «la iglesia calle abajo». Salieron pateando neumáticos espirituales. Según me contaron, despidieron a la pastora, a quien esta familia en particular amaba. Al parecer, los líderes despidieron a la pastora porque *ella* no estaba cumpliendo con sus deberes.

No es necesario decirlo, pero esa familia tenía opiniones divergentes a las de nuestra iglesia sobre el papel de las mujeres en la iglesia. Como me contarían más tarde, había varias convicciones teológicas con las que no estaban de acuerdo. La tradición del calvinismo, por mencionar una. Sin embargo, el problema de los géneros era el mayor de todos. Bastaron unas pocas semanas para notarlo. Sin saber, se habían unido a una iglesia que se aferraba a una posición que chocaba directamente con una convicción fundamental. Según esta familia, habían retrocedido en el tiempo a una era primitiva donde las esposas llamaban «señor» a sus maridos y caminaban tres pasos detrás de él. Se quedaron varias semanas para documentar sus experiencias, como Jacques Cousteau.

El problema era de veras intenso para la esposa. Se me acercó un día después de un culto y se explayó: «No estoy para nada de acuerdo con su posición sobre las mujeres en la iglesia, y me gustaría hablar con usted al respecto». Unas cuantas semanas más tarde nos reunimos.

Cuando este tipo de conversación se me presenta, no siento la necesidad de ganar la discusión, ni responder con alguna perorata teológica. Me gustan los debates y las discusiones. En este caso yo estaba de veras interesado en conocer su perspectiva. No es muy frecuente que una feminista declarada visite la iglesia. Es casi tan raro como si un unicornio paseara por el patio de casa. Me interesaba mucho reunirme con ella. Cuando por fin nos reunimos, me sorprendió lo que reveló. Se sentó y comenzó a hablar.

«Ya sabe mi posición en cuanto al tema de las mujeres en la iglesia. En lo personal, hallo su posición insoportable, y no hay nada que pueda decir para convencerme de lo contrario. Aun así, tengo un gran problema. A mi esposo le encanta este lugar. Por fin siente que ha hallado una iglesia donde se puede conectar. En realidad, ha sido maravilloso ver el cambio que se está operando en su vida y en su corazón. Está comenzando a dirigir a la familia en cuestiones espirituales. Me gusta eso. No se había interesado en cuestiones espirituales por demasiado tiempo. Había sido una lucha lograr que participara. Cuando yo lo hacía, se retiraba.

»Ahora quien comienza es él. Quiere hablar de la Biblia y orar conmigo. La otra noche me levanté a medianoche y noté que su lado en la cama estaba vacío. Cuando lo encontré, estaba leyendo la Biblia con lágrimas en los ojos. Al sentarme a su lado, me tomó de la mano y me dijo lloroso: "Perdóname"».

La sonrisa en mi rostro era de oreja a oreja. No pude evitarlo. Ella lo notó. «¿Qué es tan chistoso?» En cambio, ya lo sabía. Era el efecto que en nuestro ministerio habíamos querido ver en los hombres. No aceptamos el estereotipo cultural de los hombres; es decir, que debamos fijarnos expectativas bajas. Tenemos que crear un ambiente donde los hombres sientan el peso de su responsabilidad bíblica y hallar una ayuda compasiva para asumirla. Hemos procurado recuperar la conexión entre masculinidad y espiritualidad. La mayoría de los hombres nunca ha visto esto.

Hay algo muy esperanzador cuando se llega a la iglesia *Community Bible* y se nota la singular mezcla de una enseñanza reformada con una humilde masculinidad. La mayoría de los hombres crece en ese ambiente, al igual que sus esposas. El esposo de esta mujer no era la excepción. Ella sonreía y reconocía esto en su propia vida. El igualitarismo propuesto estaba floreciendo bajo el recién adquirido deseo de su esposo de ser el líder espiritual en su casa. En vez de objetar siguiendo líneas filosóficas, se regocijaba como esposa. En su caso, siempre había querido que su esposo guiara, pero sus inclinaciones políticas no le habían permitido pedírselo. Daba por sentado que eso terminaría para ella en opresión. En cambio, no fue así. Terminó en regocijo.

Esa cara de venado encandilado

La mayoría de los esposos no tiene idea de lo que significa guiar espiritualmente a sus esposas. ¿Cómo lo sé? (¿Aparte del hecho de que las esposas me lo dicen?). Debido a que con bastante regularidad les pido que me lo definan. Es mi trabajo. Era de suponer que desde que asumieron esa responsabilidad en los votos matrimoniales supieran lo que implicaba. En cambio, no es así. Cuando les pregunto algo, lo típico es que pongan cara de venado encandilado o alguna respuesta consabida. Al final, me recitan cosas que piensan que quiero oír. En esencia, lo espiritualizan demasiado. Dan por sentado que significa algo que no es en realidad lo que quiere decir. Por ejemplo, no quiere decir que se les exija que sean gigantes espirituales e intelectuales. Ni que su vocabulario debiera ajustarse para incluir cierta cantidad de palabras piadosas. Ni que tuvieran que hablar en tonos pietistas. Ni que usaran una toga clerical en las comidas. Ser espiritual no es sentarse uno a acariciarse la barbilla y decir «Quizá» a las hipótesis teológicas. Si eso es lo que significa ser un líder espiritual, tal vez sea la razón por la que muchos hombres se resisten a ser líderes espirituales. Renuncio. Y la realidad es que la mayoría de las mujeres da también una definición equivocada. No la espiritualizan tanto como la idealizan. Es como en las fábulas. Le atribuyen una calidad de caballero en armadura reluciente.

En una ocasión estaba aconsejando a una pareja que tenía problemas con la muy conocida cuestión de la falta de liderazgo del hombre. La mujer había intentado explicar lo que la incomodaba, pero no tenía idea de lo que había estado pidiéndole al esposo que hiciera. Él «lo intentó» todo. Sus frustraciones parecían frustrarlo. Se trataba de un ciclo bien previsible de incomprensiones. Al repasar todos los asuntos, le pregunté a ella algo bastante obvio: «¿Qué cree usted que es el liderazgo espiritual?». Mientras me contestaba, el esposo puso los ojos en blanco. Me hice el que no lo vio. Lo que ella terminó expresando fue un cruce entre un profeta del Antiguo Testamento y una muy impresionante novia. Su respuesta fue tan parcializada como la de él.

Cuando oigo a una esposa describir lo que está buscando en su esposo, demasiado a menudo pasa más tiempo enfatizando lo que no le gusta de él. Es más una confesión de desengaño con el hombre en que se ha convertido su esposo. No quiere ver un cambio en el esposo que tiene, sino una versión diferente por completo del mismo. A veces el esposo la ha estado guiando espiritualmente, pero ella ha estado demasiado interesada en alguna visión idealizada de la masculinidad para notarlo. Su punto de referencia es alguna versión sublimada del liderazgo espiritual, o una preferencia suya, pero no una definición bíblica ni declarada por Cristo.

Claro, esto va en ambas direcciones. Tanto los esposos como las esposas pueden intentar alterar por egoísmo la disposición y las tendencias de sus consortes para satisfacer sus propias necesidades, y luego se justifican apelando a la Biblia. Pueden expresar sus motivos en tonos espirituales, pero son cualquier cosa menos espirituales. Es una mezcla a ciegas de egoísmo que ata a las personas caídas a las preferencias de sus volubles corazones.

El delantal y el lebrillo

En lo fundamental, el liderazgo espiritual es servicio. De modo que no es como lo suponemos. Muy a menudo lo interpretamos mal.

Jesús tuvo que corregir esta confusión entre los doce apóstoles. Estos pensaban que liderazgo era poder. En Cristo significa debilidad.

> Jesús los llamó y les dijo: «Como ustedes saben, los gobernantes de las naciones las dominan, y los poderosos les imponen su autoridad. Pero entre ustedes no debe ser así. Más bien, aquel de ustedes que quiera hacerse grande será su servidor; y aquel de ustedes que quiera ser el primero, será su esclavo. Imiten al Hijo del Hombre, que no vino para ser servido, sino para servir y para dar su vida en rescate por muchos».
> (Mateo 20:25-28, RVC)

En otra ocasión Cristo dijo:

> En ese momento los discípulos se acercaron a Jesús, y le preguntaron: «¿Quién es el mayor en el reino de los cielos?» Jesús llamó a un niño, lo puso en medio de ellos, y dijo: «De cierto les digo, que si ustedes no cambian y se vuelven como niños, no entrarán en el reino de los cielos. Así que, cualquiera que se humilla como este niño es el mayor en el reino de los cielos; y cualquiera que recibe en mi nombre a un niño como éste, me recibe a mí». (Mateo 18:1-5, RVC)

En un esposo esto quiere decir humildad, mentalidad de siervo como la de Cristo en un hombre imperfecto dirigida a beneficiar a su imperfecta esposa. No es cuestión de ser un gigante espiritual, ni un prolífico lector, ni tener una mente intensamente teológica, ni ser el equivalente de un diccionario de sinónimos andante. No se mide por la cantidad de conocimientos bíblicos que se tenga ni por lo extensa de sus oraciones.

Tampoco es similar a los desequilibrios que van en ambas direcciones. Muchos le dan al liderazgo una interpretación elaborada. Para la esposa, todo se traduce a una confianza intensa y al perdón. Confianza en ese hombre que confía en Dios. Perdón para ese hombre que no es un líder perfecto, pero desea serlo.

El liderazgo es sacrificio. En el fondo, es vivir una vida entregada para beneficio de otros. Se mide por la disposición de un hombre a sacrificar sus propias necesidades a favor de las necesidades de quienes están bajo su cuidado. De manera inesperada, entonces, ser el líder espiritual de la esposa de uno no significa que vayamos a llenar todas las expectativas que tiene sobre cómo la vamos a guiar, sino que la guiaremos con un amor incondicional.

Además, y quizá de mayor importancia, no se trata de un hombre que marca casillas en una lista de tareas espirituales que le han dado según las perspectivas tradicionales o las perspectivas de su esposa. Hay muchos hombres que jamás dejan de leer la Biblia, pero nunca captan de verdad lo que le está diciendo la Biblia. Un hombre que lleva todo el peso de sus responsabilidades pero comprende que las está realizando ante un Dios que todo lo ve, liderará desde un ángulo de absoluta sinceridad.

La espiritualidad en un esposo tiene que ver con su corazón en relación con Cristo y el evangelio de la gracia. Todo se reduce a lo que constituye la más profunda pasión de su vida. Las más de las veces, lo que le impide a un esposo ser el líder espiritual no es la falta de pasión, sino una pasión fuera de lugar. Siente pasión hacia las cosas, el dinero o las aficiones. Es una víctima voluntaria de los ídolos domésticos. Una clara visión de Jesús, en cambio, crea una especie de iconoclasia hacia las imágenes seculares de felicidad y rescata el corazón de un hombre de las ataduras a cosas ordinarias. Cristo es el que convierte en líder a un idólatra. Un esposo cristiano que es un líder, ante todo, es un adorador de Jesucristo. Su mayor interés no es agradar a su esposa, sino agradar a su Señor. Esto agrada a una esposa.

No se trata de si lo haces, sino de dónde lo haces

A menudo les digo a los esposos y padres que no se trata de *si* guían, sino de hacia dónde guían. Dios puso el liderazgo en manos del esposo como una ley espiritual en el matrimonio y en la familia. El liderazgo se manifiesta si se tiene o no la intención de ejercerlo. Hacia dondequiera que se dirija su vida, se dirige la familia. Cualquier cosa que aprecie, lo aprecia la familia. Si algo le gusta, llegará a gustarles a los hijos. Es una ley del alma.

Si al papá le gusta acampar, a los hijos les gustará acampar. Si al papá no le gusta nada, a los hijos no les gustará nada. Si al papá le gustan los entretenimientos, los hijos no se aburrirán. No puede desprenderlos. Seguirán su vida. Si un padre cambia de rumbo y entra en las cosas de Dios, es muy probable que escuche detrás el repiqueteo de sus pasos. Así nos hizo

Dios. Entonces, por consiguiente, cuando las esposas les piden a sus esposos que sean sus líderes, no les piden que comiencen a guiarlas, sino que cambien el rumbo de su liderazgo. Fuera de sí mismos y rumbo a Cristo.

Un líder espiritual no es un confidente. De todos modos, no en sí mismo. No por sus conocimientos ni por sus capacidades. La confianza en sí mismos muchas veces es lo que impide que los hombres sean líderes humildes. Son demasiado orgullosos para reconocer sus derrotas. Un líder espiritual es un hombre quebrantado y débil. Se siente bien inadecuado y tiene un concepto inferior de sus capacidades que los que están bajo sus cuidados. Tiene demasiado encima. Siempre depende de la obra de Cristo y el poder del Espíritu Santo.

Un líder espiritual siempre conduce a la esposa a la cruz de Cristo y al evangelio. No vuelve a tener demasiada confianza en sí mismo. Cuando un esposo se siente quebrantado al pensar en el amor de Cristo a un nivel bien personal, está siendo más líder espiritual que en cualquier otro momento. El cariño le brota del alma. Es esa gran devoción a Cristo lo que le convierte en un mejor y más tierno amante de su esposa. Lo conforma a la imagen de su Salvador... es decir, en un siervo.

Sé de esposas cristianas que han estado orando por años que Dios penetre en la vida de sus esposos y de la nada los convierta en líderes espirituales. Cuando he tenido la ocasión, le he hecho una pregunta a la esposa: «¿Por qué has estado orando?». «Que sea un líder espiritual, por supuesto». Cuando le pido que sea específica, comienza a surgir un patrón. «Que piense más las cosas». «Que ore conmigo». «Que no sea tan esclavo de su trabajo». «Que preste más atención a mis necesidades». «Que discipline a los hijos».

Todas esas cosas son adecuadas en sí mismas, pero se enfocan más en cuestiones marginales o en las necesidades de la esposa. Cuando se presentan como aspectos individuales de mejoras en el liderazgo de un esposo, crean una especie de sumisión. El esposo termina con una lista de tareas que le da la esposa compuesta de varias maneras de hacerla feliz y mejorar su matrimonio. Esto causa problemas en todos los sentidos porque ningún ser humano puede hacer todo lo que se necesita para hacer feliz a otro ser humano.

De ahí las diferentes perspectivas de «¡No sé qué más puedo hacer para hacerla feliz!» y «¡Al parecer no le importa cambiar y mejorar nuestro matrimonio!» salen a relucir en mi oficina exactamente al mismo tiempo con el mismo conjunto de situaciones. La esposa sigue desesperada. El esposo sigue evadiendo.

Sin embargo, hay esperanza (para ella) y libertad (para él). Ambos se hallan cuando la esposa desea lo adecuado para su esposo y por motivos apropiados. Una esposa no tiene necesariamente que orar que su esposo haga algo en particular, sino que tenga un corazón inclinado a alguien en específico: a Jesús. «Mi oración es para que su amor por Cristo se desborde en su vida». Como siempre es verdad en la vida cristiana, cuando se establece lo central, las cosas secundarias se mantienen también en su lugar.

Quizá no exista otro lugar donde esto sea más obvio que en el matrimonio y en el liderazgo del esposo. Ella podrá «pedirle» que haga un sinnúmero de cosas, pero lo que *necesita* de verdad es amor a Cristo. En una forma misteriosa, coherente con la totalidad del cristianismo, no necesita que le preste más atención a ella, sino a Cristo y con más urgencia. Este deseo expresado en una oración honra a Dios, demuestra respeto al esposo y la mujer deja de enfocarse en sí misma. Entonces, de manera recíproca, una mayor devoción al Señor resucitado de parte de él resulta en una mayor devoción a ella. Él se vuelve un hombre de esmeradas atenciones porque sabe de la esmerada atención que le da el Señor. Los matrimonios piadosos son más el resultado de una relación vertical que de una relación horizontal.

Es sorprendente la cantidad de esposas que pierden de vista esta simple verdad. O quizá no lo sea. Después de años de liderazgo decepcionante, languidecen sus esperanzas. Intentan cualquier cosa por mover a un hombre que parece que nunca se mueve. En sus disgustos, el esposo termina expresando una letanía de condiciones que le puso una esposa descontenta. Ella quiere que él le hable de una manera más amable y que demuestre más aprecio por lo que ella hace. Quisiera que él la ayudara con los hijos. Él debe estar más presente en el matrimonio. Todo esto es razonable, pero no es el problema.

Lo que digo es que si él hiciera todas esas cosas y otras más, no podría elevarse a un nivel de líder espiritual. Haría esas cosas para calmarla y no porque la ama. Eso no duraría. Además, y sin quererlo, el centro de atención sería ella y no Cristo. En cambio, si esto se invierte y el principal deseo de la esposa es que su esposo se acerque más a Cristo, es inevitable que los cambios comiencen a tener lugar.

Cuando Dios se apodera de su corazón, todas las pequeñas tareas aburridas de ser un esposo piadoso se funden en un solo acto sincero de servicio hacia la esposa. No perfecto, pero real. Lo que la esposa desea de él es un cambio de corazón hacia Cristo y no hacia ella.

NO MÁS SUGERENCIAS, SINO GRACIA

Estaba sentado en mi oficina frente a una escena demasiado común. Una pareja a la que se le había agotado todas las «sugerencias para un matrimonio feliz» estaba ante mí tratando de estrangularse el uno al otro. Ya no quedaban palabras lindas ni más conferencias de fin de semana sobre el matrimonio. Ya no podían más y necesitaban ayuda. Si Norman Rockweell hubiera pintado una escena menos nostálgica y creado una más realista, la que yo tenía delante hubiera aparecido en la cubierta de un libro de centro de mesa. La esposa desesperada y contándolo todo, el esposo derrotado y mirando a cada rato la hora, y el pastor escuchando con atención la raíz del problema. En un punto se produjo el clásico intercambio de palabras. «No quiero que viajes tanto para trabajar». «Pero yo hago lo que hago para que puedas tener la vida que quieres tener». Y hablaba uno después del otro hasta que ella cruzó los brazos y el esposo se puso las dos manos en la cabeza. El atolladero.

Parte de mi tarea como consejero es hallar la aguja de la verdad en el almiar de tales líos suburbanos. Los matrimonios pueden llegar a eso. A la mayoría les sucede, a propósito o no. Nos vamos hastiando de los años y las rutinas y nos olvidamos hasta «de qué nos enamoramos». Pestañeamos y, cuando venimos a ver, los problemas normales de la vida nos han dividido.

A pesar de las acusaciones y el enojo, pude ver lo que estaba sucediendo. Lo había visto otras veces. El simple gozo y la libertad del evangelio habían desaparecido de aquellos dos. Cuestiones más complicadas habían eclipsado la imagen del matrimonio que se halla en la cruz de Cristo con su verdad fundamental: la muerte al yo da vida. Lo que tenía ante mí era una esposa que se sentía sola, no enojada. Lo necesitaba a *él*. Su ausencia, causada por las demandas de la vida misma, creaba un vacío en la vida de la esposa. Solo él lo podía llenar. Ella entendía por qué trabajaba y se lo agradecía. La tensión era inevitable. Sin embargo, el que lo fuera no disminuía la necesidad que tenía ella de su presencia en su vida. Lo necesitaba a él. Eso era todo. Ninguna otra cosa, sino él.

Cuando expliqué esto, ella me miró como si le hubiera leído sus pensamientos.

—¿Le has dicho alguna vez que lo necesitabas? —le pregunté.

—No, ¿por qué? —me respondió—. No se me había ocurrido nunca.

—Pues díselo ahora.

Ella lo miró con los ojos bañados en lágrimas.

—Mi amor, perdóname que te haya estado incomodando con todas mis críticas. No sabía qué hacer. Hasta este momento no había sabido cómo expresar lo que estaba sintiendo. Es verdad, te echo de menos cuando te vas. Te necesito en mi vida. No puedo funcionar sin la estabilidad que me brinda tu presencia. Tú eres mi roca.

Él la miró también con los ojos llenos de lágrimas y le dijo:
—Ahora entiendo. Perdóname tú también.

Debes tener cuidado con lo que pides. Si estás orando que el Señor haga de tu esposo un líder, quizá quieras dejar de hacerlo. Sé que esto parece contradictorio (¿qué esposa no va querer que su esposo no sea un líder espiritual?), pero primero debes pesar bien las implicaciones. ¿Qué sucede si Dios contesta tus oraciones? ¿Qué sucede si le despierta el corazón a tu esposo y lo convierte en un apasionado promotor de la gloria de Él? ¿Lo has pensado bien?

¿Qué sucede si Cristo toma el control de la vida de tu esposo y comienza a dominar el horizonte de su existencia diaria? Pudiera no terminar donde piensas que terminaría. Quizá estés pensando que se va concentrar más en ti. Es obvio que producirá un impacto en su amor y en él como tu líder, pero la suprema meta de su liderazgo será Cristo y no tu felicidad. De una forma muy real será menos de lo que tú deseas y más de lo que Cristo tenga para ustedes dos. Será menos que una fiesta en la barriada y más como el matrimonio y la familia proclaman el evangelio en los alrededores de su comunidad.

Piénsalo. Si tu esposo toma la autoridad que se les concede a los esposos en Efesios 5, su mayor empeño no lo pondrá en que tengas todo lo que quieres, sino en que Cristo sea lo que más deseas. Al fin y al cabo, *tu* devoción a Cristo es *su* suprema responsabilidad. Esto quiere decir que en vez de acobardarse como suele hacerlo, es probable que enfrente tus pecados. Pudiera exhortarte a conformarte a Cristo en lo que menos lo esperas.

De seguro significará que tu esposo temerá a Cristo y no a tus reacciones. Analizará sus decisiones a la luz de la gloria de Cristo, no a la de tus preferencias ni de las suyas propias. ¿Qué sucede si asume la misma responsabilidad de liderazgo en cuanto a los hijos? ¿Te imaginas lo inquietante que puede ser eso? Después de todos los años en que has llevado tú misma la responsabilidad, ¿te será muy difícil entregarla? ¿Qué derechos tendrá tu esposo después de haber estado alejado de esto todos esos años? De veras, puede ser duro.

A medida que la supremacía de Cristo crece en la vida de tu esposo, cambiarán las prioridades de su vida. Los cambios pudieran ser extremos y repentinos. He visto esposos que han resuelto bajar su nivel de vida para vivir vidas más generosas. Los he visto vender automóviles caros, irse a casas más pequeñas y cambiar de profesión. Todo esto, desde luego, impacta a cualquier esposa.

No es raro ver hombres que deciden entrar de lleno en el ministerio. Ocurre con bastante frecuencia. Después de haber pasado varios años desperdiciando su vida espiritual o viviendo como materialistas, renuncian a sus puestos de trabajo, se trasladan con la familia al otro lado del país y entran en un seminario. O salen en viajes misioneros de poca duración, que alentaron las esposas, y al regresar anuncian que Dios los ha llamado al campo misionero. En la India, por ejemplo. Más de una esposa se me ha acercado para que yo disuadiera a su esposo de tal «locura». No acostumbro a hacerlo. No es ninguna locura. A la luz de Cristo, tiene mucho sentido. La mayoría de las veces los animo. «Pues ahí tienes lo que pediste, ¿no?», le digo.

LAS SIETE ETAPAS DE UN RESFRIADO EN UN MATRIMONIO

Las reacciones de un esposo ante el resfriado de su esposa durante los primeros siete años del matrimonio

Primer año: «Bomboncito, estoy bien preocupado por mi niñita. Parece que tienes un fuerte resfriado. Hay que tener cuidado con la garganta y todos esos estreptococos que andan por ahí. Esta tarde te llevo al hospital para que te hagan un chequeo y tengas un buen descanso».

Segundo año: «Mira, mi amorcito, no me gusta como suena esa tos, y ya llamé al médico para que venga en seguida. Ahora vete a la cama como una buena niñita. Hazlo por tu papito».

Tercer año: «Quizá sea mejor que te acuestes, mi amor. No hay nada como un buen descanso cuando uno se siente mal. Te traeré algo. ¿Tendremos alguna lata de sopa?».

Cuarto año: «Ahora, sé inteligente. Si ya les diste la comida a los niños, lavaste los platos y limpiaste el piso, mejor es que te acuestes».

Quinto año: «¿Por qué no te tomas un par de aspirinas?».

Sexto año: «Acaba de hacer gárgaras y deja de andar sentada por ahí toda la noche sonando como una foca».

Séptimo año: «¡Por favor, deja ya de estornudar! ¿Quieres que me dé pulmonía?».

Después Dios el Señor dijo: «No está bien que el hombre esté solo; le haré una ayuda a su medida.» Y así, Dios el Señor formó de la tierra todos los animales del campo, y todas las aves de los cielos, y se los llevó a Adán para ver qué nombre les pondría; y el nombre que Adán les puso a los animales con vida es el nombre que se les quedó. Adán puso nombre a todos los animales y a las aves de los cielos, y a todo el ganado del campo, pero para Adán no se halló una ayuda a su medida. Entonces Dios el Señor hizo que Adán cayera en un sueño profundo y, mientras éste dormía, le sacó una de sus costillas, y luego cerró esa parte de su cuerpo. Con la costilla que sacó del hombre, Dios el Señor hizo una mujer, y se la llevó al hombre. Entonces Adán dijo: «Ésta es ahora carne de mi carne y hueso de mis huesos; será llamada "mujer", porque fue sacada del hombre.» Por eso el hombre dejará a su padre y a su madre, y se unirá a su mujer, y serán un solo ser. Y aunque Adán y su mujer andaban desnudos, no se avergonzaban de andar así.

GÉNESIS 2:18-25, RVC

En la cultura occidental moderna, uno decide casarse porque siente atracción física hacia la otra persona. En cambio, un año o dos después (y a veces después de uno, dos o tres meses), suelen suceder tres cosas. Primero, uno de los dos se da cuenta de lo egoísta que es esa persona maravillosa. Segundo, uno descubre que esa maravillosa persona ha pasado por una experiencia similar y comienza a decirle al otro lo egoísta que es. Y tercero, aunque lo reconoce en parte, concluye que el egoísmo de su cónyuge es más problemático que el suyo propio[10].

TIMOTHY KELLER, EL SIGNIFICADO DEL MATRIMONIO

Matrimonio: Los problemas complejos comienzan con fallos simples

Si quieres saber lo que de veras crees sobre el evangelio y la vida cristiana, no tienes que mirar más allá de tu matrimonio. Como en todo, la verdadera medida de tu vida cristiana no es que recites bien los credos, sino que los vivas. Somos más ortodoxos cuando estamos más dispuestos a ascender a la cruz de la abnegación a la que tenemos acceso como cristianos. Y no hay otra relación en la tierra donde sea más necesaria la gracia que entre marido y mujer.

No hay una base más pura para medir tu amor por el Salvador que el amor que le tienes a tu cónyuge. El mejor indicador de nuestra comprensión de Cristo es la forma en que tratamos a nuestro cónyuge. No solo me refiero a lo que le ofrecemos cuando menos lo espere: su comida favorita, llevarle café a la cama. Me refiero más a los muchos resentidos actos y actitudes que nos negamos a hacer cuando más lo merecen.

Es fácil «ser llenos del Espíritu» y ser amables y agradables con amigos y conocidos en el ámbito temporal del concepto que nuestros amigos y conocidos tienen de nosotros. Podemos poner una cara diferente ante personas que encontramos en la vida el uno por ciento de las veces. Es una especie natural de hipocresía redundante en la que muchos santos son expertos. Otra cosa muy distinta es vivir nuestra fe ante esa persona que llevas a su casa el domingo por la tarde después de un sermón convincente en particular. Todos sabemos lo que se siente cuando uno está atrapado en silencio en un auto con la persona que sabe muy bien que uno tiene que arrepentirse. Una cosa es dar un paso al frente y servir a un vecino o miembro de la iglesia en necesidad. Otra cosa es tener que estar cediendo nuestros derechos a una persona que parece que siempre los está demandando. Tu matrimonio es a lo que el mundo le presta mayor atención en cuanto a la continuidad de tu fe y práctica. El matrimonio es donde las pruebas de una vida transformada son más evidentes.

En este sentido, el matrimonio es la más firme evidencia de quiénes somos. Es decir, de quiénes somos de veras. Es la más concreta aplicación de un sacrificio humilde en nuestra experiencia cristiana. Son las relaciones más duraderas, íntimas, personales y transparentes que tenemos. Por tanto, requiere la mayor cantidad de sacrificio de que somos capaces. (O no capaces en realidad). Revela a la postre el valor que creemos tener: un servidor o un servido. O el valor que le damos a otros: un servidos o un servido. Pone en claro con cuánta profundidad amamos a Cristo o nos aferramos a su amor por nosotros. Es donde aprendemos si la cruz es un cliché hecho jirones o un cambio transformador en el paradigma de la existencia.

SEAMOS SINCEROS

Dale una mirada a tu matrimonio por un momento y hazte algunas preguntas difíciles. Entenderás lo que quiero decir. ¿Es condicional mi amor por mi esposo? Para ser más específica:

¿Le pongo condiciones a mi amor por él? Es tentador responder que no al tener en cuenta todo lo que haces por él en una semana dada. Sin embargo, la palabra *incondicional* nos detiene en nuestro carril. Lo *incondicional* va más allá del cumplimiento de deberes y llega hasta la motivación. Cambia la pregunta por completo.

¿No ha habido veces en que te has resentido con él? ¿Como cuando no te dio las gracias ni reconoció las numerosas cosas que haces por él? Sabes a lo que me refiero. Cuando llega y se sienta mientras tú estás doblando la ropa lavada o limpiando la cocina después de una comida. A ver, dime. Claro que te has resentido. ¿No has dejado de ser amable cuando él ha dejado de serlo? Claro que sí lo hacemos. Así estamos configurados los seres humanos. Así nos hicieron. «Voy a hacer lo que debo hacer por ti cuando tú hagas lo que debes hacer por mí». O: «Cumpliré con mis deberes en este matrimonio cuando tú cumplas con los tuyos».

Cuando servimos de manera incondicional a una persona que no se lo merece, estamos lo más cerca que se pueda pensar de lo que significa seguir a Cristo. Cuando podemos decir: «Mi amor por mi esposo no está condicionado a su amor por mí», estamos en el corazón de Dios en su amor por nosotras. Cuando somos sinceras en esto, la plenitud del Espíritu está más en nosotras que en cualquier otro momento. El sacrificio de uno por beneficiar a un pecador que no lo merece es el epicentro de la redención.

Claro, es bien difícil llevar el corazón humano cuesta arriba. Es como empujar una cuerda hacia arriba. La fuerza de gravedad de nuestro egoísmo y justicia propia siempre nos lanza en la dirección opuesta. La incondicionalidad es imposible para los pecadores. Si el Espíritu de Dios no nos llena, jamás podremos juntar ni una pizca de incondicionalidad. Hasta ahora, la cruz es el único lugar donde ha habido amor incondicional. Sin lo que sucedió en la cruz de Cristo, no tendríamos ni un solo punto de referencia sobre lo que es el amor incondicional ni ninguna esperanza para nuestro matrimonio.

No por casualidad, no haber captado la realidad del amor incondicional en el evangelio es la raíz de los problemas en los matrimonios. (También sucede en los matrimonios saludables). Cuando me siento con parejas que están en crisis y les señalo esa falta, el cambio en sus rostros es previsible. Como cuando un perro para las orejas y vuelve la cabeza al escuchar un sonido que le es desconocido. Un amor centrado en la cruz le hace lo mismo a la persona egocéntrica. Queda irreconocible. Llegamos pensando que nuestro matrimonio mejorará si la otra persona hace esto o lo otro. O que seríamos más felices si la otra persona cambiara en ciertas cosas.

Cuando enfrentamos esta tendencia con la verdad del evangelio, los fusibles tienden a fundirse. Como consejero, uno se da cuenta de que está nadando contra una corriente narcisista que ha estado fluyendo desde los días del huerto del Edén. «¿Cómo no sentirse ofendido?» o «¿Cómo no sentirse defraudado?» es tan raro en nuestra manera de vivir como vivir bajo el agua. Los esposos llegan acusándose el uno al otro si dan por sentado que el problema es del otro. Como Adán y Eva, nos estamos acusando a cada momento.

Siempre damos por sentado que la culpa es del otro porque la estrategia final es nuestro placer y no la gloria de Cristo. Si mi punto de partida es mi preferencia, desde luego que siempre voy a estar tratando de doblar la conducta del otro para que se acomode a mí. Siempre voy a estar pensando que mi felicidad es lo más esencial. En cambio, si mi punto de partida es el evangelio, son mis rodillas las que voy a doblar ante Dios y no a mi compañero.

Sean los que sean, los problemas más complejos en nuestras relaciones son a menudo el resultado de errores fundamentales. Debemos tener esto en mente. De lo contrario, a cada momento nos vamos a estar arrepintiendo de cosas sin lidiar con la *cosa* que está detrás de la *cosa*. O nos pondremos a buscar soluciones rápidas en vez de lidiar con los verdaderos problemas.

Estoy convencido de que queremos que nuestros asuntos sean más complejos de lo que son. Así podríamos justificar el que nos concentremos en nosotros mismos, o que culpemos de nuestros problemas a otras personas o circunstancias. Sin embargo, lo más común es que no sean tan complejos. Rebuscamos en el alma en interminables sesiones de consejería en busca de alguna característica multifacética de nuestros problemas hasta que la búsqueda de la raíz de todo se convierte en el motivo que nos lleva al consejero. Así que somos profecías que se cumplen por su propio peso.

La verdad es que las dificultades más complejas surgen de fallas fundamentales. Claro que pueden ser complicadas, pero no en sus raíces. Un amorío, con sus innumerables dificultades, resulta de una insatisfacción orgullosa en el alma de un hombre, que surgió de la idolatría del yo. Es una idolatría compleja en naturaleza, pero es un fallo fundamental en la adoración. Además, ese fallo, con todos sus lados ásperos, se abre paso con el tiempo en la vida de un hombre al no captar el significado básico de la cruz y sus implicaciones en su vida y en su matrimonio. No despertó una mañana y encontró sus zapatos debajo de la cama de otra mujer. La adoración a sí mismo lo condujo a dicho momento. Si lo analizamos, ese hombre hizo lo que hizo porque era un idólatra de sí mismo. Lo único que puede librarnos de esas tentaciones es la gracia.

¿EN QUÉ PENSABAS?

La ingenuidad de la mayoría de las parejas de novios es impresionante (y asusta). No tienen ni idea. La mitad de las veces me dan deseos de buscar a sus padres y azotarlos. «¿Qué estuvieron haciendo durante esos veinte años?» Para mí (habla Byron), la consejería prematrimonial es para que dos personas ingenuas no se casen, y no lo contrario. Uno de los dos solo piensa en mandar las invitaciones, y el otro solo piensa en la luna de miel. Ambos tienen ideas del matrimonio que no van más allá de la lista de invitados y la recepción. No obstante, para su sorpresa, la consejería prematrimonial no solo ofrece información sobre cuestiones básicas del matrimonio tales como las comunicaciones, las finanzas, las relaciones sexuales, etc. Incluye todo eso, pero no se limita a eso. Si se limitara a estos más funcionales aspectos, se fallaría en la consejería. La consejería prematrimonial debe servir como una advertencia final a todos los pecadores egoístas e ignorantes. Advertencias en cuanto a los defectos de su futuro cónyuge, pero los suyos también.

Las sesiones prematrimoniales conmigo pueden volverse intensas. Todo es parte de mi estrategia. La mayoría de las parejas viene a esas sesiones como si fuera a una revisión de los dientes con el dentista: como un mal necesario. Es rutinaria en su naturaleza. Llegan esperando recibir una tarjeta firmada y un apretón de mano, pero lo que reciben es un manotazo. En la región de «a ver si te enteras» del cerebro. Más de una pareja no ha vuelto después de la primera sesión. Por lo general, esto es lo que escucho: «Usted es muy severo». Y deben tener razón. En cambio, si logran sobrevivir a lo que hago, se van a casar.

El hecho es que mis retos a sus visiones idealizadas del matrimonio no son nada comparadas con los retos que presenta el mismo matrimonio. En mi opinión, o te enfrentas al asunto ahora, o te le enfrentas de aquí a diez años. En verdad, toda consejería matrimonial es consejería prematrimonial. Cuando una pareja vuelve a mí una década después de la boda, lo único que hacemos es volver atrás y decirles de nuevo lo que no escucharon al principio.

En las prematrimoniales, una vez que uno comienza a definir los defectos en sus relaciones, o las luchas entre ellos mismos, empiezan a asustarse. Sobre todo la novia. Lo único que escuchan es una explicación de por qué se debe suspender una boda. A pesar de eso, mi mensaje no es: «No deben casarse». Mi mensaje es: «Sean sinceros el uno con el otro antes de casarse. De esa manera, resistirán el impulso a abandonar el matrimonio si las cosas se ponen difíciles».

Les digo: «Aquí tienen lo que van a enfrentar de aquí a diez años. Aquí es donde tendrán que tener gracia para lidiar el uno con el otro. Aquí tienen lo que les va a ser duro de enfrentar. Aquí tienen lo que la va a convertir a ella en una persona difícil de guiar. Por eso es que su matrimonio debe descansar en el evangelio y verse a través de la diversidad de la cruz». Con esto no les sugiero que el matrimonio sea algo pesado o carente de gozo. Lo que les digo es que la verdadera libertad y el gozo del matrimonio son el resultado de un cambio radical de perspectivas. Una óptica dominada por una sobrecogedora palabra: *incondicional*.

A través de los años, he estado con innumerables parejas en el altar. Dos pecadores y un oficiante (no menos pecador) intercambiando votos ante el santo Dios. Más de una vez, antes de los votos, he mirado a los ojos a una dulce pareja y les he declarado algo así:

> El mundo les habrá aconsejado que busquen a alguien que los pueda hacer felices y que se casen con esa persona. Les hace creer que esa fórmula da resultado. Sin embargo, es una atadura autoimpuesta y un camino que los aleja del contentamiento y no los acerca como se imaginaban. Cifrar la felicidad o la tranquilidad en la actuación de otro ser humano es fútil. Nadie puede hacerte feliz. Las personas decepcionan. Aun las que dicen que nunca lo harán. Vivir de esa manera es vivir para uno mismo, con egoísmo. Eso no es amor, sino crueldad. No es una manera de alcanzar la felicidad, y muchas veces es la razón misma de que la felicidad no exista en tantos matrimonios. Es también una negación de los votos que están a punto de hacer.
>
> El evangelio los invita a tomar un rumbo opuesto. No les dice: «Vayan a buscar a alguna persona con la que puedan ser felices o que hallen atractiva».

Les dice: «Busquen a alguna persona a la que puedan servir y con la que puedan servir». Nos pide que nos atemos a un ser humano caído e imperfecto y que le amemos con el tipo de amor con el que han amado. La felicidad no llega por convertirla en la meta del matrimonio, sino por glorificar a Dios.

UNA EXHORTACIÓN PARA LA ESPOSA

Dando siempre gracias a Dios el Padre por todo, en el nombre de nuestro Señor Jesucristo. Sométanse unos a otros, por reverencia a Cristo. Esposas, sométanse a sus propios esposos como al Señor. Porque el esposo es cabeza de su esposa, así como Cristo es cabeza y salvador de la iglesia, la cual es su cuerpo. Así como la iglesia se somete a Cristo, también las esposas deben someterse a sus esposos en todo.
(Efesios 5:20-24, NVI®)

Por lo general, tomamos este pasaje como una serie de recomendaciones para un mejor matrimonio. Parece más bien una verificación de la realidad. Aquí es donde se extiende el evangelio para encontrarse con el camino de la vida en la Epístola a los Efesios. Hay un flujo definitivo del argumento que llega hasta el día de la boda. Hay una razón por la que el matrimonio sale a colación en este punto de la epístola. Tras haber demostrado con toda claridad las glorias del evangelio de Cristo (capítulos 1—3), Pablo pasa a revelar su poder en el aquí y ahora (capítulos 4—6). Todo lo que ha alcanzado (redención y reconciliación) fluye hasta los contornos de la experiencia humana: las relaciones. Todas las gloriosas verdades de la gracia que se hallan en Efesios 1 salen poco a poco hasta los detalles de la existencia humana en Efesios 5.

Es como si Pablo comenzara en la estratosfera de la eternidad y trazara el hilo de la redención a través del tiempo y el espacio desde el macronivel hasta el micronivel de las relaciones entre esposo y esposa. Ahí es donde los principios que Pablo acaba de expresar hallan su principal aplicación. Ahí aprendemos que todo lo que se nos ha llamado a hacer como esposo y esposa es a fin de cuentas el resultado de captar lo que Dios ha hecho para nosotros en Cristo.

A lo que se nos ha llamado a ser en el matrimonio como cristianos no tiene sentido a menos que comencemos en la estratosfera de la gracia. Es la divina «falta de sentido» de la cruz lo que tiene sentido. La perspectiva desde la cima del Calvario es muy contraria a la que tiene el mundo. El mundo alienta a que se haga lo que es mejor para nosotros. Sin embargo, las insignificantes batallas a nuestro favor parecen absurdas bajo la sombra de un Salvador moribundo.

En la economía de Dios no hay demanda de derechos, no hay prioridad para nuestras necesidades por encima de la de los demás. Solo hay un morir al yo y una entrega de nuestros derechos. Esto, desde luego, no tiene sentido mientras no entendamos que nuestro Salvador anduvo por esos mismos caminos rumbo a la redención. De una manera que siempre será un misterio para nosotros, el más extraordinario poder que se haya ejercido jamás en la tierra estuvo en ese acto que fue el más humilde de todos. En esto descansa el misterioso poder del matrimonio: cuando cedemos en vez de exigir, hallamos las bendiciones que siempre nos eludieron. Siempre.

> Entonces Jesús dijo a sus discípulos: Si alguno quiere venir en pos de mí, niéguese a sí mismo, tome su cruz y sígame. Porque el que quiera salvar su vida, la perderá; pero el que pierda su vida por causa de mí, *la hallará*. (Mateo 16:24-25)

LA TEMIDA PALABRA «S»

Esposas, sométanse a sus propios esposos *como al Señor*. (Efesios 5:22, NVI®)

Las responsabilidades de esposo y esposa pueden manifestarse de manera diferente en el matrimonio, pero ambos terminan en el mismo lugar: bajo la sombra de la cruz. Por cierto, hay un orden en el matrimonio que estableció Dios. Uno sigue. El otro dirige. Sin embargo, ninguno es mayor que el otro. El evangelio prohíbe tales conclusiones: «Ya no hay judío ni griego, esclavo ni libre, hombre ni mujer, sino que todos ustedes son uno solo en Cristo Jesús» (Gálatas 3:28, NVI®).

El asunto que se presenta en este pasaje no tiene que ver con la presencia de orden ni de autoridad. Pablo no está negando las diferencias entre hombres y mujeres. Las diferencias existen. El asunto en este pasaje es el mérito de uno ante Dios. Ya sea hombre o mujer, los pecadores llegamos ante Dios de la misma manera: por la misericordia divina. Hay hombres y mujeres y cierta estructura que se da por sentado en las relaciones matrimoniales. En cambio, los hombres y las mujeres estamos ante Dios con una calidad de justos que no es nuestra y por la gracia que procede de Dios. Cuando de la gracia se trata, no hay hombre ni mujer. Solo gracia.

La naturaleza de la autoridad dentro del matrimonio cristiano no es de supremacía ni de poder. Es de subordinación voluntaria. En los demás contextos aparte del cristianismo, la autoridad es gobierno y poder. En esos lugares, la autoridad es algo por lo que se mide el éxito. Una posición superior. Entonces, bajo el reinado del evangelio, la autoridad nos relega a la posición más baja en una cultura: la de siervo. En el cristianismo, poder tiene que ver con servicio. En el misterio del evangelio, ni el que tiene autoridad ni el que se somete a ella es menos siervo que el otro. El que tiene poder está obligado a servir al que no lo tiene. Aun así, ninguno de los dos es menos beneficiario del servicio del otro.

Por eso es que la vida sacrificada de Cristo es el modelo para el esposo y la esposa. La esposa representa la humilde entrega del abnegado Hijo de Dios. El esposo representa la agnegación infinita del Salvador. Aquí se encuentra una simetría infinita de digno servicio. El principal objetivo de la autoridad del esposo es el cuidado de su esposa. Mientras la protege y sirve, ella se siente atraída a su cuidado, no repelida. Entonces, él se siente animado a servirla más. Su amor gira y sigue girando hasta que las preguntas sobre quién manda quedan eclipsadas por el servicio mutuo.

Una cláusula un poco molesta

Como esposa, tu papel es uno de los más desafiantes en el matrimonio. Esto se debe a que requiere una más delicada y profunda gracia. Dios te llamó a seguir un líder imperfecto. Confiarle tu vida a una criatura caída llena de notables imperfecciones es una gran aventura de fe. Él es inadecuado en todos los niveles. La sensación de esto en tu vida debe ser similar a la de un instructor de manejo que le entrega las llaves del automóvil a un estudiante distraído. Me resulta inconcebible cómo uno puede contenerse y no agarrar el volante. Claro que muchas mujeres lo hacen. Algunas no lo sueltan nunca. El panorama desde el asiento del pasajero requiere una fe abundante.

Con mucho, la parte más difícil de tu tarea es dejar que tu esposo falle y a la vez mantener tu confianza en la soberanía de Dios y respetar a tu esposo. Hay un temor natural en muchas esposas de que el esposo no cumpla con sus obligaciones y ponga en peligro el bienestar de la familia. Impulsada por esta preocupación, y debido a la negligencia del esposo, la esposa debe adoptar una posición de liderazgo a fin de poder mantenerlo todo a flote. La esposa entonces cae en el círculo vicioso de tener un justo deseo de que su esposo dirija, pero tiene que tomar el mando por temor. Termina siendo la jefa de facto del hogar. Y como muchas esposas pudieran decirte, una vez que agarras las llaves, es difícil devolverlas.

Te diré (Byron) algo. Los esposos sabemos que las esposas son más competentes que nosotros. En parte se debe a que nos sentimos muy inseguros y a veces rechazamos sus sugerencias con ladridos ofensivos. Nuestro orgullo no nos deja aceptar sus recomendaciones. Nuestra inseguridad se desborda en desaires y ofensas. No puedo entender cómo resisten nuestras idioteces. Para sobrevivirlas, tienen que buscar algo mayor que la limitada estatura del esposo.

A ciencia cierta, si tu sentido de seguridad se deriva de la coherencia de la vida de tu esposo, estás destinada a la frustración. De modo recíproco, si su sentido de paz depende de ti, compartirá tu suerte. Por otro lado, si su paz depende de ti, compartirá tu suerte. Aquí es justo donde entra Cristo. Para amar a tu esposo como debes hacerlo, tienes que poner la mirada más allá de él en el Calvario. En definitiva, de eso es de lo que habla Pablo.

Esta cláusula un poco molesta de «como al Señor» que se le dirige a la esposa en Efesios 5:22 lo cambia todo. (De la misma manera que «como Cristo a la iglesia» lo hace para el esposo). Esto distingue el punto de vista cristiano del matrimonio de cualquier otro punto de vista. Traslada el deber de la esposa a la arena del corazón. Quiere decir que tu responsabilidad no va a depender de la calidad del amor que te tiene tu esposo (que es imperfecto), sino del amor de Cristo (que es perfecto). No de lo que vale tu esposo, ni de su carácter, ni de sus relativas habilidades como líder.

No tienes el llamado a servir a tu esposo solo si es un gigante espiritual. Ni solo cuando lo esté haciendo todo bien. Ni cuando es obediente a la Palabra de Dios. Ni cuando merece tus servicios. Ni solo si es un creyente. Ni si lo consideras digno de que lo hagas por cualquier otra cosa. Aquí no hay condiciones. No hay cláusulas de «a menos que» en todo esto, pues todas esas condiciones se resuelven siempre con Cristo.

Tampoco significa que basta con cumplir las formalidades. Es una cuestión del corazón. Uno no puede decir: «Lo voy a hacer, pero no lo haré con gusto». No es hacerlo a regañadientes. No puedes hacer que tu esposo pague mientras lo haces.

> Que sea el yo interno, con el adorno incorruptible de un espíritu tierno y sereno, lo cual es precioso delante de Dios. (1 Pedro 3:4)

Quiere decir que tu sumisión a tu esposo es un reflejo de tu devoción a Cristo. Como estás obedeciendo lo que Dios estableció al estar obedeciendo a Cristo, tu disposición a someterte al liderazgo de tu esposo es una demostración de tu devoción a Cristo. Si tu devoción a Cristo es poco profunda y superficial, lo mismo será tu compromiso con tu papel en el matrimonio.

Eso significa que nunca vas a estar sola. Si tienes poca o ninguna relación con tu esposo, podrás apoyarte en tu relación con el Señor. A toda hora tienes que estar mirando a la cruz de Cristo por encima del hombro de tu esposo.

Un «por qué» que no esperábamos

> Porque el marido es cabeza de la mujer, así como Cristo es cabeza de la iglesia, siendo Él mismo el Salvador del cuerpo. Pero así como la iglesia está sujeta a Cristo, también las mujeres deben estarlo a sus maridos en todo. (Efesios 5:23-24)

«¿Por qué tengo que someter mi vida?» Hay muchas cosas que el apóstol pudo haber dicho sobre esa cuestión. Pudo haber sido muy severo y decir: «Porque sí, porque Dios lo dijo». Pudo haber sido fatalista: «Porque así es que son las cosas». Pudo haber sido moralista y decir: «Porque es lo mejor». Esta pregunta tiene una respuesta simple: Porque Dios así lo dispuso, y en lo que dispone hay gran sabiduría. Lo que Pablo dice hace resaltar los beneficios de los designios de Dios, no su crueldad.

El asunto no es que la esposa sea menos importante ni menos capaz. El asunto es que lo que Dios determinó tiene propósito. El paralelo se halla en la analogía de que Cristo es la cabeza de la iglesia. Es una relación esencial. El verdadero gozo surge de entender y confiar en lo que determinó Dios. Es la manera en que Dios se ocupa de ti. Es la manera en que Dios te protege. Es la forma en que Dios te llena. Es la forma en que Dios te usa. Es la forma en que Dios te beneficia. Es la forma en que Dios te ama. Es la forma en que Dios te suple lo que necesitas. Te estarás preguntando: «*¿Cómo es eso posible?*». Ten presente que Dios se dedica a utilizar instrumentos imperfectos para realizar sus propósitos.

AHORA: WADE, LAUREN Y BLAKE
A LOS TRECE, DIECISÉIS Y DIEZ AÑOS DE EDAD

GUÍA DE SEGURIDAD PARA LA COMUNICACIÓN DE UN ESPOSO

Los hombres saben que hay días en que todo lo que tienen que hacer es abrir la boca y tendrán la vida en sus manos. Esta es una guía que los esposos debieran tener siempre en la billetera como la licencia de conducir. Todos los asuntos y las respuestas están puestos en orden de seguridad personal.

Primer asunto: Ropa

    Peligroso: ¿Por qué te pusiste eso?
    Seguro: ¡Qué bien te queda el marrón!
    Más seguro: ¡Qué bella te ves!
    Superseguro: Ten un poco de chocolate.

Segundo asunto: Emociones

    Peligroso: ¿Por qué estás tan alterada ahora?
    Seguro: ¿No estaremos dándole demasiada importancia?
    Más seguro: Aquí tienes el cheque de mi sueldo.
    Superseguro: Ten un poco de chocolate.

Tercer asunto: Deberes

    Peligroso: ¿Qué hiciste en todo el día?
    Seguro: Espero que no hayas hecho demasiado.
    Más seguro: ¡Qué bien te queda esa bata de casa!
    Superseguro: Ten un poco de chocolate.

La limpieza está junto a la piedad.

Jamás

Mientras iban ellos de camino, Él entró en cierta aldea; y una mujer llamada Marta le recibió en su casa. Y ella tenía una hermana que se llamaba María, que sentada a los pies del Señor, escuchaba su palabra. Pero Marta se preocupaba con todos los preparativos; y acercándose a Él, le dijo: Señor, ¿no te importa que mi hermana me deje servir sola? Dile, pues, que me ayude. Respondiendo el Señor, le dijo: Marta, Marta, tú estás preocupada y molesta por tantas cosas; pero una sola cosa es necesaria, y María ha escogido la parte buena, la cual no le será quitada.

Lucas 10:38-42

Libertad: Nunca temas abrirle la puerta

Formaba parte (Robin) de un grupo de apoyo para esposas de seminaristas ofrecido por la *alma mater* de mi esposo. Era nuestro primer semestre, y yo participaba de lleno. Las reuniones estaban destinadas a servir como una sesión semanal de «tú no estás loca» para esposas y madres jóvenes cuyos esposos estaban en el pleno proceso de la educación ministerial. La transición de la vida civil a la del seminario puede ser estresante. En esencia, tú y tu esposo acuerdan mutuamente que es mejor separarse por tres o cuatro años mientras él desaparece en medio de informes y pruebas sin fin mientras tú asumes el timón de la familia. Todo en aras del reino de Dios, por supuesto. La realidad de esta decisión no tarda mucho en hacerse presente. Puede ser una temporada solitaria. Claro, vale la pena, pero alrededor de la tercera semana empiezas a preguntarte qué estabas pensando. No es una tarea fácil.

Cuando Byron se graduó y atravesó el estrado para recibir su diploma, seguí pensando sobre cómo la escuela podía tener una graduación separada para esposas de seminaristas. No hay duda de que me gané algún título en algo. En lugar de diplomas, deberían entregarnos tratamientos termales y cruceros por el Caribe septentrional. Sí, eso daría resultado. Por supuesto, nunca ocurrió. Sin embargo, nunca me arrepentiré ni un minuto del tiempo que dediqué para estar segura que él estuviera preparado para nuestro ministerio común. Cada momento que se ha pasado metido de cabeza en un gran libro o pronunciando un hebreo irreconocible, o cartas en griego, ha valido la pena.

Las reuniones de apoyo tenían dos elementos: una disertación, seguida de una discusión. La conferenciante era casi siempre la esposa de un pastor o profesor. Por lo general, los temas eran grandes dosis de aliento que ofrecían mujeres que sobrevivieron lo que nosotras mismas tratábamos de sobrevivir en ese momento. Eran Esposas de Seminaristas Anónimas. Los grupos de discusión eran excelentes. Respondíamos a las conferencias y abríamos nuestros corazones delante de las demás, procurando alentar o recibir aliento nosotras mismas. Aquí se forjaron amistades de verdad. Algunas de esas mujeres siguen siendo mis amigas más cercanas hasta hoy. Los mensajes parecían ser siempre lo que yo necesitaba oír en ese momento. Bueno, casi todos.

Una noche en particular me había ubicado en mi puesto junto con un pequeño grupo de miembros y líderes de debate. El tema en esa precisa noche era «El mantenimiento de tu casa», o algo por el estilo. No puedo recordar el título específico de la conferencia, pero la tengo grabada. Tras algunos preliminares sobre itinerarios, calendarios, gráficas y cosas rutinarias, la señora detrás del micrófono dijo algo que me cayó encima como un montón de ladrillos.

> Digamos que alguien decide llegar a su casa en medio del día sin avisar. Si cuando tocan a la puerta tu primer instinto es comenzar a limpiar y meter las cosas en los armarios antes de abrir la puerta, estás fallando como ama de casa. Tu casa debería estar siempre preparada para el visitante inesperado. Tu

casa debe estar preparada. Todo esto forma parte de la atención que les brindas a los demás y tu responsabilidad como esposa de un pastor.

Reí por instinto. Hasta el día de hoy no sé si reí a carcajadas. Lo que pensaba en ese tiempo era: *Si alguien llega sin anunciarse y toca a mi puerta, voy a apagar las luces para que parezca que no estoy en casa.* De veras, mi mayor temor es que alguien llegue sin anunciarse. Entonces, me di cuenta que lo decía en serio. Quedé petrificada, no me moví durante unos cuantos minutos. No quería que nadie viera la sorpresa en mi rostro. Si reaccionaba, lo notarían las damas que me rodeaban. Me considerarían una mala esposa y una mala ama de casa. Alguien incapaz de ser esposa de pastor. El ministerio de mi esposo habría terminado antes de comenzar. No puede haber una realidad más horrible para una esposa que la etiqueten como esa mujer que mantiene el hogar desordenado o sucio. «Mala ama de casa» es el beso de la muerte en lo que se refiere a respetabilidad doméstica.

Todo sobre lo que podía pensar era el montón de ropa sin doblar que descansaba en mi sala en ese mismo momento. Se burlaba de mí. Ese malvado montón de ropa me seguía a todas partes donde he estado. Siempre está ahí, y no me permite terminar mis labores alrededor de la casa. Es mi némesis. Nunca termino del todo. La conferencia llegó a medir los estándares de la buena limpieza. La conferenciante continuó ofreciendo todo tipo de pistas. «Si pasas la aspiradora unos minutos antes de que llegue él, va a pensar que has estado limpiando todo el día». Magnífico. Cuando el pequeño grupo comenzó, di por sentado que era la única que había encontrado la conferencia enervante. Como un nuevo miembro del grupo, me maravillaba ingenuamente la capacidad de todas las demás para sacar todo esto adelante. Sin embargo, no se habló mucho cuando terminó la conferencia. Como supe después, no era la única que tambaleaba.

Una norma sofocante

A primera vista, el consejo de la conferenciante quizá parezca sabio y revelador, pero es horrible en realidad. Piensa por un momento en las implicaciones de su admonición. *No debe haber un momento en que tu casa no esté arreglada.* ¿De veras? Eso es imposible. El hecho es que hay momentos, algunos más frecuentes que otros, en que la vida invade nuestras buenas intenciones o mejores esfuerzos. Como cuando nuestros itinerarios se ven interrumpidos por invasores domésticos como el vómito, la gripe o un niño de tres años con diarrea. Independientemente de lo que pretendía la conferenciante, debía saber que madres y esposas tienen la tendencia de escuchar de manera diferente su consejo. He aquí cómo nos vemos inclinadas a traducirlo: *Siempre debes estar preocupada de que alguien descubra que eres un ser humano defectuoso.*

La malsana presión del desempeño

Esto es lo que las mujeres vivimos tratando de evitar. Este es el último tipo de consejo que necesitamos escuchar. Lo que nos pidió hacer fue que nos midiéramos por el rasero de nuestra habilidad de desempeñar un deber y no por la perfecta justicia de Cristo, lo que habría asegurado nuestra posición delante de Dios. Esta clase de negación es sutil, pero siempre parece estar ligada a una visión de la condición de mujer. El temor irracional al desempeño es nuestro modo normal de funcionar. Hay una presión de conformarse con cierta norma doméstica asumida que siempre pesa sobre nuestras vidas. Nadie quiere admitir que esté ahí, pero esta tensión es el secreto peor guardado entre mujeres.

No lo hacemos con todas las cosas. Siempre nos inclinamos más a Marta que a María. Toma las nuevas madres, por ejemplo. Independientemente de cuántas veces hayan leído *Qué esperar cuando estás esperando*, nunca esperarán lo que viene en sí. A pesar de las probabilidades, dan por sentado que será la excepción cuando se trata de cuidar un infante. Esperan dominar la crianza, o el reflujo, o las etapas de sueño al primer intento. Horas después de llegar a casa llenas de alegría, comienzan a darse cuenta de la verdad. No son la excepción.

La experiencia de ese primer bebé es dura. Ella y su esposo no tienen ningún indicio de lo que hacen. ¿Quién pensó que era una buena idea mandarlos a casa con otro ser humano dependiente de ellos en todos los aspectos? Exhaustos y frustrados, ella rompe a llorar. El esposo se pone a dar vueltas en el auto con la esperanza de que el paseo pondrá a dormir al «pequeño manojo de alegría». ¿Lo primero que viene a la mente de ella? Soy una mala madre. Lo que es más, hay innumerables madres experimentadas por ahí que estarían más que dispuestas de ofrecer ayuda y consejo, pero no lo buscarían. ¿Y por qué no? Porque se espera que sea una buena madre. Ella misma tiene que hacer esto. En su mente, pedir ayuda sería admitir el fracaso.

Las mujeres pueden sufrir muchísimo bajo este tipo de norma sofocante. Las apariencias. Los hijos. Los hogares. ¿Sufren nuestros esposos de la misma manera? Ah, no mucho. Para nosotros es algo autoimpuesto y cultural. Nuestras madres establecieron nuestra norma, y nosotros la mantenemos al imponérselas a nuestras hijas. Esto es especialmente cierto en el caso de las madres cristianas.

Al fin y al cabo, la iglesia puede que sea el peor de los proveedores de este tipo de demencia. Esto se debe en gran parte a que la visión cristiana de esposas y madres se reduce a deberes. Muchas de las enseñanzas para mujeres se centran en el desempeño de los deberes domésticos que Dios les entregó a las mujeres. Muy a menudo la suma total de estas enseñanzas no se eleva muy por encima de un curso santificado de economía doméstica. Nuestra norma descansa en algún lugar entre la mujer de Proverbios 31 y la de la novela *La mujer perfecta*.

Sin embargo, no se detiene ahí. Mantenemos a otros cautivos de esta tendencia utilizando su aprobación como una medida de autoestima. Y es cierto: mucho de lo que hacemos se hace a fin de ganar la aprobación de otros. ¿Cuántas mujeres han tratado por años de obtener la aprobación de sus madres a través de sus familias y de sus hijos? En cambio, podemos hacer esto con cualquiera. Nuestra recompensa se convierte en el reconocimiento de otros de que hemos hecho un buen trabajo. Ya no se trata de la sinceridad al servir delante de Dios. Si alguien no nos da las gracias ni presta atención a nuestro desempeño, nos sentimos despreciadas o desalentadas. Esto no solo nos esclaviza, sino que indirectamente obligamos a otros que aplaudan nuestros esfuerzos.

Ahora bien, no me interpreten mal: Tengo mis normas. Soy una adicta a la programación. Mis hijos podrían hablarte de algunos de los momentos maternales más tiernos. Tengo mis propias exigencias. De manera que este argumento no debe comprenderse como una licencia para descuidar nuestras responsabilidades como esposas y madres cristianas. Hay algunas señoras que siempre quieren hacer ver que sus familias y sus hijos parecen cargas. Nuestros esposos y nuestras familias son nuestro ministerio. De manera que el problema con esto no es un énfasis en los deberes que nos ordena Dios, sino en la falta de énfasis en la gracia necesaria para cumplirlos. Parece que solo les predicamos deberes a las esposas y nunca les predicamos el evangelio que, al fin y al cabo, les da sentido a los deberes.

Las mujeres cristianas confunden a menudo la limpieza, la pulcritud y el orden con la devoción. Sin embargo, el hecho es que puedes tener una casa impecable como cristiana y no estar de ninguna manera más cerca de agradar a Dios. De la misma manera, es posible no decir nunca nada ni hacer nada irrespetuoso a tu esposo y tener poco o ningún respeto por él. El asunto es que las mujeres, más que los hombres, pueden conformarse con manifestaciones superficiales de rectitud porque mucha de su espiritualidad se mide en tareas. Podemos consolarnos con las apariencias.

Si no somos cuidadosas, lo que la gente piensa de nuestra vida espiritual puede irse por encima de su verdadera calidad.

Conseguir que un estudio bíblico para la reunión semanal de damas se realice a tiempo en la iglesia se vuelve más importante que beneficiarse del propio estudio bíblico. Servir en el ministerio de niños es más dejar constancia del servicio que ayudar a extender el evangelio a través del ministerio de niños. Como lo demuestra el episodio de Marta, estar ocupada no es una virtud espiritual.

> Mientras iban ellos de camino, Él entró en cierta aldea; y una mujer llamada Marta le recibió en su casa. Y ella tenía una hermana que se llamaba María, que sentada a los pies del Señor, escuchaba su palabra. Pero Marta se preocupaba con todos los preparativos; y acercándose a Él, le dijo: Señor, ¿no te importa que mi hermana me deje servir sola? Dile, pues, que me ayude. Respondiendo el Señor, le dijo: Marta, Marta, tú estás preocupada y molesta por tantas cosas; pero una sola cosa es necesaria, y María ha escogido la parte buena, la cual no le será quitada.
> (Lucas 10:38-42)

Sin excepción, todos (tanto hombres como mujeres) tendemos hacia el desempeño en nuestra vida cristiana. Aun así, las mujeres parecen destacarse en esto. Jesús fue enérgico al advertir en contra de la posibilidad de confundir la piedad con las actividades:

> Cuidado con hacer sus obras de justicia sólo para que la gente los vea. Si lo hacen así, su Padre que está en los cielos no les dará ninguna recompensa.
> (Mateo 6:1, RVC)

Las mujeres, más que nadie en la iglesia, son susceptibles de practicar sus actos de justicia ante los hombres de la misma manera que lo desaconsejó Jesús. Nos preocupamos demasiado de la percepción y de lo que la gente piense de nosotras. Por eso, somos las que más necesitamos conocer y comprender la libertad de esa servidumbre que provee el evangelio. Lo lamentable es que este no es el mensaje que escuchamos. Nuestra enseñanza sobre la femineidad está ausente por completo del evangelio de la gracia. Está dedicado casi por entero a la ley y no a la gracia. La condición de cristiana, tal como la propaga el evangelicalismo, se reduce con demasiada frecuencia a una extensa e ineludible lista de quehaceres.

Casi todos nuestros énfasis quedan reducidos a un tipo de moralismo. Un ejemplo notable es el uso común de la mujer de Proverbios 31 como modelo para una guía de la piedad y la autodisciplina femeninas. Sin vacilar, damos por sentado que el propósito de Proverbios 31 es ofrecer un patrón de conducta. Cuestionar esta interpretación es un sacrilegio. Piensa en todas las tazas para café y las tarjetas estilo Thomas Kinkade que llevan este énfasis. La suposición es rampante. Entonces, ¿esta es la verdadera cuestión? Es evidente que podemos aprender de la mujer descrita en Proverbios 31. Sin embargo, modelar nuestras vidas de acuerdo con un ser humano caído (aunque se encuentre en la Biblia) es una contradicción directa con lo que propone la Biblia misma, «por cuanto todos pecaron y no alcanzan la gloria de Dios» (Romanos 3:23). Pienso que muchos tomamos lo que era un poema compuesto para un esposo cariñoso y lo hemos convertido en una estrategia de conducta para la piedad.

La vida en la pecera de la perfección

Como esposa de pastor, la presión sobre mí para desempeñarme como tal se ve agravada por la vida pública de mi esposo. Confieso que sí me preocupa lo que la gente piensa de mí, de nuestros hijos y de nuestra familia. Soy siempre consciente de que estamos bajo el ojo público. Pienso que se espera que aparezcamos ante los demás como esa familia en el cuadro. En cambio, como mi esposo es propenso a decir, no hay tal familia.

Lo que me llama la atención es la distancia entre el ideal percibido de una familia de pastor y lo que de veras somos como personas. Somos una familia normal. Eso quiere decir que somos gente común y corriente, gente agobiada en constante necesidad de la gracia de Dios. Mi esposo no es perfecto. Mis hijos no son perfectos. Yo no soy ni remotamente perfecta. Siempre hay algunos que esperan que lo seamos. Por supuesto, puede que yo sea en realidad la única que albergue esas expectativas. Aunque sea como sea, la presión siempre está ahí.

Lo que a cada momento me releva esta carga es la continua proclamación y explicación del evangelio en nuestro hogar y a través del ministerio de mi esposo. Como familia, nunca tratamos de darlo por hecho. Tampoco tratamos jamás de suponer que no lo asumimos. Como tengo la tendencia de inculparme por mis fallas e imperfecciones como madre y esposa, parece que el mensaje de la gracia siempre está restaurando mi alma. Pese a todos mis pecados, soy justa delante de Dios debido a la justicia perfecta de Cristo.

Este pensamiento siempre me asombra. Sobre todo cuando miro el omnipresente bulto de ropa lavada y mis muchos deberes inacabados. El amor de Dios por mí no depende del cumplimiento de mis deberes. Este pensamiento me libera y restaura el gozo de mi servicio. Cuando estoy abrumada o no estoy a la altura en la actitud y el deber, esto impide que «salga adelante» por mi propio esfuerzo. Se acabó. Dios está complacido conmigo aun cuando yo no esté complacida de mí misma. Hace poco, mi esposo escribió de esta realidad en otro lugar:

> Si el problema con los hombres cristianos en la iglesia evangélica moderna es una tolerancia de sus fracasos a la hora de actuar como hombres, el problema equivalente por el otro lado es justo lo opuesto: nuestra intolerancia ante cualquier falla percibida en nuestras mujeres cristianas. Nuestros hombres están atados a una adolescencia extendida que la iglesia ha

hecho proliferar con sus bajas expectativas. Nuestras mujeres están atadas a una forma de perfeccionismo que la iglesia ha alentado a través de expectativas irreales. El contraste de lo que hemos llegado a esperar de los géneros no puede ser más rígido. La similitud, sin embargo, es también rígida: la inhabilidad de la iglesia para aplicar el evangelio como el remedio en ambos extremos.

El reciente llamado dentro del evangelicalismo para que los hombres abandonen su negligencia ha sido algo bueno y sano. Hay señales de grandes progresos. El evangelio ha comenzado a ocupar el centro de la escena, así como a echar raíces en muchos corazones. Se ha motivado a los hombres por el espectáculo de la gracia a *asumir* su responsabilidad y guiar. Entonces, ¿dónde está el correspondiente llamado a nuestras mujeres para que dejen de lado la carga colocada sobre ellas por las buenas intenciones de la iglesia? ¿Quién llama a nuestras mujeres con igual celo a salir de su peculiar servidumbre para alcanzar la misma gracia de Cristo? Mientras liberábamos a nuestros hombres de una prisión, ¿hemos abandonado a nuestras mujeres que languidecen en otra?

Si hay una criatura en la iglesia de Cristo que lucha en silencio bajo el peso de las obras de justicia, tiene que ser la esposa y la madre. La alquimia para la hipocresía que se halla dentro de su deber cristiano es mayor que en todas las otras. Las esposas y madres pueden fácilmente mantener escondida la verdadera condición de sus corazones detrás de sus infinitas tareas y responsabilidades domésticas. Los llamados a la sumisión y la tranquilidad de espíritu pudieran interpretados por ellas como prohibiciones contra cualquier fallo o debilidad personal. Una femineidad mecánica, llena de cargas y ausente de gozo puede prolongarse si olvidamos lo más grande que se levanta por encima de todos nuestros deberes y les da significado: Jesucristo[11].

En esto, y otras formas similares, hemos despojado a las mujeres dentro de la iglesia del sincero gozo de la femineidad cristiana. Las hemos mantenido apartadas de la gracia y la verdadera libertad. La piedad viene de una relación con Cristo Jesús y un corazón transformado, no de una lista de tareas.

Para ser claros, el propósito no es que nos liberen de nuestras responsabilidades a fin de excusar la negligencia, o negar el designio de Dios, o la autoridad masculina. El propósito es la liberación de la tendencia a medirnos nosotras mismas por nuestro desempeño en el cumplimiento de los deberes a que estamos llamadas. Nuestra justicia está fuera de nosotras en Cristo y no en nuestra habilidad relativa de mantener limpia la casa. Esta última percepción es la que nos libera para asumir nuestro deber con completa libertad y gozo.

Cuando Jesús se convierte en el desorden

Lo que reorienta mi atención es el relato de una mujer que unge los pies de Jesús. Esa mujer agobiada es el antídoto de la Marta que se esconde dentro de mí. Su extravagante devoción pone en su lugar mi religión basada en el desempeño. Me recuerda lo que significa amar y adorar a Jesús.

Lo más obvio para mí sobre esta mujer es lo inaceptable que es su conducta para lo que se acepta típicamente entre las cristianas. Ninguna mujer en sus cabales haría lo que hizo ella. Solo puedo imaginarme lo incómodo que puso a todo el mundo en la audiencia. Esto debe haber sido un comportamiento chocante. Sería inapropiado para la iglesia y perturbador en extremo.

Pisoteó varios tabúes clave y tradiciones para llegar a Jesús. Este tipo de manifestación habría sido muy controvertida para cualquiera que lo llevara a cabo, pero el que una mujer lo hiciera ya era más de la cuenta. Era más que escandaloso. No en balde irritó aun a los discípulos.

Al ver esto, los discípulos se enojaron y dijeron: «¿Pero qué desperdicio es éste? ¡Pudo haberse vendido esto por mucho dinero, y ser dado a los pobres!». (Mateo 26:8-9, RVC)

No obstante, los discípulos estaban muy equivocados. Lo estuvieron durante meses. Aunque siempre fue así. Muy cerca y muy lejos. Los discípulos eran como yo. No lo entiendo. En ese momento, estaban obsesionados por cubrir todos los gastos asociados con el ministerio de Jesús y olvidaron la verdadera misión de Jesús en el proceso. Sin embargo, la mujer (junto a todo un sinnúmero de otros personajes atípicos de la Biblia) no lo olvidó. Se dio cuenta. Y de la manera más extraordinaria.

«Desperdicio» es la palabra dominante en este pasaje. Salta a la vista. Un simple símbolo puede resumir toda nuestra perspectiva. Lo que es desperdicio para una persona es adoración para otra. Supongo que depende de en quién lo desperdicias. Lo que los discípulos vieron como desperdicio, ella lo consideró un sacrificio insuficiente. Ellos no estaban dispuestos a llegar a tales extremos para demostrar su amor y gratitud por Cristo. Eso estaba por debajo de ellos. Sin darse cuenta, su rechazo reveló su verdadera estimación de Jesucristo. Sin darnos cuenta, nuestra falta de quebranto alrededor de Cristo revela la nuestra. Cuando Cristo rechaza a sus discípulos, nos rechaza a nosotros.

Jesús se dio cuenta de esto, y les dijo: «¿Por qué molestan a esta mujer? Lo que ha hecho conmigo es una buena obra. Porque ustedes siempre tendrán a los pobres, pero a mí no siempre me tendrán» (versículos 10-11, RVC).

No era de sorprenderse, pero el comportamiento que ofendió a todo el mundo en la audiencia agradó a Jesús. Lo que los demás vieron como indebido, Jesús dijo que estaba bien. De acuerdo con Jesús, el nivel de sacrificio y devoción de aquella mujer era apropiado. O sea, era apropiadamente escandaloso. En todo este tiempo con Jesús, esos hombres no habían visto lo que era este. Él les había estado diciendo lo que había venido a hacer por ellos, pero nunca se les ocurrió adorarlo por eso.

Entonces ordenó a los discípulos que a nadie dijeran que Él era el Cristo. Desde entonces Jesucristo comenzó a declarar a sus discípulos que debía ir a Jerusalén y sufrir muchas cosas de parte de los ancianos, de los principales sacerdotes y de los escribas, y ser muerto, y resucitar al tercer día. Y tomándole aparte, Pedro comenzó a reprenderle, diciendo: ¡No lo permita Dios, Señor! Eso nunca te acontecerá.
(Mateo 16:20-22)

Yo soy igual que ellos. He olvidado adorar a mi Salvador. Yo también he dejado de besar los pies de Aquel que se entregó por mí. Este tipo de adoración estaba por encima de mí. En esencia, de lo que llegué a darme cuenta es que no hay manera de superar la sincera adoración por la persona y la obra de Cristo. Eso es imposible. Lo que es más que posible es olvidar hacerlo.

GUÍA PARA UNA BUENA ESPOSA

(Fuente desconocida, al parecer de la década de 1950)

- Ten la cena preparada. Planifica con antelación, aun la noche anterior, a fin de tener una deliciosa comida lista en tiempo para cuando él regrese. Esta es la manera de decirle que has estado pensando en él y estás preocupada por sus necesidades. Casi todos los hombres están hambrientos cuando llegan a la casa y una buena comida es parte de la afectuosa bienvenida que se necesita.
- Prepárate tú misma. Dedica quince minutos para descansar de manera que estés fresca a su regreso. Retócate el maquillaje, ponte un lazo en el pelo para que te veas bien. Él acaba de estar con un montón de gente abrumada por el trabajo.
- Sé un poco alegre y un poco más interesante para él. Su aburrido día puede que necesite un estímulo y uno de tus deberes es proporcionárselo.
- Arregla el desorden. Recorre por última vez la parte principal de la casa antes de que llegue tu esposo. Pasa un paño sobre las mesas.
- Durante los días más fríos del año debes preparar y encender la estufa para que se relaje. Tu esposo sentirá que ha llegado a un cielo de descanso y orden, y eso te animará a ti también. Al fin y al cabo, proveer para su comodidad te proporcionará una inmensa satisfacción.
- Reduce el ruido. En el momento de su arribo, elimina todo el ruido de la lavadora, la secadora o la aspiradora. Exhorta a los niños a guardar silencio.
- Alégrate de verlo.
- Salúdalo con una amorosa sonrisa y muestra sinceridad en tu deseo de agradarle.

- Escúchalo. Puede que tengas una docena de cosas importantes que decirle, pero el momento de su llegada no es el propicio.
- Déjalo hablar primero. Recuerda, sus temas de conversación son más importantes que los tuyos.
- No lo recibas con quejas y problemas.
- No te quejes si llega tarde a la cena ni si se queda fuera toda la noche. Considera esto como algo menor comparado con todo lo que podría haber atravesado en el trabajo.
- Haz que se sienta cómodo. Haz que se recueste en un asiento confortable o que se vaya a la cama. Tenle lista una bebida fría o caliente.
- Arregla su almohada y bríndate para quitarle los zapatos. Habla con una voz suave, baja y agradable.
- No le hagas preguntas sobre sus actos ni cuestiones su juicio o integridad. Recuerda que es el dueño de la casa y como tal siempre ejercerá su voluntad con veracidad y justicia. No tienes el derecho de contradecirlo.
- Una buena esposa siempre conoce su lugar[12].

«Ahora sé que mi apariencia, chicos, y el éxito profesional no proporcionan una seguridad duradera. Si pongo toda mi esperanza en esto, estoy condenada a quedar decepcionada. Cristo es el único que nunca me fallará».

Lauren Scruggs

La Asociación Americana de Cirujanos Plásticos informó que en el año 2007 se llevaron a cabo once mil millones setecientas mil cirugías cosméticas en Estados Unidos. La humanidad está obsesionada con la apariencia [...] Esta es una realidad aterradora, porque el Señor ve todo deseo pecaminoso y egoísta en nuestros corazones[13].

Paul Tripp

La belleza es engañosa, y hueca la hermosura, pero la mujer que teme al Señor será alabada. ¡Reconózcase lo que ha hecho con sus manos! ¡Sea alabada ante todos por sus logros!

Proverbios 31:30-31, RVC

Belleza: Eres hermosa

No puedo imaginarme (Byron) la presión que sufren las mujeres en cuanto a su autoimagen. Las demandas impuestas por la cultura sobre las mujeres (jóvenes y viejas) de estar delgadas, bellas, a la última moda y sin defectos son implacables. Debe ser insoportable. De veras, no sé. Soy un hombre de edad mediana que con frecuencia horrorizo a mis hijos por la ropa que decido ponerme. Es el deber de un padre avergonzar a sus hijos con su indiferencia. Vivo en un mundo distinto al de mi mujer, en el que las medias negras y las sandalias son parte del uniforme. Supongo que después de todo soy de Venus. Me toma menos de diez minutos ducharme y vestirme. No es así con mi esposa. Mi mujer y yo llegamos a casa tarde de una salida nocturna con amigos y puedo lavarme la boca, tirarme en la cama y dormirme en tres minutos. No es así con mi esposa. Siempre que sucede esto, grita: «¡No se vale!». Eso explica por qué a veces se lanza sobre la cama al acostarse. «Ah, perdón. ¿Estabas durmiendo?»

Si lo piensas, estarás de acuerdo en que es una especie desproporcionada de baja expectativa puesta en nuestros jóvenes, en comparación con nuestras jovencitas. Parece que esperamos muy poco de ellos. También parece que ellos no tienen problemas para cumplir. Sin embargo, nuestras mujeres tienen que ser perfectas.

Cada segundo, su frágil autoimagen se contrasta con imágenes de belleza mitológica. Las fotografías retocadas se burlan de ellas cuando se paran frente al espejo evaluando el daño que les produjo su herencia genética. Si no se componen a la perfección, damos por sentado que algo anda mal con ellas. Es una norma terrible. Saben demasiado bien que son defectuosas. Es una batalla perdida. Todos tenemos defectos. Nadie es perfecto, y todos lo sabemos.

No obstante, parecemos idolátricamente paralizados sobre este mensaje que emana de nuestra cultura: «Sé atractiva y te valorarán». Como resultado, las jóvenes que quizá no puedan cumplir con esta norma acaban sintiéndose subestimadas o, lo que es peor, sin amor. Algunas llegan a extremos descorazonadores para enfrentar el estrés y recibir el afecto.

Trastornos alimenticios, daños a sí mismas y, a veces, suicidios. Parece que ninguna mujer está exenta. Aun las mujeres que otras mujeres considerarían especímenes de belleza física luchan con el mito del perfeccionismo y los problemas de la imagen corporal. También son más que capaces de identificar sus propios defectos numerosos. Es una locura narcisista.

LOS BROMUROS DE UN PADRE QUE DESPOTRICA

El viejo padre querido siempre ha estado emitiendo varias mantras en nuestro hogar a través de los años. Algunas están dirigidas a todos nosotros: «Debemos cuidar el tono de voz cuando hablamos con los demás». «Podemos estar molestos o aun irritados con el otro, pero debemos aprender a discutir nuestros asuntos de una manera civilizada». En nuestra casa se cortan el volumen y las palabras bastante rápido. Otras de mis peroratas están dirigidas a una demografía específica, como mis dos hijos.

Estas son sobre todo prohibiciones respecto a olores, peleas a puñetazos, puertas que dejan abiertas y misteriosos olvidos el día de sacar la basura.

Otras están dirigidas a la población femenina de mi hogar. Algo menos que popular que se oye de vez en cuando es: «No viviré bajo el temor de las emociones femeninas». ¿Qué quiero? No me manipularán con sus lágrimas ni con sus poses de indiferencia. Esto no es para sugerir que las muchachas de mi hogar, o las mujeres en general, siempre recurran a esas tácticas juveniles a fin de conseguir lo que quieren. (¿Has notado eso? Solo violé el principio al calificar mi expresión. Después de todo, no querría incurrir en la ira del lector femenino que se molesta a causa de una misoginia descarada como esta).

En verdad, esto está dirigido a mí. El mayor énfasis es sobre ser un líder coherente. Muy a menudo los líderes evitan tomar la decisión adecuada para protegerse o por deseo de ser popular. A decir verdad, he acertado con esto. Pertenezco a mis niñas. Sigo repitiendo el mantra pese a mi hipocresía. Parece que ando diciéndolo por ahí en vano. Por ahora es sonido continuo o bromuro inofensivo.

Por último, para cumplir el objetivo de este capítulo, hay un proverbio adicional que casi solo se lo he dedicado a mi hija: «No alcanzaremos buena autoestima con los fugaces afectos de otro ser humano». Sobre este punto he sido implacable. Esto es algo que me apasiona. Quisiera con toda el alma que lo haya escuchado bien. Se lo he estado repitiendo toda su vida. No puedo contar las veces que se lo he recordado. Este es uno que está dirigido muy a menudo a esta dulce belleza que está bajo mi cuidado, porque es susceptible en particular de violarlo o arruinarlo por la propia verdad que pretende exponer: «Lo sé, papá», me asegura. «No lo haré», asiente poniendo en blanco los ojos de su corazón mientras me lo dice.

Mi intención es simple. Quiero que mi hija adquiera su autoestima y autoimagen basada más que nada en las realidades bíblicas y no en las irrealidades superficiales propuestas por nuestra cultura (o la atención voluble de los adolescentes, también conocidos como mis enemigos mortales). Sé que ella sucumbirá. De seguro que ha sucumbido de vez en cuando. ¿Cómo podría no hacerlo? La cultura ha estado realizando un bombardeo de saturación de su psique femenina con una vana autoconciencia e inseguridades de moda desde que estaba lo bastante crecida como para reconocer su propia cara en un espejo.

Le digo a mi hija lo bella que es muy a menudo. Hay esas clásicas escenas de padre e hija durante las que ella desciende de las estrellas vestida de gala en camino de alguna función o recital escolar. Ese momento me encanta y lo detesto a la vez. Siempre estoy limpiando mis armas en la mente. (Hombre, cuánto desprecio a los adolescentes). Lo que expreso está filtrado para darle aliento. «¡Vaya! Estás muy bella». Necesita escucharlo de mi boca.

Cualquier padre que guarde silencio en este momento es negligente e ingenuo. Mi hija florece en mis afectos y atención. En cambio, sabe que mi amor por ella no se supedita a su belleza física. Amo lo que es ella debajo de todo eso, lo cual la hace adorable para mí como su padre. Ahí está su verdadera belleza. Es adorable. Mi gran preocupación por ella es que le dé su corazón a un hombre que no vea lo mismo que yo.

Pudiéramos dar por hecho que el miedo al hombre es un problema reservado para la población masculina. Como están las cosas, la discusión sobre las tendencias de miedo al hombre parece casi exclusivamente una tendencia de naturaleza masculina. Sin duda, es un problema para los hombres. Sin embargo, estaríamos muy equivocados si suponemos que es solo un problema masculino.

El deseo de aprobación no hace distinción de género. Alegaría que, a cierto nivel, es más prominente entre las mujeres que entre los hombres. De veras, ¿están las mujeres algo menos preocupadas sobre la percepción o la aprobación? Por supuesto que no. Eso las sofoca toda su vida. Ser mujer puede ser traicionero.

Más traicionero que la imagen de los hombres. No es fácil ser una chica. De plano, es más bien peligroso.

¿Piensas que exagero? Entonces es que nunca has visto el más rudo y malévolo depredador sobre la tierra. No me refiero a los grandes tiburones blancos ni a los tigres de Sumatra devoradores de hombres. Las adolescentes. Las adolescentes son para el género femenino lo que la lucha no convencional es para el mundo de la lucha competitiva. Para ellas, la escuela es un verdadero octágono de lucha. Las de secundaria le declaran la «yihad» a las niñas adolescentes. Una niña adolescente en la flor de su edad hace que Mohamed Alí parezca un blandengue, con sus casi dos metros de altura y sus ciento treinta kilos de peso. Las chicas adolescentes son los pulpos mitológicos del mundo de los adolescentes. Me asustan. He constatado de primera mano los cadáveres que dejan detrás. Mi hija ha experimentado momentos de increíble traición por las que tenía como sus mejores amigas. Una amiga leal lo rechazó todo con tal de entrar «a la multitud». Popularidad. Fiestas. Muchachos. La última moda. El círculo íntimo. Invitaciones a bailar. Susurros en los pasillos. Rumores. No te le atravieses en el camino. Te destruirán. ¡Corre!

La madre de la artista

Las mujeres están más inclinadas a necesitar aceptación con mayor frecuencia. Sin duda, son más sensibles a los momentos cuando está ausente la aceptación. Que «las mujeres son más emotivas y sensibles» es un hecho establecido. Si hay el más ligero bache en mi disposición debido a agobio por el trabajo, o falta de sueño, o una mala actitud, el radar de mi hija está en alerta elevada. La primera pregunta:

—Papá, ¿es algo que yo haya hecho?

—¿De qué estás hablando?

—Bueno, has estado muy callado.

Es como vivir con un terapeuta especializado en estados depresivos momentáneos.

Sin embargo, estos son los contornos del paisaje femenino. Es el medio en que viven y respiran. Están condicionadas por la cultura a preocuparse demasiado por lo que la gente piensa de ellas. Esto no es menos cierto en el caso de las mujeres adultas. La percepción, como esposa o madre, de que no se está viviendo de acuerdo con las normas de apariencia o estándares de vida aceptables puede ser devastadora. Esto es sobre todo cierto en mujeres que viven en las zanjas poco profundas de los suburbios estadounidenses. Rara es la joven o la madre de mediana edad que esté libre de la esclavitud de lo que piensen otros.

Ciertas madres no ayudan en esto. Parece que les trasladan esta sofocante presión a sus propias hijas. «¡No quiero perchas de alambre!», como exigía la abusiva madre de la película *Mamita querida*. La popularidad relativa de sus hijas puede convertirse en una meta sofocante para su propia vida. Madres e hijas parecen seguir un patrón similar al que se observa en padres e hijos. Las madres también pueden vivir de forma indirecta a través de sus hijas. La única diferencia real es que los padres presionan a sus hijos desde las líneas de banda de un campo deportivo. Las madres ejercen la misma presión sobre sus hijas yendo y viniendo mientras sus hijas están frente a un espejo.

Toda madre tiene una «madre de actriz» dentro de sí. Mi propia esposa lamenta esta tendencia en su madre. Cuando era adolescente, su madre era obsesiva por su peso y sus hábitos alimenticios. Contando cada caloría de lo que comía la hija. «Vas a engordar si comes eso», le decía a veces. Por supuesto, mi esposa pesa apenas cuarenta y cinco kilos. Es pequeña. (Un pedazo de torta de chocolate acompaña a esa frase). Pese a esto, aún escucha la implícita crítica de su madre cada vez que se lleva a la boca algo de comida. De la misma manera, los hombres de mediana edad crecen deseando haber tenido la aprobación de sus padres, y muchas mujeres de mediana edad pueden pasarse toda la vida adulta tratando de complacer a sus madres. Esto es algo así como una «herida de mamita».

Solo para ser claro: No estoy siendo puritano ni mojigato. El ascetismo no es una menor virtud que la vanidad. Las chicas quieren que las consideren atractivas. La atracción física y la belleza son parte de esto. En efecto. Sin embargo, eso no lo es todo, como más bien hemos tratado de dar a entender. A decir verdad, estaba buscando la persona «menos atractiva» que pudiera hallar. Ni siquiera eso. Me noqueó esta rubia que caminaba por los pasillos de mi secundaria con los ojos más azules que hubiera visto jamás. Aunque me rechazó de plano en las primeras ocasiones en que la invité a salir, persistí. Con el tiempo, renunció a todo y se casó conmigo. Esos mismos ojos me martirizan todavía. La atracción mutua es parte del designio de Dios. Él no se avergüenza de esto en su Palabra. ¿Has leído el libro de Cantares?

¡Qué hermosa eres, amor mío! ¡Qué hermosa eres! Tus ojos son dos palomas escondidas tras tu velo; tus cabellos son como cabritos que retozan por los montes de Galaad. Tus dientes, todos perfectos, son cual rebaño de ovejas recién salidas del baño y listas para la trasquila. Tus labios son rojos como hilos de escarlata, y encantadoras tus palabras. Tus mejillas son dos gajos de granada escondidos tras tu velo. Tu cuello es semejante a la bella torre de cantería que se construyó para David. De ella cuelgan mil escudos, escudos de valientes. Tus pechos son dos gacelas, dos gacelas mellizas que pastan entre las rosas. Mientras llega el día y huyen las sombras, me iré al monte de la mirra, a la colina del incienso. ¡Tú eres hermosa, amor mío; hermosa de pies a cabeza! ¡En ti no hay defecto alguno! (Cantares 4:1-7, DHH)

No estoy seguro de por qué una mujer querría que se le describiera su cuello como una «torre», pero no importa. Hace mucho tiempo de eso. Además, es obvio. Esos dos amantes se atraían físicamente uno al otro y la expresión de su atracción mutua era una parte importante de sus relaciones. Además, así está escrito. Ser deseado no es malo, ni hacerte atractivo a la persona que amas. El romance es válido. Dios diseñó a las jóvenes con la necesidad de que las desearan y las quisieran.

Es deber del esposo reforzar su deseo por su compañera y, por lo tanto, reforzar su belleza. Con toda la atención que le hemos brindado a la mujer de Proverbios 31, parece que hemos perdido lo más obvio. Se trata del cumplido. Un tributo a la esposa. Al fin y al cabo, es un esposo que adora a su mujer. Bien literalmente. Fue un cumplido de proporciones bíblicas. Una exhaustiva lista de por qué ama y adora a su esposa. De todas las aplicaciones que hemos hecho de este proverbio para las mujeres y todo lo moralizante que ha resultado, el afecto del esposo por su esposa parece ser lo más obvio. Con demasiada frecuencia los esposos fallan de forma lamentable en esto. No tenemos una lista. Si la tenemos, es de quejas. Por supuesto, no las ponemos por escrito. Se deslizan aquí y allá en comentarios. En cambio, los cumplidos están ausentes. Y nos preguntamos por qué las mujeres de mediana edad se dejan enredar en «asuntos emocionales» o siguen pasiones de otros tiempos en los medios sociales. Hay una razón por la que llaman a *Facebook* el porno de las mujeres de mediana edad.

Llegará el tiempo cuando nuestra apariencia exterior nos falle y no podamos asegurarnos la atención de otros. La gravedad gana la partida. El tiempo llega. Las líneas marcan nuestra apariencia. La belleza es pasajera. Cuando somos jóvenes, la apariencia ocupa una porción sustancial de nuestra perspectiva. Nos juzgamos el uno al otro basados en la simetría relativa de nuestros rasgos o nuestras proporciones físicas. Amamos lo que es digno de amarse. En esto hay una condición implícita de nuestro «amor» y de nuestra devoción por otros. «Si sigues siendo atractivo y agradable para mí, continuaré amándote».

Esta es la raíz de tantos fracasos y quebrantos en nuestra sociedad. Es la razón por la que los hombres abandonan a sus esposas y familias. Es el motivo por el que jóvenes esposos no sienten ternura hacia sus esposas. Es una tendencia de nuestra naturaleza. Es lo que le he advertido a mi hija. Es de lo que he intentado proteger a mi esposa a través de constantes demostraciones de mi afecto por ella.

La vergüenza de mi trivial corazón

La humanidad comprende muy poco lo que es la belleza. Muy relativa en naturaleza. A menudo los seres volubles humanos no la perciben. Muy superficial. Hay muchas cosas bellas que no se ven. También hay un tipo de amor que es ciego. Se preocupa más del alma. Se siente atraído por la persona. Trasciende lo superficial y es inmune a los efectos del tiempo. No está condicionado por la apariencia y la sostenibilidad de un ideal. Es mucho menos voluble. Es incondicional. Es este tipo de amor que nos libera de la servidumbre del temor al hombre y de la necesidad de que nos acepten en función de la apariencia o el desempeño.

Hace poco vi un documental sobre un muchacho de nueve años que sufría del síndrome de Treacher Collins. Mi mujer y los niños estábamos amontonados en nuestra cama viéndolo juntos. Fue un momento impresionante para todos nosotros. El Treacher Collins es un trastorno genético que afecta la estructura del rostro y da lugar a una severa desfiguración facial. En ciertos casos, hay poco que indique una apariencia humana normal.

El documental relata la experiencia de este joven y su familia mientras enfrentan los prejuicios de una cultura obsesionada con la belleza. Este precioso e inocente niño de nueve años de edad sufría de un perjuicio que es difícil de entender. Debía soportar las incesantes miradas en público. Lo eludían en los terrenos de juego. En algunas ocasiones, los padres apartaban a sus hijos de su presencia debido al miedo que producía su apariencia. Era otra manifestación vergonzosa de lo peor de la humanidad. Otro caso de la humanidad que pierde la noción de lo que es un ser humano.

Me sentí avergonzado de mí mismo. A causa de que llevaba las marcas de esa misma intolerancia superficial hacia los «diferentes a mí». Somos una partida de malvados. ¿Qué debemos pensar de nosotros mismos cuando los más «civilizados» entre nosotros relegan el alma de un precioso ser humano debido a una anormalidad? En todo esto, ¿quién es el que está deformado en realidad?

En un punto, el documental presenta una entrevista con el padre del muchacho. Ha sido testigo de primera mano del constante bombardeo de rechazos que ha sufrido su hijo durante años. Hace tiempo renunció a protestar por la falta de consideración ofrecida por las miradas de asombro de su comunidad. No había nada que hacer. Sus objeciones habían caído en oídos sordos de una sociedad cegada por sus prejuicios. Su ira hacia otros por la injusticia se había transformado en piedad. Sus definiciones de la belleza y el amor se habían transformado en lo que otros consideraban embarazoso. Llorando, confesó que su hijo, a la temprana edad de nueve años, poseía la fortaleza de una personalidad que no tendría él nunca. Su muchacho, tan horrible según las normas de la gente mezquina, amaba a esa misma gente con el amor incondicional que todos buscaban con urgencia. Cuán misterioso es que el amor por otros se purifique en uno al que se le dice que no merece afecto. Qué trascendente es que un padre, que observa a su hijo siempre rechazado por la cultura, aprendiera lo que es una verdadera aceptación.

Por último, el padre se volvió a la cámara y apeló a este vacío en nuestras percepciones. «Lo animaría a que, cuando encuentre a alguien con una desfiguración facial, frene sus tendencias naturales. Es posible que aprenda lo que es la verdadera belleza. El alma de mi hijo es lo más bello que he visto jamás». Cuán rara es esa percepción.

Esta es, entonces, la verdadera cosa que he querido que comprenda mi hija. La seguridad y la autoestima no resultan de ser aceptables ni de llegar a ser aceptables. No se deben a que alguien te encuentre digno de ser amado. La verdadera seguridad y la paz del corazón son el resultado de encontrar aceptación cuando no seas aceptable, ni de que te amen cuando no quieren amarte.

Esta es la imponente realidad fundamental del evangelio. Una realidad que contraría todas nuestras equivocaciones como seres humanos. No te aceptan porque seas aceptable, sino solo porque Dios te ama. Tiene que ser de esta manera porque todos somos indignos. Él te amó cuando no merecías su amor. Derramó su gracia sobre ti cuando menos merecías su afecto. No te aceptan por lo que eres, sino solo porque Él te ama. No te ama por lo que hayas hecho, sino por lo que Él ha hecho. El cristianismo pone toda nuestra realidad de cabeza. El evangelio se alza en perfecta oposición a toda nuestra sinrazón. Dios ama lo que no es digno de amarse.

SEGURA

Julianna Zobrist

Tú me conoces
Sabes dónde he estado
Has sentido el dolor de mi infidelidad
Tu ira ardió contra mí
Pero solo por un momento
El perdón tiene una manera de decir «Eres mío»

Cantaré y no me ocultaré
Tú eres el novio y yo la ruborizada novia
Estoy segura contigo
Contigo

Has puesto una promesa en el cielo
Un arco iris de color para recordar
Que soy tuya y tú eres mío
Sí, he sido comprada a un precio

Cantaré y no me ocultaré
Tú eres el novio y yo la ruborizada novia
Estoy segura contigo
Contigo

He quebrantado cada voto que he hecho
He puesto sobre tu corazón una corona de espinas
Ya no estás obligado a nada
Pero aun decides
Llamarme tuya

Cantaré y no me ocultaré
Tú eres el novio y yo la ruborizada novia
Cantaré y no me ocultaré
Tú eres el novio y yo la ruborizada novia
Estoy segura contigo
Contigo

Utilizado con permiso.

La única vez en la que una mujer tiene de veras éxito en cambiar a un hombre es cuando este es un bebé.

NATALIE WOOD

Esposos: De veras, no puedes cambiarlo

Estaba en una fiesta de compromiso de una pareja en nuestra iglesia. Había mucha esperanza y gozo ligados a esa pequeña celebración íntima. En su mayor parte, los invitados vagaban para tomar aperitivos y enterarse de las últimas aventuras de los demás. En cierto momento nos condujeron al salón para comunicarles en persona nuestros buenos deseos a la pareja. Se leyó la Biblia. Oramos por ellos. Nuestro anfitrión nos dio entonces una encomienda. Cada persona de cada pareja presente les daría un consejo a esos jóvenes que se dirigían al matrimonio.

Le ofrecerían un principio extraído de su propia experiencia que ayudaría a la pareja comprometida en el comienzo de la suya. Se suponía que se ofreciera a partir de la perspectiva de «Quisiera saber ahora lo que no sabía entonces». Así que recorrimos la habitación proporcionando sabiduría. Se brindó la previsible letanía de consejos. Oren juntos. No se vayan a la cama enojados. Ya has oído todo esto antes. Era una mezcla de lo inspirador y lo benigno. Es decir, hasta que dio la vuelta y llegó a una pareja mayor que estaba ahí.

Tenían poco más de setenta años y estaban en la quinta década de su matrimonio. La esposa habló primero. Se volvió y miró a su esposo por lo que pareció un período prolongado. Como parecía estar casi sordo, no tenía idea de lo que sucedía y miraba soñoliento al piso. La esposa tenía un aspecto de verdadera tristeza en el rostro. Era algo entre piedad y arrepentimiento. Entonces, se volvió y miró directamente dentro del alma de la joven esposa y le dijo: «Solo recuerda que, sin importar lo mal que se vuelva para ti, podría ser peor».

Las breves risas tontas en la sala se apagaron por la conciencia de que hablaba en serio. Eso era el efecto acumulativo de cinco décadas de infelicidad que se filtraba en el momento. La habitación entera se tornó incómoda. Sintiendo que su esposa dijo algo, el viejo soltó de repente: «¿Eh? ¿Dijiste algo?». Fue una penosa ilustración de la vida de ella. Antes que pudiera contestarle, me apoderé del momento sacerdotal y cerré con una oración.

No puedo pensar en un sumario más deprimente de cincuenta años pasados en un matrimonio. Me pregunto cuántas esposas tienen tanta desesperación en la punta de la lengua, pero carecen del valor para decirlo en cinco décadas. Al volver la vista atrás, supongo que esta quizá fuera la más importante pieza de advertencia que recibió la pareja ese día. La expresión más bien embarazosa de la mujer mayor contenía un poco de duro realismo. «Conoce en lo que te estás metiendo. No hay vuelta atrás».

El enfrentamiento de la realidad

Las jóvenes llevadas por el incesante tictac del reloj biológico, o el amor, o el deseo, o la fantasía, o numerosas otras fuerzas ocultas (que los padres nunca podrán comprender ni aceptar) tomarán la determinación de casarse con un hombre, y al hacerlo, tomar sobre sí mismas una labor de reparación. Un hombre se convierte en algo así como un proyecto para toda la vida. El matrimonio se convierte en un intento de crear a partir de la materia prima de un hombre bastante aceptable al hombre de los sueños de una joven.

Hay una miopía en cierta etapa de la vida de una joven que, si se descuida, le hará pasar por alto obvios defectos en el hombre y procederá al matrimonio con una sonrisa en su corazón. A la vez, mientras se acerca a la unión, lo hace con una esperanza inquebrantable en la esperanza misma. Supone que él cambiará con el tiempo, o que puede hacerlo cambiar a la fuerza. No es que no sea consciente por completo de quién es él en realidad. Es más, lo es hasta cierto punto. Sin embargo, es el prospecto de lo que él podría llegar a ser obstruye su visión de lo inevitable. Él es quien es.

Lo que ella intenta, cambiar la naturaleza del hombre, se ha probado infinidad de veces. E infinidad de veces ha terminado en el mismo lugar: el fracaso. No se puede. Y debíamos saber esto, pero de todas maneras lo intentamos. A meses de matrimonio, se impone la realidad. Los rasgos que se eludieron son ahora sorpresivamente agudos. Las manifestaciones de caballerosidad y consideración que estaban presentes en proporciones mínimas al principio, están ahora del todo ausentes.

A la larga, desciendes al verdadero hombre. Se busca el consejo de un amigo de confianza o de un pastor. Esto termina en un incómodo momento de toma de conciencia. Por lo general, más bien es un doloroso «Te lo dije». Se hacen llamadas a la mamá en intentos por descargar la conciencia. En cambio, esto solo empeora las cosas, ya que la madre se halla en una situación muy similar. La joven esposa termina viviendo en una tierra extraña de conmiseración entre esposas decepcionadas. Sigue adelante cansada, preguntándose si cometió un gran error. Se siente como si hubiera funcionado un interruptor. Sin embargo, era su propio corazón el que creaba la ilusión.

DOLOR EN LA MESA JUNTO A MÍ

No es poco común que me halle en una cafetería en algún lugar escribiendo y que un par de esposas estén a mi lado. Hacinados en esas pequeñas mesas, no puedes dejar de oír las conversaciones de otras personas. No me refiero a escuchar con disimulo, sino a que sin darme cuenta capto trozos de información. (Casi siempre prefiero los auriculares *Bose* que cancelan el ruido). A veces (muy a menudo, en realidad), la conversación se desvía al matrimonio y a la relativa participación del esposo. «Él no comprende esto...». «No parece preocuparse de eso...». «He tratado de hablarle de esto...». Ese es el tipo normal de cosas. Por lo general, una amiga habla todo el tiempo y la otra siempre escucha. La que habla lo hace susurrando como algún agente secreto. La amiga se limita a escuchar, a veces durante una hora o más, aunque interviene de vez en cuando con alguna pregunta que parece sensible. «¿De veras?» «¿Lo dices en serio?» Una vez que quien habla lo dice todo, se abrazan y parten. Nada se resuelve.

¿Mi conjetura? Si volviéramos atrás en el tiempo y pudiéramos ser moscas en la pared al principio de una relación, escucharíamos las mismas descripciones del hombre que proceden de un amigo preocupado o consejero. No hay duda de que la joven conocía estas cosas sobre él, pero decidió no escuchar. Con el potencial de un inminente matrimonio en la cuerda floja, es fácil obviar las señales de advertencia.

Esos pequeños patrones de conducta en la vida de un hombre, que con facilidad desechamos como algo menor (o manejable) al principio de las relaciones, tienden a adquirir el mayor peso a largo plazo. Una incapacidad (o falta de deseo) de comunicar sus sentimientos conduce a montones de conflictos no resueltos más tarde en la vida. Una falta de disciplina con las finanzas crea serias tensiones y descontento. La ausencia de metas en la vida y de un posible futuro la deja sirviendo como una asesora de vida de su esposo. Una visión de la relación sexual que se parece más a la de un adolescente que a la de alguien a punto de casarse se manifiesta después en un profundo resentimiento y dolor. Una respuesta inmadura a un conflicto que resulta en una tendencia escapista, una aguda actitud defensiva o una resentida melancolía se convierten con el tiempo en un silencio colérico. Una preocupación por cosas triviales (videojuegos, recreación, deportes) se convierte en una vía de escape que se aleja del elefante en el matrimonio.

No es que el hombre tenga que ser perfecto antes de estar aptos para el matrimonio. Eso es irreal e injusto. Las mujeres no estarían menos descalificadas bajo esas restricciones. Nunca habría matrimonios si la perfección fuera la norma. Ni tampoco es apropiado establecer condiciones ideales sobre un hombre: «Necesitas ser de esta manera en este aspecto antes de que pueda casarme contigo». Esto es narcisista. Y de todas maneras nunca resulta. Además, él hará lo que le digas que haga mientras sea necesario, a fin de que te cases con él. La desilusión es inevitable cuando ponemos nuestra fe en la calidad relativa de otro ser humano, o en la esperanza de que esa persona nos haga feliz algún día.

El porno del ama de casa

Mucho se ha dicho sobre la pornografía entre los hombres y con razón. En nuestros días existe una falla moral epidémica entre los esposos. Incluso entre los esposos cristianos. He manejado eso con bastante regularidad como pastor. Sus efectos son devastadores y de larga duración. A menudo, la raíz de la lucha son los puntos de vista irreales o ante todo mundanos de la relación sexual y las expectativas desequilibradas de la mujer en el lecho matrimonial. Cuando llega la desilusión, los hombres pueden desviarse hacia algunas fantasías adolescentes que ya están listas en la Internet. El descubrimiento de archivos en la computadora de un esposo por una completamente desprevenida esposa es un caso demasiado común.

Sin embargo, hay una tendencia semejante que puede tener lugar en la vida de la esposa. Está también arraigada en el mismo tipo de desilusión dentro del matrimonio. Es la misma clase de fuerza que puede conducir a un esposo hacia la pornografía o al adulterio mismo. A diferencia del pecado del esposo, no es una tentación física, sino emocional. Desilusionada con el compromiso emocional del esposo, o cómo él ha cambiado en el matrimonio, va en busca de un recuerdo y un sueño perdido de la felicidad conyugal.

Aquí es donde los medios sociales pueden servir como una suerte de pornografía emocional, apartando el corazón descontento de una esposa del vínculo matrimonial. Sucede de la misma manera en que el esposo busca imágenes pornográficas. En cierto modo, *Facebook* se convierte en pornografía para el ama de casa infeliz. Lo he visto demasiado a menudo. Una esposa localiza a un enamorado de la secundaria, establecen contacto, y la aventura emocional está en marcha. No muy distinto a cuando un esposo confiesa su lucha con la pornografía, su admisión de un vínculo emocional con otro hombre puede tener un efecto permanente sobre el matrimonio. Se pierde la confianza. Una profunda cólera se hace presente.

Con demasiada frecuencia las raíces de este tipo de traición figuran años antes del comienzo de la relación. En específico, es la maldita esperanza de que pueda crear el hombre de sus sueños a partir del hombre con el que termina casándose. A medida que pasa el tiempo y se presenta la realidad, las esposas se resienten cada vez más de sus circunstancias. La intimidad se convierte en una obligación poco frecuente y fría. Es una receta para el desastre. Un día, el nombre del enamorado de la secundaria se introduce en una casilla de búsqueda. Al poco tiempo, el esposo me llama para preguntarme lo que debe hacer. Nunca lo vio venir.

LO QUE NO PODEMOS CAMBIAR
LA GRACIA LO ACEPTA

Cuando digo que no puedes cambiarlo, no me refiero a que no debas casarte con él. Quiero decir que debes aceptarlo como la persona que es antes que lo hagas. El hecho es que vamos ciegos al matrimonio. No comprendemos en realidad el carácter de la otra persona. No tenemos pistas sobre cuáles son sus luchas constantes como persona, ni los lugares en que necesita madurar más.

Investigamos más cuando compramos un automóvil que cuando queremos conocer a nuestra futura pareja. En lugar de entrar en un noviazgo dispuestos a identificar debilidades, nos hacemos los que no hemos visto nada. Aun así, habrá que enfrentarlas más adelante. Este conocimiento no disminuye el amor que sentimos por la otra persona, sino que lo profundiza.

Necesitas ser capaz de identificar los aspectos de su vida que te harán difícil vivir con él o seguirlo como el líder de tu vida que te mandó el Señor. Antes de determinar dedicarle tu vida, debes saber muy bien quién es él.

La cuestión es enfrentar al principio las tendencias que presiden su vida y preguntarte si puedes unirte a esa persona. A decir verdad, él debe hacer lo mismo contigo. Deben ser francos y transparentes sobre quiénes son ustedes dos. Lo bueno y lo malo. De otra manera no tendrán un sentido real de quién es la otra persona.

De todas formas, demasiado a menudo los cambios que buscamos propiciar en nuestros esposos no son los que Dios tiene en mente. Son los cambios que nosotros queremos. Los que creemos que nos harán más felices. Solo nos servimos a nosotras mismas al forzar nuestras preferencias sobre su vida. O siempre lo estamos comparando con el viejo papá querido o alguna otra fantasía. Sin embargo, ese hombre del que te enamoraste no va a cambiar mucho en el transcurso de su vida. Sé que esto parece poco prometedor, pero es lo que necesitas oír.

Por supuesto, esto no significa que él no crecerá espiritualmente ni madurará como persona. Dios cambia a la gente. Lo que quiero decir es que no va a terminar convirtiéndose en el hombre de tus sueños si no estaba cerca de serlo al principio. Eso nunca sucede. Si sucede, es porque la gracia nos permitió amar al hombre que Dios nos dio y no porque despertemos un día acostadas junto a Fabio.

Si tu chico es más del tipo tranquilo, siempre será así. Si no tiene idea de qué lado del plato va el tenedor, con frecuencia te avergonzará en ocasiones formales. Si no es hábil con las herramientas, puedes esperar que cualquier cosa que toque alrededor de la casa quede casi arreglada. Si es tacaño con el dinero, no te sorprenda que recicle las borras de café. Si lleva telas a cuadros en toda ocasión, espera medias negras y sandalias en la playa. Ese es él. Y la persona que es él se ha formado por años de entrenamiento y tradición. No hay duda que eso viene de familia.

Paul Tripp mencionó que nos acercamos al matrimonio de la misma manera que una persona lo hace cuando va a vender un automóvil. Pulimos el exterior. Aspiramos los desechos de la vida de los compartimentos. Retocamos las imperfecciones. Cuando alguien muestra interés, apartamos su atención de lo que está mal señalando lo que está bien. Solo queremos que vean las cosas aceptables.

Tripp daba aquí en el clavo. Nos vendemos a los demás enfatizando nuestros rasgos más favorables. Solo comenzamos a notar todas las imperfecciones después de haber dado vueltas en un auto durante un tiempo. Chirridos. Traqueteos. Mal funcionamiento de las partes electrónicas. Puertas que se traban. Óxido en los parachoques. Manchas en las alfombras.

En lo que respecta al matrimonio, en especial al matrimonio cristiano, necesitamos conocer sobre los golpes y las abolladuras. Nosotros, más que la mayoría, debemos saber que están ahí. Ten presente que «todos pecaron y están destituidos de la gloria de Dios».

Y la gracia nos capacita para amar a una persona pese a sus imperfecciones. En Cristo, hemos sido amados de la misma manera.

SOLICITUD DE PERMISO PARA SALIR CON MI HIJA

NOTA: Esta solicitud estará incompleta y se rechazará a menos que la acompañe un estado financiero completo, historia laboral, linaje y un informe médico actualizado.

Nombre _____

Fecha de nacimiento _____

Altura _____ Peso _____ Coeficiente intelectual _____
Promedio de calificaciones _____

No. de Seguro Social _____
No. de Licencia de conducir _____
Dirección de la casa _____
_____
Ciudad/Estado _____ Código postal _____

¿Tienes padres? _____ Sí _____ No

¿Uno es hombre y el otro es mujer? _____ Sí _____ No
Si no, explica _____
_____
_____
_____

Número de años en que han estado casados _____
Si es menos que tu edad, explica _____
_____
_____

Sección de accesorios:

A. ¿Posees o tienes acceso a una furgoneta? _____ Sí _____No
B. ¿Un camión con ruedas grandes? _____ Sí _____No
C. ¿Una cama de agua? _____ Sí _____No
D. ¿Una camioneta con un colchón detrás? _____ Sí _____No
E. ¿Un tatuaje? _____ Sí _____No
F. ¿Tienes un arete en la nariz, la lengua perforada, la mejilla perforada o un anillo en el vientre? _____ Sí _____No

(Si contestaste sí a cualquiera de estas preguntas, deja de rellenar la solicitud y abandona el local de inmediato. Sugiero que corras).

Sección de ensayo:

En cincuenta palabras o menos, ¿qué significa *tarde* para ti?
_____
_____
_____

En cincuenta palabras o menos, ¿qué significa *no tocar a mi hija* para ti?
_____
_____
_____

En cincuenta palabras o menos, ¿qué significa *abstinencia* para ti?
_____
_____
_____
_____

Sección de referencias:

Iglesia a la que asistes _____

Frecuencia con que asistes _____

¿Cuál sería el mejor momento para entrevistar a tu

Padre? _____

Madre? _____

Pastor? _____

Sección de respuestas breves:

A. Si me dispararan, el último lugar en que querría que me dispararan sería:

_____
_____

B. Si me golpearan, el último hueso que desearía que me rompieran es mi:

_____
_____

C. El lugar de una mujer es en la:

_____

D. Lo único que no quisiera que me preguntaran en esta solicitud es:

_____
_____

E. ¿Qué quieres hacer SI creces? _____
_____
_____
_____

F. Cuando conozco a una muchacha, lo primero que siempre noto en ella es:
_____
_____

G. ¿Cuál es el precio actual de una habitación de hotel?
_____

Juro que toda la información suministrada arriba es cierta y exacta según mi leal saber y entender so pena de muerte, desmembramiento, tortura de los estadounidenses nativos, crucifixión, electrocución, tortura china con agua y atizadores al rojo vivo.

_____
Firma del solicitante (¡eso significa tu nombre, tonto!)

_____
Firma de la madre   Firma del padre

_____
Pastor/Sacerdote/Rabí/Representante estatal/Congresista

Gracias por tu interés, y sería mejor que fuera genuino y no sexual.

Por favor, concede de cuatro a seis años para el procesamiento.

Nos comunicaremos por escrito si estás aprobado. Por favor, no trates de llamar ni de escribir (pues quizá no serías capaz y podrías causarte heridas). Si se rechaza tu solicitud, te lo notificarán dos caballeros de corbatas blancas que llevarán estuches de violín. (Debes cuidarte las espaldas).

Una breve explicación de este capítulo: Durante los años de ministerio, he tenido una posición ventajosa sobre la gracia de Dios en la vida de las personas. Lo he observado actuando en situaciones imposibles. Su poder para obrar en la vida de las personas ha sido asombroso. He visto adorar personas que han sufrido un gran dolor. Personas sumidas en una ira intensa, perdonar. Quebrarse a los endurecidos. Irreconciliables reconciliados. He visto a personas que carecen por completo de poder ejercer una fe más fuerte que ninguna de esas personas en posiciones de poder e influencia. En la economía de Cristo, todo está patas arriba. El grande es pequeño. El débil es fuerte. El quebrantado se cura. La mayor parte del tiempo la vida no es como pensamos ni preferimos. Dios obra de forma misteriosa. Lo más misterioso ha sido siempre cuando gente quebrantada y pecadora decide vivir patas arriba. Este capítulo está dedicado a una mujer cristiana, esposa y madre que probó el poder de Dios y me dio otra visión de su gracia. Utilizo su carta con permiso.

11

Fortaleza: *No lo puedes todo* en Cristo

La realidad es que no «todo lo puedes» en Cristo. No de la manera que piensas. Puedo comprender que esto quizá parezca un sacrilegio dado el giro que le dimos a esta expresión bíblica, pero es verdad. Aquí Pablo no intentó mostrar algún tipo de triunfalismo. Él tampoco «todo lo podía». No pudo salir de la prisión, desde donde escribió este versículo, a pesar de su inmensa fe en Cristo. Estuvo metido allí hasta que Dios determinó otra cosa. En cambio, pudo «estar preso» en Cristo, quien lo fortaleció al estar prisionero. La prisión es un buen lugar para descubrir la suficiencia de Cristo.

El verdadero significado de «todo lo puedo» tal vez desilusione a los cristianos de hoy. Sin embargo, no debía ser así. El asunto es mucho más glorioso de lo que se dice. Nos lleva mucho más cerca de la gracia. Lo común es que interpretemos que «Puedo hacer cualquier cosa que me proponga si de veras creo». Es decir, que podemos alcanzar cualquier meta por fe. Conseguir aquel trabajo. Ganar este juego. Sacar «A» en este examen. No obstante, el versículo tiene poco (o nada) que ver con nuestros logros ante probabilidades adversas.

Esto no tiene nada que ver con nuestros logros. Se refiere a los logros de Cristo y a una constante dependencia en Él independientemente de la situación de uno en la vida, ya sea buena o mala. Además, hay un peligro real en la aplicación de la manera en que somos propensos. ¿Qué pasaría si no «puedes» hacerlo? ¿Qué pasaría si las cosas no resultan como querías, sin importar lo mucho que creas? Tu fracaso podría cuestionar la bondad de Dios o la suficiencia de Cristo. Despoja de la verdad que hay aquí a muchas personas heridas y débiles. Hay poder en la debilidad.

Una traducción más exacta del principio es: «Puedo confiar en Cristo (y los beneficios de su vida, muerte y resurrección) aun cuando no pueda alcanzar una meta personal. Puedo dejar de alcanzar mis metas y todavía confiar en el amor de mi Salvador. O puedo tener cáncer. O puedo perderlo todo. O puedo quedarme sin trabajo. "Todo lo puedo" debido a quién es Jesús». Son los imprevisibles giros de la vida (necesidad o prosperidad) lo que Pablo pudo soportar enfocado siempre en la obra de Cristo. Este es el «todo» que tiene en mente aquí. Para Pablo, la justiciera vida de Jesús hizo que las temporadas de pobreza parecieran de riqueza y las temporadas de riqueza como pobreza. Pudo experimentar todas estas cosas sin caer en la desesperación de un lado ni en la idolatría del otro.

La cuestión es que Cristo es suficiente aun cuando no puedo cambiar las cosas. O cuando mis circunstancias tienen el potencial de cambiarme. Puedo estar en el peor lugar de toda mi vida con gozo y paz porque Cristo es infinitamente mejor. De manera que cuando no puedo cambiar el estado de mis cosas, la persona de Cristo me sostiene. Lo que Pablo dice va mucho más allá de nuestra interpretación usual. «Si estoy en una circunstancia en la que no hay nada que pueda hacer, aún todo lo puedo en Cristo». No puedo hacer nada, si ese es el caso, y mantener a Cristo como el objeto supremo de mi fe. Las cosas que somos capaces de hacer son mucho mayores que las metas personales. Son las cosas de la vida.

He visto la verdad de este versículo vivida por gente que estaba en medio de las peores dificultades de la vida. He sido testigo del renacer de esta verdad cuando la gente ha estado a punto de morir. He visto a personas que no *lo podían todo* y que, en realidad, *lo pudieron todo*. No hace mucho, una amada madre joven de nuestra iglesia de la que se estaba divorciando un esposo que no es creyente, dio muestras ante mí del poder de este versículo. Un domingo en la mañana, a petición suya, se paró (adornada con el pleno apoyo de sus mayores) delante de la familia de la iglesia a explicar la ausencia de su esposo, suplicar las oraciones del cuerpo y exaltar la suficiencia de Cristo.

La iglesia se movilizó con una gracia y compasión increíbles por su situación. Su fe era notable. Era difícil creer que pudiera estar tan tranquila en momento tan oscuro. Sin embargo, eso fue lo que dijo Pablo. Ella podía «estar divorciada» porque Cristo la fortalecía. Podía hacer aun esto. Más tarde, esta fue la carta que les escribió a sus líderes expresando su fe en Cristo y su amor por Él. La incluyo aquí con su permiso.

Domingo en la tarde

Byron y Ancianos:

Cuando comencé a escribir esta carta hace una semana, era una misiva que les iba a escribir a amigos y familiares sobre lo que pasaba en mi matrimonio. Escribía sobre todos los detalles de lo que estuvo sucediendo el año pasado. (Quizá demasiados detalles). En esencia, escribía una historia de sollozos de «mírenme a mí, miren mi dolor y miren lo que me hace mi esposo».

Qué equivocada estaba. Muy equivocada para escribir aun esas palabras. Muy poco amable... y si me permiten... muy poco a semejanza de Cristo. Hoy (domingo) me alentaron y me honraron con cariño al recordarme que soy parte de un cuerpo de creyentes. Voy a usar mis dones, mi vida, mis PRUEBAS y mi GOZO (en mis tribulaciones) para alentar al cuerpo para que mire al Señor y no a mí. Tuve momentos este año pasado en que sentí que mi sufrimiento no era justo. O sentí que tenía buenas razones para reaccionar de esa manera ante mi prueba (cuando la autocompasión se hacía presente). Bueno, hoy vi un cuerpo de creyentes, que no conocía todos los detalles, animar a otra parte del cuerpo en una prueba que perturba la vida de cualquiera. ¡No sabía cómo pedir ayuda, ni cómo permitir al don de otro animarme y redirigirme al Señor y ver al Padre, al Hijo y al Espíritu Santo obrar unidos y obtener el crédito!

La primera carta que escribí la borré. Y ahora escribo otra dándole gracias a Dios por mi prueba. Dándole gracias por mi sufrimiento y por la INFINITA suma de gozo que me ha mostrado en esto y a través de esto. Sé que Dios sintió agrado hoy por lo que hicimos. Los ojos físicos de nuestra iglesia miraban hacia arriba al Salvador y no «a la situación» de abajo. Mientras estuve parada allí, «olvidé» los pormenores que me llevaron al lugar en que estaba parada. Sentí una cantidad infinita de la paz de Dios a través de la obra del Espíritu, y Él calmó mi ansioso corazón.

No sé cómo el Espíritu se movía hoy en todos los demás y lo que Él hacía en sus corazones. Solo puedo decir que el Espíritu obraba en sus corazones. Solo puedo decir que el Espíritu obraba en mi vida para enseñarme a amar a otros. Amar al perdido (porque yo también fui esclava del pecado), amar al cuerpo de Cristo (a todos se les han dado dones a fin que los usen para glorificar a DIOS, no a mí) y, por último, amar al Señor con todo lo que soy (aunque era una pecadora... y todavía lo soy, Cristo murió por mí).

Ahora mi oración es como la que David oró en el Salmo 27, y que bellamente escribió Nancy Leigh DeMoss:

«Señor Jesús, tú me has mostrado que solo una cosa es absolutamente necesaria, y eso es lo que quiero perseguir con todo mi corazón: Que pueda vivir en tu presencia todos los días de mi vida, que pueda contemplar tu belleza con un corazón de adoración y alabanza, y que aprenda a conocer tu corazón, tus caminos y tu voluntad. A este supremo propósito me dedico. Por tu gracia, haré que esta sea la máxima prioridad de mi vida. Amén».

Me siento honrada de ser parte de este cuerpo, esta iglesia, y bajo la fiel «locura» (lo digo como un cumplido) de enseñar a una humilde sierva de nuestro Señor. Gracias a todos ustedes por ponerse de pie conmigo hoy.

Que SOLO Dios reciba la gloria y yo esté llena de SU GOZO.

REGLAS PARA SALIR CON MI HIJA

1 *Primera regla:*
Si te metes en mi entrada y suenas el claxon, es mejor que estés entregando un paquete porque puedes estar seguro que no te llevarás nada.

2 *Segunda regla:*
No toques a mi hija delante de mí. Puedes mirarla, siempre y cuando no te fijes en nada por debajo de su cuello. Si no puedes mantener la vista o las manos lejos del cuerpo de mi hija, voy a removerlas.

3 *Tercera regla:*
Sé que se considera moderno que los muchachos de tu edad lleven los pantalones tan sueltos que parezcan caerse de las caderas. Por favor, no tomes esto como un insulto, pero tú y todos tus amigos son unos tontos. Aun así, quiero ser justo y de mente abierta sobre este asunto, así que propongo un compromiso: Puedes llegar a la puerta mostrando tus calzoncillos y tus pantalones con diez tallas de más y no pondré objeciones. En cambio, a fin de asegurar que tus ropas no se desprendan durante tu salida con mi hija, tomaré mi pistola eléctrica de clavar clavos y aseguraré los tirantes a tus caderas.

4 *Cuarta regla:*
Estoy seguro de que te han dicho que en el mundo moderno la relación sexual sin un «método de protección» de algún tipo puede matarte. Déjame decirte: En lo que se refiere a la relación sexual, yo soy la protección y te mataré.

5 *Quinta regla:*
Por lo general, se entiende que, a fin de conocernos el uno al otro, debemos hablar sobre deportes, política y otros temas de la época. Por favor, no hagas esto. La única

información que requiero de ti es cuándo esperas traer a mi hija segura de vuelta a mi casa, y la única palabra que necesito de ti sobre esto es *temprano*.

Sexta regla:

6 No tengo dudas de que eres un tipo popular, con muchas oportunidades de citarte con otras muchachas. Para mí eso está bien mientras esté bien con mi hija. De otra manera, una vez que salgas con mi niña, no seguirás citándote con ninguna otra, sino hasta que ella termine contigo. Si la haces llorar, yo te haré llorar a ti.

Séptima regla:

7 Si estás en mi portal esperando que aparezca mi hija y pasas más de una hora, no suspires ni te inquietes. Si quieres llegar a tiempo a la película, no debías salir con ella. Mi hija se está maquillando, un proceso que puede durar más que pintar el puente Golden Gate. En lugar de estar parado ahí, ¿por qué no haces algo útil como cambiarle el aceite a mi auto?

Octava regla:

8 Los siguientes lugares no son apropiados para ir con mi hija: Lugares donde hay camas, sofás o cualquier cosa más blanda que un taburete de madera. Lugares oscuros. Lugares donde haya bailes, agarradera de las manos o felicidad. Lugares donde la temperatura ambiente sea lo bastante caliente como para inducir a mi hija a llevar *shorts*, blusas muy cortas, camisetas de medio torso o cualquier otra cosa que overoles, un suéter o abrigo tipo esquimal... con cremallera hasta el cuello. Se deben evitar las películas de temas románticos o sexuales; están bien las películas que muestren motosierras. Juegos de *hockey* también. Asilos de ancianos, mejor.

Novena regla:

9 No me mientas. Puede que parezca medio barrigón, calvo, de mediana edad, de pocas luces. Sin embargo, en asuntos relacionados con mi hija, soy el dios inmisericorde que todo lo sabe de tu universo. Si te pregunto dónde vas a ir y con quién, tienes una oportunidad de decirme la verdad, toda la verdad y nada más que la verdad. Tengo una escopeta, una pala y dos hectáreas detrás de mi casa. No juegues conmigo.

Décima regla:

10 Ten miedo. Ten mucho miedo. Se necesita muy poco para que confunda el sonido de tu auto en la entrada con un helicóptero que sobrevuela un arrozal cerca de Hanoi. Cuando mi Agente Naranja comienza a actuar, muchas veces las voces en mi cabeza me dicen que limpie las armas mientras espero que traigas a casa a mi hija. Tan pronto como te introduzcas en la entrada, debes salir del auto con ambas manos a la vista por completo. Di la contraseña del perímetro, anuncia con una voz clara que trajiste a mi hija a casa segura y temprano, entonces regresa tu auto. No hay necesidad de que entres. El rostro camuflado en la ventana es el mío.

«Pondré enemistad entre la mujer y tú, y entre su descendencia y tu descendencia; ella te herirá en la cabeza, y tú le herirás en el talón.» A la mujer le dijo: «Aumentaré en gran manera los dolores cuando des a luz tus hijos. Tu deseo te llevará a tu marido, y él te dominará».

Génesis 3:15-16, RVC

Por gracia ustedes han sido salvados mediante la fe; esto no procede de ustedes, sino que es el regalo de Dios, no por obras, para que nadie se jacte. Porque somos hechura de Dios, creados en Cristo Jesús para buenas obras, las cuales Dios dispuso de antemano a fin de que las pongamos en práctica.

Efesios 2:8-10, NVI®

12

GRACIA: TIENES QUE AMAR MÁS A CRISTO PARA AMARLO COMO DEBES

Las diatribas contra los hombres y la masculinidad son incesantes y están dondequiera. Los ataques a lo masculino es un pasatiempo nacional. Burlarse de la especie masculina está en el aire que respira nuestra cultura. No puedes escaparte de esto. En esencia, los hombres son tontos. Criaturas como los del Neandertal. Taylor Swift ha vendido la misma canción millones de veces. (Dios tenga misericordia del futuro del señor Taylor Swift). Los hombres son el chiste que acompaña a la broma constante que ofrecen todas las cosas, desde los anuncios hasta las comedias de situación. Es un gesto despectivo perpetuo dirigido a la estupidez de los hombres.

Me aventuraría a decir que sin este hilo temático, la mayoría de los anuncios desaparecería por completo. Nunca venderíamos nada. Más de la mitad de las formas populares de entretenimiento (programas de televisión, películas, novelas, música) dejaría de existir. De veras, si la descripción de los hombres como gente del todo incompetente va a desaparecer, Adele [famosa cantante inglesa] no tendría nada sobre lo que cantar. Y trata de imaginar la vida sin Adele. Tal horror es difícil de comprender.

Por lo general, los hombres son el objetivo contra el que las mujeres se destacan como el género superior. Los hombres son salvajes, densos y casi siempre están en desventaja por falta de inteligencia. Las mujeres son agraciadas, brillantes e impecables criaturas racionales. Los hombres gruñen, se rascan y se la pasan comiendo toda una semana. Del otro lado, las mujeres adornan el planeta con ternura, organización y eficiencia. Los hombres piensan con su entrepierna. (Por supuesto, esta tendencia es algo obvio. Pon una mujer bien dotada, ligera de ropa, junto a una cesta de cabezas de pescado, y los hombres la comprarán). Las mujeres, por otra parte, piensan con sus cabezas. Los hombres carecen de cualquier capacidad para las emociones (excepto cuando se enfocan en la relación sexual). Las mujeres, en cambio, son criaturas emocionales innatas. No se les puede confiar los niños a los hombres, ni esperar que cuiden a sus hijos por más de una hora a la vez. A las mujeres, en cambio, se les puede confiar sin problema que guarden uranio enriquecido en su alacena junto a los macarrones con queso. El mensaje que subyace en todo esto es innegable: Los hombres son tontos. Si los hombres se parecieran más a las mujeres, el planeta sería un lugar mejor.

Cuando los hombres malvados quieren cosas

No hace mucho me ocurrió algo. Me ha molestado desde entonces. Un montón de películas sigue la misma gastada trama. Casi siempre está ahí. Es un misterio para mí que no pueda pensar en una película popular de los últimos diez años que no la haya seguido. (Fuera del género de comedia romántica, del que no tengo un conocimiento directo). La trama que tengo en mente está adobada con el mismo desdén antes mencionado por las especies masculinas. Casi siempre que me siento en un teatro, o alquilo una película en casa, allí está. En esta etapa se burla de mí. No puedo verla. Incluso mi amada trilogía de Bourne sigue la misma senda redundante. No obstante, me tapo la nariz y continúo mirándola. Como escritor, la ausencia de originalidad me enloquece.

La trama sigue más o menos así. Hombres poderosos, ricos y ambiciosos con un deseo insatisfecho de más riquezas y poder destruyen todo a su paso para obtener lo que quieren. (Algunos le llaman a eso capitalismo). Por debajo de toda la acción y el drama de la película está un cierto hombre codicioso de mediana edad (a menudo de otro planeta, o un extrañamente sádico supervillano) que hizo algo demasiado malo para conseguir lo que quería. Confía en mí. El argumento recorre toda la historia. La originalidad es escasa. Los hombres están detrás de toda la maldad del mundo.

Nada es sagrado. La cantidad de fuerza no tiene límites. Lanzarían un saco de cachorros contra una pared si esta se interpone entre ellos y el objeto de su deseo. Destruir pueblos en los países del tercer mundo para tener acceso a los diamantes. Derramar material radioactivo desde fábricas en los arroyos de los Alpes. Derretir capas de hielo con rayos láser para llegar al petróleo subyacente. Incluso les arrancarían las cabezas a animales de peluche si fuera necesario. Después de un tiempo, un grupo de muchachos, un perro volador o la Asociación de Padres y Maestros local con una presidenta se levantan y derrotan la maldad de la codicia masculina. En el centro de la mayoría de los libretos está la mantra de «los hombres quieren cosas y destruyen cosas para conseguirlas». ¿El mensaje básico? Los hombres son los antagonistas ubicuos de toda la humanidad y la causa de todos los males que nunca se hayan producido jamas.

Está en nuestras cabezas

Aparte de lo fácilmente desechables que quizá sean las más absurdas representaciones, el tema general (los hombres son tontos) está implantado con firmeza en la psique de nuestra cultura, sobre todo en la de las mujeres. ¿Quién puede resistirse a hacer un gesto de desprecio cuando los hombres se obsesionan con las estadísticas beisboleras, se pintan la cara el día del juego, llegan a la mesa con grasa en las uñas y llevan ropa de barras con estrellas? Tontos, ¿verdad?

Ya sea de manera consciente o inconsciente, este gastado estereotipo masculino se acepta como verdadero. Es inevitable cuando un mensaje borra otra potencial percepción de los hombres. Las mujeres están preparadas para equiparar la masculinidad en sus diversas formas (agresión, rudeza, competencia, etc.) a la inmadurez y la adolescencia. Parecería que la masculinidad es algo para superarse. En conjunto, parece haber un acuerdo acerca de que los hombres necesitan despojarse de la masculinidad.

Por supuesto, no estoy de acuerdo. Rechazo la noción de que la conducta propia de la masculinidad apunte de forma automática a la irresponsabilidad y la inmadurez. De la misma manera, no doy por sentado que la conducta propia de la femineidad natural (emoción, sensibilidad, delicadeza) señale superficialidad o debilidad. La masculinidad y la madurez no están reñidas. Tampoco la femineidad y la fuerza.

Aliento de manera activa la masculinidad en mis dos hijos. Armas, cuchillos, insectos, narices sangrantes, rasguños, riesgos momentáneos y broncas ocasionales son parte de la experiencia. No temo que nada de esto vaya a atrofiar su desarrollo personal. Al mismo tiempo, alentamos virtudes esenciales para su carácter (autoconciencia, espiritualidad, inteligencia, autodisciplina, responsabilidad, compasión). Cuando estos rasgos están casados con su masculinidad, creará un líder siervo más eficiente y una persona bien completa. Para el récord, me acerco a mi hija de manera similar. Debido a que es una mujer no doy por hecho que es incapaz de ciertas cosas. Estimulo capacidades en mi hija adolescente (autoconfianza, liderazgo, trabajo fuerte, determinación) que le darán también una ventaja en su futuro.

Es cierto que, en cada caso (hombres y mujeres), ciertos estereotipos demuestran ser verdaderos. Después de todo, los estereotipos existen por alguna razón. Hay hombres que parecen marcar cada casilla en la «lista de los tontos». Sin embargo, este fenómeno no es exclusivo de las especies masculinas. He visto a muchas mujeres que harían a Cruella de Vil parecerse a la madre Teresa. He estado en el ministerio por mucho tiempo. Les he dado consejos a miles de parejas. Hace tiempo que pasó la idea de que al esposo se le debe culpar de forma automática por los problemas del matrimonio. He llamado a contar tantas esposas como hombres al borde del desastre. He visto a tantas mujeres pedirle perdón a sus esposos por pecados cometidos en el matrimonio como he visto hombres. Créanme. Ningún género tiene el monopolio de la estupidez.

Siempre está allí debajo del dolor

Los matrimonios más desdichados que he aconsejado a través de los años han tenido dos características constantes: abandono y falta de respeto. Siempre están ahí. Un esposo que carece de la ternura necesaria para cuidar de su mujer. Una esposa que no se siente obligada a respetar a su esposo. El esposo que obvia las necesidades de su esposa y se pasa la mayor parte del matrimonio abdicando de su papel de liderazgo. La esposa que piensa que el esposo es, en esencia, incompetente y se ha pasado todo el matrimonio remachando esta cuestión central en la casa. Aparte del caos en la superficie, esto casi siempre se deriva de esta doble realidad subyacente. Esto crea una especie de círculo vicioso en un matrimonio. El esposo y la esposa alimentan su desdén por el otro.

No siempre es posible determinar lo que llegó primero, el abandono o la falta de respeto, pero el origen de cada uno está claro: la caída de la humanidad. La Biblia predijo este enredo cuando el pecado entró al mundo. La Palabra de Dios explica muy bien que el daño colateral de nuestra rebelión incluiría la singular armonía de esposo y esposa que existía en un principio en el Edén.

«Pondré enemistad entre la mujer y tú, y entre su descendencia y tu descendencia; ella te herirá en la cabeza, y tú le herirás en el talón.» A la mujer le dijo: «Aumentaré en gran manera los dolores cuando des a luz tus hijos. Tu deseo te llevará a tu marido, y él te dominará». (Génesis 3:15-16, RVC)

Bien... eso lo establece más o menos. Estamos fastidiados. En lugar de una servidumbre sacrificada, el esposo se inclina hacia una especie de regla dura. En lugar de una humilde sumisión, la esposa busca subvertir su autoridad y apropiarse de la misma.

Esta batalla de los sexos se ha estado desarrollando de una manera u otra en todo matrimonio desde el principio de los tiempos. Es evidente que todas estas luchas de cada lado son distorsiones del designio original de Dios para el matrimonio. Una vez hubo armonía, una bella unidad en la diversidad. Uno surgió de dos. Ninguna tiranía. Ninguna rebelión. Ninguna batalla. Paz.

Entonces Adán dijo: «Ésta es ahora carne de mi carne y hueso de mis huesos; será llamada "mujer", porque fue sacada del hombre.» Por eso el hombre dejará a su padre y a su madre, y se unirá a su mujer, y serán un solo ser. Y aunque Adán y su mujer andaban desnudos, no se avergonzaban de andar así.
(Génesis 2:23-25, RVC)

No todos los hombres son tontos

Quiero que conste: *No todos los hombres encajan en el estereotipo.* No todos los hombres se propasan cuando una mujer les pasa por el lado. No todos los hombres piensan en la relación sexual cada treinta segundos. No todos los hombres son incapaces de ser simpáticos. No todos los hombres son incapaces de leer las emociones de sus esposas. (Aunque todavía es cierto que ningún hombre es capaz de leer la mente de su esposa). No todos los hombres desprecian el llamado al liderazgo espiritual. No todos los hombres son incompetentes. No todos los hombres son despóticos. No todos los hombres han renunciado a guiar a sus hijos. No todos los hombres están casados con sus empleos. No todos los hombres se escapan con otra mujer cuando su esposa de veinte años comienza a mostrar su edad. Hay por ahí hombres piadosos. Por cierto, son imperfectos. Sin embargo, están llenos del Espíritu. Aman a Cristo. Hay por ahí hombres virtuosos, respetuosos y capaces. Los he visto.

También quiero que conste en récord un hecho relacionado: *Los hombres y las mujeres son diferentes*. Venus y Marte difieren. Diferentes de arriba abajo. Ellas y ellos son diferentes. Pensamos diferente. Sentimos diferente. Necesitamos cosas diferentes. Respondemos diferente. Nos preocupamos de manera diferente. Nos crearon de manera diferente. Revolucionario. Lo sé, pero parece que este hecho se obvia siempre. El asunto es: Estas diferencias son algo bueno en realidad. Las necesitamos para existir como especies.

De manera que aquí está la cuestión: ¿Deben verse las diferencias de un género como inadecuadas por el otro? ¿O deben celebrarse? Aquí es donde la mayoría de nosotros ha aceptado los estereotipos. Muy a menudo disminuimos la contribución de nuestras esposas al ver los rasgos distintivos de nuestros géneros como fallas. Noticias de último minuto: El mundo no sería un mejor lugar si los hombres fueran como las mujeres. ¿De veras? No habría mundo.

Meditemos en esto. ¿La competitividad y la agresión en un hombre significan que es un adolescente y que carece de dominio? ¿Debemos despreciar y considerar inmaduro cuando dos hombres crecidos van uno tras otro para atrapar una pelota en un juego de baloncesto? ¿Significa esto que son superficiales e irreflexivos? ¿O qué tal cuando el esposo desea la relación sexual más a menudo que la esposa? A nuestra cultura le encanta meterse en estos asuntos. No hay duda de que es cierto, ¿pero deben los hombres sentirse avergonzados por ello? ¿Significa esto que los hombres solo piensan en la relación sexual? ¿O que el esposo no está interesado en su mujer a nivel personal? ¿O que para él esto es solo físico sin ninguna conexión emocional? Si consideramos cómo los hombres y las mujeres están constituidos desde la creación, diría que esta tendencia da en el clavo. Después de todo, ¿no se espera que los hombres sean los perseguidores? Además, ¿no tienen las esposas la necesidad de que sus esposos las consideren deseables? ¿O solo estoy dando palos de ciego aquí?

Parece que siempre estamos intentando extraer de un género los rasgos del otro. Las esposas tienen que pensar y actuar igual que sus esposos. Los esposos necesitan pensar y actuar igual que sus mujeres. Al hacerlo, obramos contra la relación complementaria ordenada por el Creador. Las distinciones se conjugan en la relación más singular sobre el planeta. La unidad en nuestra diversidad puede observarse en cada nivel. Aun en nuestra psicología se revela la simetría única que se forma de nuestros maquillajes distintos: «Por esto el hombre dejará a su padre y a su madre, y se unirá a su mujer, y los dos serán una sola carne» (Efesios 5:31).

Eso no es para negar la otra parte de esta discusión. Nuestros géneros son también muy similares. Como seres creados, los hombres y las mujeres tienen muchas cualidades en común. Características innatas a la humanidad. Como seres espirituales, a ambos nos crearon a imagen de Dios. Aunque junto a esas similitudes hay varias diferencias distintivas. Sin embargo, no se oponen entre sí. Se engarzan las unas con las otras. Y esas diferencias (emocionales, físicas, mentales e intuitivas) se conjugan en el matrimonio para glorificar a Dios mientras los dos se convierten en uno y despliegan el dominio de Dios sobre la tierra. Esa ahora famosa frase «me completas» es más bien cursi, pero hay mucha verdad en ella. Los hombres y las mujeres se complementan el uno al otro. Maguire (Tom Cruise) estaba en algo.

Es difícil librarse de un estereotipo. Es universal. Los matrimonios cristianos no son la excepción. Una vez que esta manera de pensar se introduce en el matrimonio, cristiano o no, es difícil de extirpar. Muchas mujeres se casan con esto descargado en su mentalidad. Puede que sea algo sutil, pero casi siempre está ahí. Puede ser inocente, pero tiene un efecto. Un gesto despectivo aquí. Un suspiro de desesperación allá. Una queja sobre el esposo ofrecida a un grupo de amigas. En sentido general, la esposa no tiene verdadera confianza en las capacidades de su esposo.

LA PROFECÍA DE UN ESTEREOTIPO MASCULINO QUE SE CUMPLE POR SU PROPIO PESO

Esto se acumula con el tiempo. Erosiona el concepto de unidad dentro del matrimonio. Destruye la idea de compañerismo. Disminuye la contribución de una pareja en iguales condiciones. Agota la confianza del esposo. Créeme, él lo siente. Sabe que está ahí. Un esposo siente la falta de respeto de su esposa más que cualquier otra cosa. Después de años de que se le esté diciendo que es incompetente (de manera explícita o implícita), él es feliz siguiéndole el juego. Es como una profecía que se cumple por su propio peso.

He visto esto muchas veces. Es muy previsible. Conozco a este hombre. Es difícil no verlo. Sin vida. Derrotado. Me duele por él. Muchos hombres están esclavizados por un omnipotente estereotipo masculino. Este se ha llevado al hogar en el transcurso de largos años de faltas de respeto y bajas expectativas. Casi nunca se manifiesta. Aun así, es implacable. Es un comentario sarcástico bien disfrazado. Es una muy sutil pero pública muestra de falta de respeto. Es una embarazosa disculpa por la incapacidad del marido para comunicar sus sentimientos que se ofrece en una conversación durante la cena. Es una obvia desconfianza en el liderazgo del esposo. Hay cientos de previsibles clichés: «Tengo tres niños en mi casa: mis dos hijos y mi esposo».

Con el tiempo, pequeñas piezas de menosprecio se acumulan y aplastan el espíritu del esposo. Lo que le queda es trágico. Emasculación. Debe aprender a pasar por alto el ataque con faltas de respeto que reinan en nuestra cultura, pero es difícil de obviarlas cuando duerme a su lado en la noche.

Sosteniendo estos estereotipos uno sobre el otro y disminuyendo la contribución de nuestra pareja es una forma muy poco agraciada de vivir. ¿Somos en realidad tan superficiales después de haber contemplado la gracia para que nos tratemos de esta manera? Ver al esposo como un bufón que no puede atarse los zapatos sin la ayuda de su mujer niega la gracia de Dios. Ver a una esposa como obsesionada por el control que utiliza la agresión pasiva para salirse con la suya no tiene en cuenta la cruz.

Es posible rebajar a un cónyuge solo al exaltarme a mí mismo. Es posible exaltarme a mí mismo solo al obviar mi propia depravación y fracasos. Es posible no tener en cuenta mi propia depravación y fracasos solo pasando por alto el sacrificio de Cristo. Ni el esposo ni la esposa están cerca siquiera de la perfección. Ninguno contribuye más que el otro. No hay lugar dentro del matrimonio cristiano para tal arrogancia. Todos los matrimonios saludables están compuestos por dos personas que dan por hecho que su pecado es el verdadero problema de su matrimonio.

Déjame aclararlo: No estoy quejándome de todo esto. Tengo una piel gruesa. Puedo manejar la burla. Es el lugar donde vivo. Entonces, si las parejas cristianas van a operar a este nivel, aun en los grados más leves, tienen que enfrentar serias contradicciones. Por ejemplo, esta actitud niega el poder de Dios para cambiar a una persona. Al fin y al cabo, estos gastados estereotipos no dejan lugar a la esperanza del evangelio. Se trata de un marco de referencia sin gracia.

¿No puede Dios cambiar a un hombre? ¿Puede un hombre transformarse por la gracia de Dios? ¿No hay hombres por ahí que, por la gracia de Dios, están superando las disparidades? Vivimos a la vista del Calvario. La cruz nos lleva más allá de estas odiosas generalizaciones. Nos libera de tendencias egoístas y críticas que nos esclavizan. El Calvario nos habla antes de que hable a nadie más. Al hacerlo, nos arrastra de nuevo a la armonía del Edén. Nos hace agradecidos por el compañerismo encontrado solo en los lazos del matrimonio. Nos crea un espíritu de servidumbre. Nos capacita para desestimar las imperfecciones en otra persona y estar agradecidos por el perdón de Dios hacia nuestras propias vidas.

Así que tu esposo es imperfecto. Así que tu esposo no demostró ser como anticipaste. Así que tu esposo no hace las cosas de la manera que prefieres. O en el tiempo que prefieres. Así que tu esposo te ha fallado una vez o dos. Así que tu esposo tiene defectos. Por supuesto que los tiene. Sin embargo, ¿es el respeto por él, al cual te han llamado por Cristo, dependiente de algo que tenga que ver con él? ¿Puedes respetarlo y amarlo pese a la presencia de tales incompetencias? Sí, pero solo en la cruz. De modo recíproco, ¿depende su servicio hacia ti de tu relación con él? Por supuesto que no. De otra manera, nunca tendría un motivo justificado para servirte.

Vamos directos a la esencia de la gracia. Si el amor de Dios hacia nosotros fuera contingente de cualquier cualidad o acción nuestra, nunca conoceríamos su amor. En cambio, el amor de Cristo es incondicional. No está condicionado por nada en el hombre porque el hombre pecador no podía cumplir ninguna condición. Todo fue por gracia. ¿Es de extrañar que el matrimonio cristiano esté fundado en el misterio de la cruz?

> Esposas, sométanse a sus propios esposos como al Señor. Porque el esposo es cabeza de su esposa, así como Cristo es cabeza y salvador de la iglesia, la cual es su cuerpo. Así como la iglesia se somete a Cristo, también las esposas deben someterse a sus esposos en todo. Esposos, amen a sus esposas, así como Cristo amó a la iglesia y se entregó por ella para hacerla santa. Él la purificó, lavándola con agua mediante

la palabra, para presentársela a sí mismo como una iglesia radiante, sin mancha ni arruga ni ninguna otra imperfección, sino santa e intachable. (Efesios 5:22-27, NVI®)

No es de extrañar que a cualquier instrucción específica sobre el matrimonio le precediera una descripción de la gracia salvadora.

Por gracia ustedes han sido salvados mediante la fe; esto no procede de ustedes, sino que es el regalo de Dios, no por obras, para que nadie se jacte. Porque somos hechura de Dios, creados en Cristo Jesús para buenas obras, las cuales Dios dispuso de antemano a fin de que las pongamos en práctica. (Efesios 2:8-10, NVI®)

Respeto: Combustible de cohetes para el corazón masculino

Nada toca las cuerdas del alma de un esposo como el respeto de su esposa. Se nutre de la primitiva armonía del designio de Dios para el esposo y de la esposa que hace eco desde el Edén. ¿Llama el evangelio a ese respeto? Sí. ¿Lo merece de veras un esposo? No. Es un pecador. Razón por la cual el respeto sincero es tan difícil.

Respetar no es una tarea fácil. Sin embargo, los grandes deberes se cumplen casi siempre a la luz de incentivos superiores. Tienes un deber inmenso como esposa. Dios te llama a seguir a un líder imperfecto. A respetar a otro ser humano quebrantado. A confiarte a una criatura caída llena de imperfecciones. Soy un esposo. Así que sé a lo que te opones.

A fin de cuentas, tiene que ser algo superior a tu esposo para que vivas para él como deberías. Si condicionas tu papel en el matrimonio a tu esposo, estás destinada a la frustración. Tiene que ser algo, o alguien, mayor que tu esposo en tu vida, a fin de que lo respetes y ames como debes. Tu incentivo es la gracia que se te ha mostrado en Jesús.

En el fondo, no se trata del valor de tu esposo, su carácter personal, ni de sus capacidades relativas como líder. Se trata del poder de la gracia. Dios no te pide que respetes a tu esposo solo si es un gigante espiritual. Ni si lo hace todo bien. Ni cuando es obediente a la Palabra de Dios. Ni cuando crees que merece tu servicio. Ni solo si es un creyente. Ni solo si lo consideras digno de que lo sigas. Nada de esto es posible si no se hace a la luz de Cristo.

AHORA: A LOS DIECISÉIS AÑOS DE EDAD

NOTAS

1. Dr. J.R. Bruns y R.A. Richards II, «Is the Soul Mate Harming Us?», *Psychology Today*, 12 de diciembre de 2012, www.psycologytoday.com/repairing-relationships/201212/is-the-soul-mate-myth-harming-us.
2. John Piper, *Gracia venidera*, Vida, Miami, FL, 2006, p. 336 (del original en inglés).
3. Steve Gallaher, *En el altar de la idolatría sexual*, Vida, Miami, FL, 2006, pp. 35-36.
4. Rachel Held Evans, *A Year of Biblical Womanhood: How a Liberated Woman Found Herself Sitting on Her Roof, Covering Her Head, and Calling Her Husband «Master»*, Thomas Nelson, Nashville, p. 48 (edición Kindle).
5. Held Evans, *A Year of Biblical Womanhood*, p. xx.
6. Held Evans, *A Year of Biblical Womanhood*, p. 66.
7. Held Evans, *A Year of Biblical Womanhood*, p. 181.
8. Bruce I. Shelley, *Church History in Plain Language*, Thomas Nelson, Nashville, 2008, p. 3.
9. Tim Savage, *No Ordinary Marriage*, Crossway, Wheaton, IL, 2012, p. 60.
10. Timothy Keller, *El significado del matrimonio*, Publicaciones Andamio, Barcelona, España, 2014, p. 63 (del original en inglés).
11. Según declaró Byron Yawn en Marcia M. Preheim, *Super (free) Woman*, CreateSpace Independent Publishing Platform, 2013, pp. 142-3.
12. Se desconoce la verdadera fuente de esta guía. Aunque se la atribuyen a publicaciones de la década de 1950, es probable que la escribieran después. No obstante, refleja hasta cierto punto percepciones y actitudes que existían a mediados del siglo veinte.
13. Paul Tripp, «David: A Master of the Heart», mensaje dado el 14 de abril de 2013, http://paultripp.com/sermons#!/swx/pp/media_archives/170495/episode/40047.